HISTOIRE ET THÉORIE

DE LA

SAISINE HÉRÉDITAIRE

DANS LES TRANSMISSIONS DE BIENS

PAR DÉCÈS,

Mémoire couronné par la Faculté de Droit de Paris le 10 août 1850;

PAR

J. SIMONNET

SUBSTITUT, DOCTEUR EN DROIT.

PARIS,
AUGUSTE DURAND, LIBRAIRE,
3, RUE DES GRÈS.
1852

HISTOIRE ET THÉORIE

DE LA

SAISINE HÉRÉDITAIRE.

DIJON,

IMPRIMERIE LOIREAU-FEUCHOT,
rue Chabot-Charny, 40.

HISTOIRE ET THÉORIE

DE LA

SAISINE HÉRÉDITAIRE

DANS LES TRANSMISSIONS DE BIENS

PAR DÉCÈS,

Mémoire couronné par la Faculté de Droit de Paris le 10 août 1850;

PAR

J. SIMONNET

SUBSTITUT, DOCTEUR EN DROIT.

PARIS	DIJON
Aug. DURAND, LIBRAIRE	LAMARCHE et DROUELLE
3, RUE DES GRÈS.	PLACE SAINT-ÉTIENNE.

1851

« Si tost come oirs est nés, nous créons que li droit du père et de le mère li soit descendus temporelment, et par le baptesme li héritages de paradis espirituelment. »

(BEAUMANOIR, ch. XX, § 8.)

Vix manet è tanto parva quod urna capit.

(OVIDE.)

INTRODUCTION.

—

En mettant au concours, entre les jeunes docteurs reçus en 1848 et en 1849, la question qui fait le sujet de ce Mémoire, la Faculté de Droit de Paris a imposé aux concurrents l'obligation de se rendre familiers les nombreux travaux déjà publiés sur la *saisine*. A cet égard, l'abondance était plus à craindre que la disette : en parcourant l'*Essai historique* où Klimrath laisse entrevoir les difficultés de cette matière que l'Allemagne semble revendiquer comme son domaine; en y rencontrant les noms de MM. Albrecht, Eichorn et Hittermaier, nous avouons que nous avons hésité avant de nous mettre à la tâche : notre ignorance de la langue allemande nous paraissait être, sinon un obstacle insurmontable, du moins une condition d'infériorité qui se ferait sentir à chaque pas.

En tous cas, entre ces travaux, où le sujet a déjà pris une forme scientifique, et les sources françaises qui en renferment les éléments, nous n'avions pas la liberté du choix. Nous avons donc résolument demandé aux recueils des lois barbares, à Beaumanoir, aux Assises du royaume de Jérusalem, à nos Coutumiers et à la jurisprudence des *Olim* tous les matériaux de ce Mémoire. Nous n'avons pas tardé à reconnaître que nous étions sur le terrain même où s'est développée la saisine, et qu'en faisant le sacrifice involontaire des productions de l'Allemagne, nous subissions l'heureuse nécessité de côtoyer d'autant plus près nos nationaux, et d'éviter par là tout esprit de système.

Du reste, il a dû arriver rarement qu'une question se présentât au même degré de maturité. Pendant que la Faculté de Paris l'adoptait pour thèse, M. Chauffour traduisait, dans la *Revue de Législation et de Jurisprudence*, un Essai de M. Renaud, de Berne, sur la saisine héréditaire; M. Kœnigswarter publiait un travail complet sur les Institutions germaniques, et M. Alauzet faisait imprimer son *Mémoire sur les Actions possessoires*, couronné par l'Institut.

En présence de ces publications et des monuments d'érudition des siècles précédents que la curiosité moderne a mis dans un nouveau jour, il n'est pas permis de compter pour quelque chose le travail qui consiste à en extraire des matériaux suivant un dessein déterminé. Démêler dans une institution isolée ou dans une décision particulière ce qui est transitoire ou l'opinion personnelle du jurisconsulte, du principe permanent dont elles supposent l'existence; signaler ses transformations dans les époques barbare, féodale et coutumière proprement dite; substituer l'unité à l'incohérence de ces documents, telle était notre tâche véritable. Tel était certainement le vœu de nos juges, qu'il était plus facile de pressentir que de contenter.

Et d'abord, le sujet étant donné dans les termes ci-dessus posés, la forme ne devait-elle pas nuire au fond? L'écueil inévitable, lorsqu'on traite une matière scientifique au point de vue de l'histoire, c'est que l'intérêt devient double; la conception perd de sa simplicité, et la composition n'offre pas cet ensemble harmonieux où toutes les parties s'éclairent et se soutiennent mutuellement. Il n'y a plus cohésion, mais succession dans les idées, et c'est moins au raisonnement qu'à la mémoire qu'il faut s'adresser pour en saisir le lien.

Voilà pour le fond en lui-même.

A l'égard du mode d'exposition, deux routes nous étaient ouvertes. Après une première étude du sujet, nous avons prévu que la plupart de nos assertions devraient être prouvées par des fragments originaux, et que les arguments de texte tiendraient une certaine place dans ce Mémoire. Dès lors, nous avons dû renoncer, à grand regret, à cette méthode d'exposition, assez ample pour se passer de citations, allant toujours au but sans retours ni temps d'arrêt, la seule française en un mot, et où la science peut se montrer sans pédanterie. Si nous l'eussions suivie, nous aurions forcément accompagné un texte fort court de notes démesurées, qui eussent à chaque instant égaré l'attention du lecteur.

Pour être à la fois complet et intelligible, nous nous sommes imposé l'obligation de marcher lentement et de faire des divisions fréquentes, d'éclaircir souvent une argumentation par des propositions précédemment énoncées, regrettant quelquefois d'être moins méthodique et moins clair aujourd'hui que les barons des Cours féodales d'Orient, dans leur langage des 12° et 13° siècles.

Nous avons pensé dès lors qu'il était utile de donner dans cette Introduction une esquisse de l'ensemble de ce Mémoire, en indiquant plusieurs de nos interprétations historiques et nos conclusions les plus saillantes. On suivra ensuite avec plus de facilité la série de nos raisonnements.

Ce n'est pas à la jurisprudence romaine que nous demanderons une théorie de la saisine héréditaire ou son principe. La saisine est un mot français par excellence, qui n'a jamais été traduit qu'incomplètement; l'origine de l'institution est germanique.

On a dit jusqu'ici qu'elle découlait naturellement de la copropriété attribuée à tous les membres de la famille germanique sur l'ensemble du patrimoine, et qu'il n'y avait rien de plus simple qu'à la mort de l'un des membres de l'association ses successeurs continuassent une possession qu'ils avaient toujours eue : ils conservaient ainsi la part du défunt *jure non decrescendi*, plutôt qu'ils ne faisaient une nouvelle acquisition. Mais si l'on se place précisément sous le régime barbare et à une époque où la copropriété de famille prend un caractère quelque peu légal, où l'on devrait supposer que ses effets se rencontrent sans altération, on est tout surpris, au contraire, de remarquer que, dans la personne des successibles, la saisine proprement dite vient restreindre l'influence du principe de la copropriété. Ainsi, lorsque le chef de famille vient à mourir, si nous nous demandons ce que devient la propriété du patrimoine, d'une part, et de l'autre la saisine dont il jouissait, nous trouvons que la propriété ne passait que sous certaines restrictions aux filles, qu'elle se partageait entre tous les descendants mâles *indistinctement;* mais que la saisine proprement dite n'appartenait jamais aux filles et n'était attribuée qu'aux enfants mâles *capables.* Les incapables, bien que copropriétaires, n'avaient point de saisine personnelle, et se trouvaient corps et biens dans la saisine d'autrui. Il est donc nécessaire de trouver le principe de l'institution que nous étudions ailleurs que dans la copropriété familiale, car il importe, encore une fois, de bien se convaincre que ces deux principes étaient, sinon en lutte, du moins indépendants, quoique coordonnés entre eux. C'est dans l'organisation même de la famille germanique et dans les rapports personnels aujourd'hui bien connus qu'ils ont leur source commune.

Chaque famille était une association solidaire et permanente. Toute atteinte dont un de ses membres était victime, dans ses droits ou dans sa personne, était réparée à la diligence de ses coassociés. Ils poursuivaient en expiation l'offenseur et toute sa famille personnelle, et les membres de celle-ci répondaient de ces griefs *in œre et in cute,* sur leur tête et sur leurs biens. Comme toute réparation était évaluée en argent, tous les biens de la famille de l'offenseur contribuaient à la payer, et le produit se partageait dans certaines proportions entre les membres de l'association offensée. Voilà l'origine de la copropriété.

Cependant, comme la réparation des griefs dont on avait à se plaindre se poursuivait originairement par les armes, sauf à l'offenseur à répondre de la même manière, il est clair que de pareils rapports ne pouvaient s'établir ni entre les femmes, ni entre les mineurs, ni entre les infirmes. Et d'ailleurs, du moment où il était établi que ces personnes appartenaient à l'association familiale, elles y étaient placées sous la protection et sous la surveillance des autres membres capables ; elles étaient, en un mot, sous le *mundium* de ces derniers. Lorsque, à une époque plus juridique, les biens devinrent engagés pour les personnes, ceux des incapables ayant, comme tous les autres, cette destination, partagèrent le sort de leurs propriétaires. De même que ceux-ci étaient *personnellement irresponsables*, de même qu'ils n'avaient pas l'exercice indépendant de leurs facultés, de même leurs biens se trouvèrent frappés à leur égard d'indisponibilité. En un mot, ils tombèrent dans la *saisine* du *mundoald*, bien que la propriété demeurât aux incapables. C'est ainsi que la saisine dérive directement du *mundium* ; elle est synonyme de défense, et se traduit en latin par *defensio*, en allemand par *gewere* ; elle n'appartient qu'aux personnes capables de se défendre elles et leurs biens.

Cette théorie, que nous appuyons de textes positifs, jette un nouveau jour sur plusieurs points de droit barbare jusqu'à présent inexplicables. Nous touchons à la fameuse question de l'interprétation du titre 62 de la Loi salique sur les successions (*De alode*), dont le principe est commun aux autres législations contemporaines, et qui a servi de texte à de mémorables discussions sur le droit de successibilité des femmes aux monarchies européennes.

On a fait d'une difficulté de droit privé une question politique que chaque nation a résolue suivant ses instincts ou ses besoins. Quelle était donc véritablement cette *terra salica* dont les femmes étaient impitoyablement exclues? Le sens littéral en a été trouvé à force d'érudition; mais il était toujours difficile de défendre une traduction sans l'appuyer d'une doctrine générale incontestable.

Pour nous, ces mots signifient la terre qui entoure la maison (*sala*), le patrimoine inaliénable qui sert de gage perpétuel au *wheregeld,* la terre qui demeure exclusivement dans la saisine des personnes capables de la défendre, c'est-à-dire seules responsables aux yeux de la loi. C'est pourquoi les femmes étaient incapables d'y succéder.

Ce principe, essentiellement germanique, s'est perpétué dans le droit des fiefs : on sait que le régime féodal se fonda par l'enrôlement des hommes libres sous la protection d'un chef, qui, en devenant *mundoald* de la personne, acquit la saisine de la terre au moyen des *recommandations*. Le droit de *bail* et de *garde* dérive de la même institution. Le droit de puissance du mari sur la femme n'a pas d'autre origine. Cette théorie explique ainsi les obscurités de la loi barbare, et donne la clef des rapports qui s'établirent dans la société européenne au moyen-âge.

Il ne faut pas s'étonner, dès lors, qu'il y ait eu un temps

où la saisine étant tout, enveloppait le droit de propriété. Point de propriété en matière de fief sans saisine, c'est-à-dire sans prestation des devoirs féodaux. C'est le plus proche héritier du dernier saisi et tenant qui recueille le fief.

La saisine a même toujours conservé ce caractère particulier, qu'elle emporte obligation aux dettes, non pas en vertu de ce principe de logique : *Non sunt bona, nisi deducto ære alieno*, mais par cette raison particulière que le *saisi* est *garant* et responsable. C'est pourquoi le mari est responsable des dettes de sa femme et le baillitre de celles du mineur.

C'est pourquoi, primitivement, la femme *saisie* de la communauté, comme était son mari, ne pouvait y renoncer ; l'idée d'une renonciation n'eût pas même été concevable, dans la pureté du droit primitif. Ainsi, encore, l'exécuteur testamentaire était institué dans l'origine pour le paiement des dettes.

Il est facile, maintenant, de concevoir pourquoi, toutes les fois qu'il s'agit de la saisine et de sa dévolution, il est inutile de s'occuper du droit de propriété et de sa transmission. Aussi nous avons pris soin de distinguer la qualité de saisi du titre d'héritier, de sa transmissibilité, et du droit d'option entre l'acceptation et la renonciation. Nous n'avons pas dû hésiter à déclarer que la saisine pouvait se perdre sans que les autres droits attachés à la qualité de successible fussent modifiés. Autrement, il eût été impossible d'admettre que l'on pût accepter une succession sans être saisi, et encore moins que ce droit fût transmissible. C'est en vertu du même principe que nous pensons que la saisine peut se prescrire, comme toute possession, par le délai d'an et jour, sans que pour cela le titre d'héritier soit altéré dans ses avantages essentiels.

Mais si ces distinctions sont nécessaires pour expliquer plusieurs solutions du droit coutumier et du droit moderne, on ne saurait nier que l'influence du droit romain, et le besoin de subordonner aux lois de la logique les institutions qui avaient leur source dans la force des choses, aient singulièrement modifié celle que nous étudions. La saisine devint synonyme ou à peu près du droit de possession, et n'eut plus qu'une place secondaire relativement au droit de propriété. On s'en servit toutes les fois qu'elle put offrir un avantage aux héritiers du sang; on la rejeta toutes les fois qu'elle parut gênante.

Ainsi, on l'invoque pour faire courir les intérêts des biens sujets à rapport ou à réduction, mais on l'écarte dès qu'il s'agit de favoriser le vassal au préjudice du seigneur, les puînés au préjudice de l'aîné.

Les rédacteurs du Code civil n'ont demandé à la tradition que ce qui pouvait s'accommoder aux idées modernes; tout ce dont le raisonnement ne pouvait rendre compte a été négligé.

Lorsqu'ils se sont occupés, par exemple, de la position de l'héritier légitime saisi qui laisse passer trente ans sans faire aucune démarche vers l'hérédité, la logique leur a inspiré les articles 784 et 790, aux termes desquels (ce que nous avons reconnu) la saisine équivaut à une présomption qui se confirme *lapsu temporis*. Or, suivant les idées coutumières, c'est précisément le contraire (comme résultat) qui avait lieu. L'abstention prolongée du successible saisi emportait renonciation; ses créanciers qui voulaient le faire considérer comme héritier pur et simple étaient tenus de prouver son immixtion; en un mot, la maxime : *N'est héritier qui ne veut*, avait une extension toute particulière. D'où vient cette différence? C'est qu'il était reconnu autrefois que la saisine se prescrivait, et que cette règle a été depuis trop souvent méconnue. Autant la saisine était efficace quand elle opérait, autant sa perte était décisive dans ses conséquences.

Nous n'avons pas pensé qu'il fallût rejeter tout-à-fait les anciens principes; aussi nous nous en sommes autorisé pour soutenir :

Que l'héritier du second ou subséquent degré peut accepter une succession sans en avoir la saisine;

Que la saisine ne passe qu'une fois nécessairement du mort au vif, et par conséquent qu'après la renonciation du successible du premier degré, ses créanciers peuvent faire nommer un curateur sans violer la saisine des successibles des degrés subséquents;

Que la saisine, pouvant se perdre indépendamment de la faculté d'accepter ou de répudier, la présomption qui en est la conséquence se perd en même temps. Ainsi, nous posons en principe que tout successible qui a perdu la saisine ne peut être, après trente ans, présumé acceptant.

Cette théorie sur la perte de la saisine facilite en outre la solution des nombreuses difficultés sur les pouvoirs de l'héritier putatif et du curateur, que nous regardons l'un et l'autre comme les représentants légitimes de l'hérédité. Ainsi, on ne peut se prévaloir, contre la validité de leurs actes, de la saisine occulte des héritiers non apparents, que l'on considère généralement comme viciant plus ou moins tout ce qui a été fait sans leur participation.

Si la saisine ne passe qu'une fois du mort au vif et au profit des premiers appelés, il en résulte que la réserve et la quotité disponible qui frappent les biens en même temps que la saisine, au moment de l'ouverture de la succession, sont déterminées définitivement, une fois pour toutes, à cette époque, et qu'il ne peut dépendre des héritiers d'en modifier par leur fait la répartition.

Nous pensons qu'en déterminant nettement les effets de la saisine et en les limitant, nous leur avons rendu toute leur valeur. Ainsi, à nos yeux, les successibles du défunt ne sont pas saisis en masse de la succession : la saisine constitue un droit exclusif au profit d'une ou plusieurs personnes au même degré, qui luttent contre un adversaire qui le leur conteste.

C'est surtout dans l'étude des garanties qui y sont attachées, et par l'exercice des actions possessoires que se révèle ce caractère exclusif et avantageux de la saisine.

L'héritier légitime, l'héritier institué et l'exécuteur testamentaire; la douairière, le baillitre, le seigneur et l'aîné des enfants, dans l'ancien droit; la femme commune et ses héritiers, ont chacun leur rang pour faire respecter leur saisine et sont soumis à certaines déchéances.

Soit qu'il s'agisse d'un bien déterminé, soit qu'il s'agisse d'une universalité juridique, la saisine se perd par le laps d'une année; c'est-à-dire que le saisi ne peut invoquer le bénéfice de son titre au possessoire que pendant ce temps. Lorsqu'il a négligé de s'en prévaloir pendant l'année, et qu'un contradicteur s'est emparé de la chose objet de la saisine, une déchéance est encourue, déchéance qui a un caractère particulier, suivant les époques de droit auxquelles on se place.

Dès l'origine, la saisine est un titre pour acquérir ou recouvrer la possession, titre semblable à celui de l'acquéreur qui a rempli certaines formalités d'investiture ou de celui qui l'a obtenue du juge. Dans le droit primitif, il résultait de là que le successible avait, de plein droit, un titre de plus que son auteur. Et, comme à l'époque où le droit des Assises de Jérusalem était en vigueur, il était de principe que la possession d'an et jour fortifiée d'un titre constituait au profit du possesseur une position inattaquable, l'héritier qui avait possédé pendant ce temps légal se trouvait précisément dans ce cas. Cependant son auteur n'avait peut-être aucun titre et n'aurait pu, dans ce cas, jouir des mêmes prérogatives. Lorsque l'expérience et la fréquence des discussions en pareille matière eurent introduit quelques notions juridiques, on fit à la saisine un domaine à part, distinct de celui de la propriété : chacun de ses droits se prouva par des titres spéciaux et fut entouré de garanties particulières. En tout cas, dans le domaine propre de la saisine, il fut toujours vrai de dire que toute personne saisie de plein droit avait une position meilleure que son auteur.

Nous en trouvons la preuve dans la procédure de la complainte en cas de saisine et de nouvelleté.

Nous verrons, en effet, que cette action a trois phases distinctes, trois chefs qui constituent en quelque sorte trois instances : le séquestre, la recréance et la pleine maintenue. La recréance a pour objet la détention provisoire de la chose pendant l'instance sur la complainte, et le gain sur ce chef n'était accordé qu'à celle des parties dont le droit était le mieux fondé en apparence. Nous avons donné une attention spéciale à cette phase de la procédure, parce qu'elle nous a paru avoir avec une théorie complète de la saisine les rapports les plus intimes. La recréance, à nos yeux, a pour le successible les mêmes avantages que la réintégrande pour le possesseur dépouillé violemment : tous deux sont ressaisis *sans plaid faire* sur le fond : le titre héréditaire est aussi notoire que la dépossession violente ; même faveur est accordée à la saisine de plein droit qu'à celle qui a été usurpée.

A cette époque du droit, la saisine héréditaire est même plus avantageuse que la saisine par an et jour. En effet, celle-ci, quand elle pouvait être prouvée, était sans doute un moyen assuré pour gagner la pleine maintenue ; mais si elle n'était pas appuyée d'un titre évident de prime abord, elle n'emportait pas le gain de la recréance.

Nous devons borner ici cette revue sommaire de l'ensemble du Mémoire ; nous touchons aux détails, et dès lors nous ne saurions poursuivre plus loin cette analyse sans reproduire les déductions que l'on trouvera en leur lieu.

Nous devons avertir le lecteur, en terminant, que les nombreuses citations que nous avons données ne sauraient le dispenser de recourir souvent aux sources originales. Des fragments isolés ne peuvent être compris qu'en tenant compte de leurs rapports avec un texte suivi.

HISTOIRE ET THÉORIE
DE LA SAISINE

DANS LES TRANSMISSIONS DE BIENS PAR DÉCÈS.

CHAPITRE PRÉLIMINAIRE.

Notion de la saisine en général et de la saisine héréditaire.

I. De l'idée de succession.

Lorsqu'une personne meurt, l'ensemble des droits dont elle jouissait s'éteint nécessairement pour elle : son patrimoine resterait vacant si la loi civile n'appelait pas une personne vivante à prendre sa place, à entrer dans ses droits, en un mot à recueillir sa succession. Les lois qui règlent la transmission de la personnalité juridique du défunt varient suivant le degré de développement des institutions civiles de chaque peuple :

1° Quant à l'étendue de la succession;

2° Quant à la nature des droits et des obligations qui en résultent.

Ces lois varient aussi suivant le caractère national :

1° Quant à l'importance relative qu'il accorde aux dernières volontés du défunt ;

2° Quant à la capacité des diverses personnes appelées à la succession.

Mais, dans toute législation logiquement développée, cette succession est réglée par des principes généraux déduits de son idée même.

A. Ainsi la place du défunt, en droit, sinon en fait, ne doit pas demeurer vacante.

Le patrimoine du défunt est considéré comme un ensemble de droits actifs et passifs, universalité juridique qui passe au successeur universel avec ses charges ; c'est-à-dire que toutes les obligations qui pesaient sur les biens en sont inséparables : juridiquement, les dettes sont contenues dans les biens, dont elles diminuent l'émolument ; elles deviennent les dettes propres du successeur.

Parmi les charges de la succession, il faut compter les dispositions de dernière volonté, dont le caractère général est qu'elles sont autant de dettes imposées par le défunt à son successeur universel pour le temps où il n'existera plus.

Telles sont les conditions sous lesquelles la succession est déférée aux ayant-droit quels qu'ils soient.

Mais un autre principe général (reconnu plus ou moins tard, et plus ou moins étendu), c'est que la transmission de ces biens avec les charges n'est point obligatoire pour l'appelé, et qu'il est libre d'accepter ou de répudier la succession.

B. Ainsi le point le plus délicat de la matière est la conciliation des difficultés suivantes :

Comment la place du défunt ne reste-t-elle pas vacante, si celui qui a droit à la succession peut y renoncer?

S'il peut demeurer un certain temps avant de l'accepter?

Si la loi lui accorde la faculté, sous certaines conditions, de limiter au montant de l'actif héréditaire l'étendue des obligations que son titre héréditaire lui imposait de plein droit?

C. *Rétroactivité de l'acceptation, acquisition de plein droit.* — On fut amené à compléter cette première idée, que le successeur est le continuateur de la personne du défunt. On admit en principe que les effets de l'acceptation remonteraient au jour de l'ouverture de la succession résultant de la mort du *de cujus* (D., XXIX, II, *De acquir. vel omitt.*, 1. 54).

On ne se contenta point de cette rétroactivité fictive : on posa une règle plus positive; non-seulement la succession est offerte au successible avec la faculté de l'accepter ou d'y renoncer, mais :

1° Le patrimoine du défunt est acquis au successible du jour du décès, sans aucune manifestation de sa volonté, même à son insu : de sorte qu'il n'y a point de lacune entre la dévolution et l'acquisition du patrimoine;

2° La possession, avec tous ses avantages (bien que son idée essentielle suppose un fait matériel et personnel); passe au successible en même temps que la propriété, sur l'ensemble des biens considérés comme masse patrimoniale, et sur chacun d'eux en particulier. Il en est *investi* au moment du décès.

Tel est le caractère spécial de la *saisine* en matière de succession.

C'est une fiction de la loi qui suppose que le *de cujus*, à l'article de la mort, a remis à son successible la masse héréditaire. Tel est le sens de la maxime : *Le mort saisit le vif*, qui a inspiré aux rédacteurs du Code civil l'article 724. (V. les paroles de Siméon au Corps législatif; Fenet, t. XII, p. 220.)

L'exposition de ces principes adoptés dans le dernier état du droit était nécessaire pour mettre en relief tout d'abord l'objet et l'importance de la *saisine* héréditaire. Mais ces règles ne se sont pas révélées *à priori*, comme autant de données premières dont il eût suffi de tirer les conséquences applicables aux difficultés particulières. Nous devons constater comment le système du droit héréditaire s'est complété en droit romain en dehors de l'idée de *saisine*; comment les idées romaines se sont combinées avec l'élément germanique; comment, enfin, la jurisprudence et les coutumes ont coordonné ces éléments pour les léguer aux rédacteurs de notre Code civil.

II. De la saisine en général.

La définition de la saisine successorale laisse prévoir qu'elle n'a là qu'un sens spécial et détourné; son sens propre doit être déterminé d'après les coutumiers des 13e,

14ᵉ et 15ᵉ siècles, période dans laquelle la *saisine* se révèle comme une institution féconde et intéressante. Toute étude de la saisine héréditaire qui ne s'appuierait pas sur une analyse exacte du caractère de la saisine en général serait nécessairement incomplète, manquerait de point de départ et ne pourrait donner que des résultats pour ainsi dire divinatoires.

La *saisine*, dans son acception la plus générale, est le caractère légal sous lequel se manifeste la possession à l'encontre des tiers.

En effet, la possession, comme premier degré de l'appropriation, emporte nécessairement l'idée d'exclusion contre toute personne autre que le possesseur; et ces deux idées : *attribution* de certains avantages au profit de l'un, *exclusion* à l'égard de l'autre, se résolvent et se complètent dans celle d'une *garantie*.

La garantie elle-même, suivant le degré de civilisation, se manifeste en fait par la force individuelle, en droit par les moyens légaux. Dans ce dernier état elle comporte différents degrés d'efficacité, suivant les qualités de la possession, qu'on désigne la plupart du temps du nom de la *saisine*.

En allemand (*gewere*), il paraît que la saisine n'a pas d'autre sens que celui de garantie : alors elle est l'expression des effets le plus souvent attachés à la possession. Mais on s'engage, pour compléter cette définition, dans l'interprétation des effets si variés de la saisine, et il faut toute la sagacité d'un Klimrath pour jeter quelque jour et pour trouver une règle dans les faits si variés analysés par les coutumiers.

III. Transmission de la saisine par les voies légales.

A. Aux époques d'ignorance, où l'usage des *instrumenta* destinés à constater la transmission des droits était peu fréquent, on devait y suppléer par la notoriété des actes. Pour rendre sensibles et frappants les modes de translation de la propriété, il était naturel que l'on eût recours à une procédure expressive, sans laquelle l'acquisition dans la personne de l'acquéreur n'eût point été parfaite. Le contrat par lui-même produisait sans doute, au profit de ce dernier, un droit au fond, connu sous le nom de *droiture* (la *simple saisine de droit* des commentateurs); mais la cérémonie de l'investiture, de l'adverpissement, était nécessaire pour lui donner la *vraie saisine*, c'est-à-dire pour le constituer juridiquement possesseur à l'égard de tous (Klimrath, t. II, pp. 369, 376, n° 4).

D'ailleurs, cet ensaisinement ne résultait pas de la simple appréhension de fait. « Celuy, dit Bouteiller, qui vend sa tenure, mais il en retient encore la saisine par devers luy, ne n'en fait vest à l'acheteur, scachez qu'il est encore sire de la chose; mais toutefois, il peut estre contraint à faire le verp et adhéritement de la chose. »

Enfin le juge pouvait mettre en saisine le nouvel acquéreur à titre de vente, d'échange, lorsque l'ancien propriétaire refusait de se dessaisir de l'héritage; c'est en ce sens que « le droit de propriété trait à lui la saisine. »

« De même, point de saisine en fief sans investiture et sans foi ; point de saisine en censive sans *vest* et *dévest* par le seigneur; point de saisine en alleu, sans ensaisinement par le juge ordinaire. Tel était le principe exprimé dans toute sa rigueur. » (Klimr., p. 377.)

B. *Possession annale.* — En dehors de ces modes juridiques de réunir la vraie saisine à la simple saisine de droit, la possession de fait continuée par l'acquéreur durant l'an et jour, *non vi, non clam nec precario*, le constituait vrai possesseur (Klimr., p. 356).

C. *De la saisine héréditaire.* — A l'exemple des contrats d'acquisition ordinaire, le titre héréditaire est d'abord pour l'ayant-droit une de ces causes privilégiées attributives de la simple saisine de droit dont parle Klimrath. Mais, en outre, les formalités de l'adverpissement attributives de la vraie saisine sont suppléées à l'égard de l'héritier par la coutume qui, au moment du décès de son auteur, le répute immédiatement en saisine de tout ce dont le défunt est mort saisi et tenant. Tel est le sens spécial de la règle : *Le mort saisit le vif*; elle constitue l'héritier possesseur de plein droit *à l'égard des tiers*.

IV. Utilité de la règle coutumière.

L'utilité de cette règle est manifeste, si l'on suppose pour un instant un état du droit dans lequel elle ne soit pas reconnue. Soit l'hypothèse où un tiers appréhende un des effets de la succession dans l'intervalle de temps qui sépare le moment du décès de la prise de possession par l'héritier ; quelles seraient les voies de droit ouvertes à ce dernier pour faire cesser l'usurpation? L'héritier, n'étant pas réputé saisi, n'aura reçu de son auteur qu'un droit au fond, un titre qui lui servira à recouvrer la chose héréditaire, mais sous la condition de prouver que son auteur était propriétaire en vertu d'une de ces causes spéciales attributives de la saisine de droit. A défaut de cette preuve épineuse et souvent difficile à mener à bonne fin, dans les formes si compliquées de l'ancienne procédure, l'héritier sera déchu de tout droit. Cependant son auteur, s'il eût vécu plus longtemps, aurait eu un rôle beaucoup plus favorable :

1° Contre un tiers qui l'aurait violemment dépossédé, le *de cujus* eût été ressaisi indistinctement, en vertu de la maxime : *Spoliatus ante omnia restituendus.* « De quelque chose que je sois en sesine, et quele sesine que soit, soit bonne ou mauvaise et de quelque temps que che soit, soit grant ou petit, qui m'oste de cele saisine, sans jugement ou sans justiche, je doi estre ressesis avant toute œuvre, si je le requiers. » (Beaumanoir, ch. XXXII, p. 170.) Dans le même cas, le tiers détenteur opposerait à l'héritier qu'il n'a jamais été possesseur, et par conséquent qu'il n'a pas pu être dessaisi;

2° Contre toute personne qui l'eût troublé dans la possession dont il jouissait depuis l'an et jour, le *de cujus* aurait recouvré sa saisine par les voies assez simples de la complainte. Mais, dans la même hypothèse, l'héritier sera repoussé par une fin de non-recevoir absolue, tirée de ce que la saisine de son auteur ne lui a point été transmise, comme eût pu l'être un droit de propriété:

il ne pourrait donc se pourvoir par voie de complainte, à moins d'avoir possédé lui-même pendant l'an et jour.

Ainsi, dans ces deux cas, l'héritier aurait moins de droits que son auteur. Au moyen de la règle coutumière, au contraire, si on lui permet de remonter à la possession du défunt saisi et tenant, et de s'en prévaloir, l'héritier sera censé avoir été dépossédé par violence, troublé dans sa possession annale, et par suite dispensé de prouver son droit au fond. « En titre de succession, l'hoir se peut dire, incontinent après la mort de son prédécesseur, en possession et saisine des biens du trépassé dont il se dit hoir, *quia saisina defuncti descendit in virum*, et si momentairement et avant l'an et jour, ils s'apparent aucuns opposants ou empeschant, iceluy peut contre eulx intenter ledit libel [de complainte], et soi aider de la saisine, à cause de la saisine de son prédécesseur et devancier. » (*Grand coutumier*, II, ch. 21.)

V. Objet de la saisine.

Ainsi, d'après les sources du droit coutumier, la saisine héréditaire est, par elle-même et indépendamment de son objet, un juste titre, comme l'investiture et la foi dans la transmission des fiefs, comme l'ensaisinement par le seigneur et par le juge, en matière de censive et de franc-alleu.

En même temps, considérée dans son objet, la saisine est la continuation de la saisine du défunt en celle du successeur; elle se continue donc avec les mêmes qualités, sauf les droits d'autrui en toute chose.

Enfin, il faut remarquer que la saisine en général, et notamment la saisine héréditaire, peuvent s'appliquer à toute espèce de droits, en quoi la saisine a plus d'étendue que la possession proprement dite. Cette différence n'a point échappé à Papon : « Droits de fief, lods, quints, rierequints, rachat, reconnaissance, maint-morte, tailles, dismes, corvées, charrois, manœuvres, guet, garde et autres servitudes de cette sorte, soient personnelles ou réelles, et soient dues aux personnes, comme usufruit, usage, ou aux fonds, comme passage, conduit d'eau, appui et autres, ne peuvent proprement estre possédées, d'autant que l'on ne les peut ny toucher, ny corporellement appréhender, encore qu'elles contiennent devoirs de choses corporelles, comme argent, vin, grains, moutons, poules, foin, paille. Est néanmoins leur possession reçue pour interdicts possessoires. » (T. II, liv. VIII, p. 537.)

Ces observations préliminaires suffisent pour poser nettement la question de l'intérêt pour l'héritier de trouver attachée à la dévolution de la succession la saisine, c'est-à-dire un titre pour acquérir et recouvrer la possession.

Dans le cadre de cette étude, nous devions faire entrer quelques recherches historiques. Si nous ne trouvons pas le germe de la saisine héréditaire chez les jurisconsultes romains, nous nous demanderons au moins comment ils ont pu suppléer à cette institution, incompatible avec l'idée de la possession proprement dite. C'est dans le principe le plus caractéristique du droit germanique que nous trouverons la vraie origine de la saisine. Nous nous efforcerons de prouver que cette idée si vivace et si féconde ne dérive pas seulement de cette copropriété de famille, sur laquelle les théories historiques ne manquent pas. Les historiens et les juristes qui se sont donné rendez-vous sur ce terrain ne nous paraissent pas avoir porté assez haut leur attention. Antérieurement à la copropriété de famille, on trouve les rapports personnels, les éléments vitaux des institutions germaniques. On ne peut en isoler la saisine sans en dénaturer le caractère originel, sans mutiler le système de ce droit primitif.

CHAPITRE Ier.

Esprit du droit romain sur cette matière

VI. Caractère de la succession romaine.

En droit romain, la succession, au point de vue des biens qui la composent, est essentiellement un droit universel : *Nihil est aliud hereditas quam successio in universum jus quod defunctus habuit* (D., l. 24, *De verb. sign.*).

Déférée *ab intestat* ou par testament, elle a le même caractère.

A. *Homogénéité du patrimoine*. — Aucune partie du patrimoine ne peut rester en dehors de la vocation héréditaire : on ne distingue ni l'origine ni la nature des biens qui le composent; il n'y a pas deux ordres de succession dans une même hérédité : « Qui totam hereditatem adire potest, is pro parte, scindendo, eam adire non potest. » (Paul., D., l. 1, *De acq. vel omitt.*)

testateur lui-même ne peut changer ce caractère : ses dispositions doivent embrasser toute l'hérédité ; l'interprétation légale supplée à la lettre d'un testament qui contient une répartition incomplète, irrégulière ou excessive. Tout héritier qui succède au défunt recueille non-seulement la portion qui lui est assignée, mais encore toutes celles qui peuvent s'y trouver réunies à son insu ou même malgré lui, par la répudiation de ses cohéritiers, son titre étant nécessairement universel.

B. *Unité, indivisibilité du titre.* — L'hérédité testamentaire et l'hérédité légitime s'excluaient réciproquement. Tant que l'hérédité testamentaire était ouverte et possible, l'hérédité légitime *ab intestat* était inadmissible. A défaut de testament, la succession *ab intestat* était ouverte, et toute l'hérédité légitime était déférée aux héritiers de la loi ; ils ne tenaient rien de la volonté du défunt ; ce dernier ne pouvait rien distraire de l'universalité du patrimoine. « Jus nostrum non patitur eumdem in paganis et testato et intestato decessisse ; earumque rerum naturaliter inter se pugna est, testatus et intestatus. » (Pomp., l. 7, *De reg. jur.*)

C. *Unité, permanence du titre.* — Le testateur ne peut se donner un héritier pour un temps déterminé, et laisser pour un autre temps s'ouvrir la succession *ab intestat* (D. Gaius, lib. XXVIII, tit. v, l. 88). « Non potest efficere ut qui semel heres exstitit desinat heres esse. » Aussi ne pouvait-il instituer *ex certo tempore*, ou *ad certum tempus* ; une pareille disposition eût été exécutée comme pure et simple.

D. *Du testament militaire.* — Ce principe avec toutes ses conséquences souffrait une exception remarquable à l'égard du militaire. Par un privilége spécial, sa volonté était la seule règle de son testament. « Voluntas militis in expeditione occupati pro jure servatur. » (C., l. 1, *De test. mil.*) Aussi son hérédité est déférée sans difficulté, partie en vertu du testament, partie *ab intestat*, quant aux quantités. « Si miles unum ex fundo heredem scripserit, creditur, quantum ad residuum patrimonium, intestatus decessisse. » (D. Ulp., l. 6, *De test. mil.*) Il pouvait avoir deux ordres de succession, *quasi duorum hominum duas successiones*, un héritier aux biens *castrenses*, un héritier aux biens ordinaires (D. Gaius, l. 17, eod. tit.).

VII. Délation, acquisition de l'hérédité.

« Cui intestatus moritur, cui suus heres nec sit, agnatus proximus familiam habeto. » Tel était le texte de la loi des Douze-Tables. La succession n'était déférée aux héritiers légitimes qu'à défaut de disposition testamentaire : la volonté du *paterfamilias* pouvait, dans la rigueur du principe, exhéréder son *suus heres*, c'est-à-dire le fils qu'il avait sous sa puissance.

Il pouvait s'écouler un laps de temps plus ou moins long entre la mort du *de cujus* et l'ouverture de la succession *ab intestat*. Si le défunt ne laisse pas un testament valable, elle s'ouvre au moment même du décès ; mais, s'il y a un testament, la succession légitime s'ouvre seulement dès qu'il est certain que le défunt n'aura point d'héritier testamentaire, *quod quidem aliquando longo tempore declaratur*. Il en résulte que c'est à l'époque seulement de la vocation que l'on examine la capacité du successible.

A. *Cretio, aditio*. — Nécessité est imposée aux *heredes extranei*, succédant en vertu du testament ou *ab intestat*, de manifester leur volonté soit dans la forme solennelle de la *cretio*, soit par une simple déclaration, ou par des faits annonçant l'intention de se porter héritiers (G., II, 168).

C'est pourquoi, avant d'avoir fait acte de volonté, ces héritiers n'ont acquis aucun droit, et s'ils viennent à mourir avant de l'avoir fixé dans leur patrimoine, ils ne transmettent rien à leurs propres successeurs, et ceux-ci n'ont aucune vocation à l'hérédité qui était simplement déférée à leur auteur.

B. *Du* suus heres. — Mais la qualité de *suus heres et necessarius* donnait des droits plus immédiats à l'hérédité. Le fils de famille qui se trouvait dans ces conditions se trouvait héritier instantanément, au moment du décès de son auteur, quelle que fût sa volonté à cet égard. Il acquérait ainsi l'hérédité immédiatement avec toutes ses conséquences. Le principe était inflexible; le droit prétorien y apporta seulement quelques tempéraments.

Néanmoins, il n'y avait pas indistinctement certitude au moment du décès que le *suus* habile à succéder recueillerait l'hérédité. Pour qu'elle lui fût acquise instantanément à ce moment, il était nécessaire ou bien que le défaut de testament donnât immédiatement ouverture à l'hérédité légitime, ou bien que le testament, s'il en existait, contînt une institution à son profit. Dans l'un comme dans l'autre cas, *statim à morte parentis quasi continuatur dominium* (Instit., III, 11, 6).

Mais l'existence d'une institution testamentaire valable, au profit d'un *extraneus*, suspendait l'ouverture de la succession légitime jusqu'au moment où il deviendrait certain qu'il n'y aurait point d'héritier testamentaire, sur le refus ou à défaut de capacité de l'institué. Dès lors, c'est ce temps seulement qu'il faut considérer pour déterminer soit la capacité du *suus heres* appelé à défaut de l'institué, soit le moment où il acquiert l'hérédité. Ainsi, elle ne lui est point acquise à *die obitus*, et le fils de famille qui, après avoir survécu au *de cujus*, serait décédé avant l'ouverture de la succession légitime, n'aurait rien acquis, rien pu transmettre.

VIII. De la *jacens hereditas*.

A. Ces premières données suffiraient déjà par elles-mêmes pour résoudre la question de savoir si la saisine héréditaire était compatible avec les principes du droit romain.

Nous sommes parti de l'idée que la personne civile du *paterfamilias* ne pouvait rester vacante. Comment donc avait-on concilié cette nécessité avec les règles que nous venons d'exposer? comment la personne du défunt était-elle continuée dans l'intervalle qui séparait l'instant de la mort :

1° De l'instant où l'événement de la condition suspensive ouvrait la succession au profit de l'institué sous condition (car, dans cet intervalle, l'hérédité n'était déférée à personne)?

2° De celui de l'adition d'hérédité par l'institué pur et simple, ou par l'*heres extraneus ab intestat?*

3° De l'instant où il devient certain que le défunt n'aura point d'héritier testamentaire, l'hérédité se trouvant alors déférée *ab intestat* soit à un *extraneus*, soit à un *suus heres* qui l'acquiert de plein droit ?

Dans ces divers intervalles de temps, on dit que l'hérédité est *jacente*. Il fallut donc admettre une fiction, au moyen de laquelle on pût reconnaître à l'hérédité une personnalité capable d'acquérir des droits. « Hereditas personæ vice fungitur, sicuti municipium, et decuria, et societas. » (D. Flor., l. 22, *De fidej. et mand.*) On admit qu'elle continuait la personne du défunt et non celle de l'héritier qui n'a pas fait adition : « Nondum enim adita hereditas personæ vicem sustinet, non heredis futuri, sed defuncti. » (Instit., II, xiv, 2.)

B. *Rétroactivité de l'adition.* — Mais si l'on se place au point de vue de l'héritier, on reconnaîtra que, l'adition une fois faite, il est censé avoir succédé à son auteur au moment de la mort, de sorte que le patrimoine a changé de maître sans intervalle. « Heres quandoque adeundo hereditatem, jam tunc a morte successisse defuncto intelligitur. » (D. Flor., l. 54, D., *De acq. vel omit.*) « Omnis hereditas, quamvis postea adeatur, tamen cum tempore mortis continuatur. » (Paul.) « Omnia fere jura heredum perinde habentur ac si continuo sub tempus mortis heredes exstitissent. » (Celsus, ll. 138, 193, D.,

De div. r. j.) Cette double fiction, qui attribue à l'hérédité une certaine capacité, et qui supprime pour le passé toute lacune dans la propriété du patrimoine, permet-elle cependant de dire que la possession du défunt passe, à l'instant de la mort, en la personne de l'héritier?

C. *Jonction des possessions.* — D'autres textes rattachent la possession de l'héritier à celle du défunt; et d'anciens jurisconsultes, peu versés dans l'étude du droit romain, en ont conclu l'existence de la saisine proprement dite. « Possessio defuncti quasi juncta descendit ad heredem, et plerumque, nondum hereditate adita, completur. » — « Vacuum tempus, quod ante aditam hereditatem, vel post aditam intercessit, ad usucapionem heredi procedit. » (Cf. pr. l. 30, D., *Ex quib. caus. maj.*; — l. 31, § 5; — l. 40, *De usurp.*) Mais les deux textes du titre *De usurp.* expliquent et restreignent suffisamment la portée du premier. « Hæc jure singulari recepta sunt, » dit Papinien (eod. tit., l. 44, § 3). Ces décisions complètent la théorie de l'usucapion dans un cas particulier où la place du possesseur est devenue en réalité vacante par le fait de sa mort; il s'agit de savoir à qui profitera le temps qui s'est écoulé dans l'intervalle qui sépare le décès du possesseur de la prise de possession par l'héritier. Ces textes impriment à son adition un effet rétroactif; en un mot, ils ont plutôt pour objet d'exclure les tiers intéressés à contester l'usucapion, que d'attribuer à l'héritier un droit nouveau. En outre, ces textes n'ont de portée qu'à l'égard des choses particulières sujettes à l'usucapion; et

Papinien semble admettre ces décisions comme une dérogation à un principe général sous-entendu, à savoir que la possession est vacante avant l'adition d'hérédité. L'hérédité, en effet, n'a pas la possession *quæ facti est et animi;* « sed nec heredis est possessio antequam possideat, quia hereditas in eum tantum transfundit quod est hereditatis. » (Ulp. d'ap. Scævola, D., l. 1, § 15, *Si is qui test. lib.*)

IX. Suite.

Si ces fictions et les décisions qui s'y rattachent nous permettent de dire, dans des cas particuliers, que l'ensemble des droits du défunt est présumé acquis à l'héritier sans intervalle, c'est en ce sens seulement que le temps écoulé avant son adition ne lui nuira pas, et que les droits acquis au défunt, *même en germe*, se conserveront ou se développeront dans l'hérédité; mais, en fait, pendant la vacance même, cette fiction n'a aucun effet. L'hérédité, considérée isolément, n'a pas la capacité d'une personne vivante : c'est pourquoi l'esclave héréditaire ne peut acquérir un usufruit pendant la vacance (Paul., l. 26, *De stip. serv.;* — Hermog., l. 61, § 1, *De acq. rer. dom.*). Dans cet intervalle, il est incertain s'il y aura un héritier testamentaire ou *ab intestat*. Tant que cette incertitude subsiste, qui donc serait reconnu capable par la loi d'exercer sur les effets héréditaires un acte quelconque de disposition? La possession, comme droit, se manifestant au moyen des *interdits*, quelqu'un est-il fondé, au moment du décès, à s'opposer aux entreprises des tiers sur tout ou partie de l'hérédité? Cette dernière question ne peut même s'élever que dans le cas où la succession s'ouvre au profit du *suus heres* qui devient héritier de plein droit. On peut toutefois la généraliser et se demander si l'*heres extraneus*, par l'adition, si le *suus heres*, par le seul fait de la délation de l'hérédité à son profit, peuvent se dire immédiatement possesseurs du patrimoine et se comporter comme tels?

X. Du vrai caractère de la possession.

Il faut reconnaître que la nature de la possession, prise en elle-même, exclut l'idée d'une transmission idéale; que le droit n'attache de prérogatives qu'à la possession manifestée comme fait, par un être réellement capable de volonté : deux conditions que ne saurait réunir une personne idéale comme l'hérédité jacente. Que si la volonté (*animus*) existe dans l'*heres extraneus* qui a fait adition, et est supposée dans le *suus heres*, le fait significatif de la possession en est indépendant et doit apparaître dans un acte spécial.

« Les actes purement juridiques, qui ne renferment pas en même temps une appréhension, ne donnent pas la possession; telle est l'acquisition d'une hérédité. Tous les droits en général qui constituent le patrimoine et qui ne sont pas purement personnels passent immédiatement à l'héritier par l'adition d'hérédité; mais il en est autrement de la possession, parce que l'adition ne renferme aucune appréhension des choses héréditaires. » (Savigny, *De la possession.*)

Outre ces considérations déduites de l'idée la plus simple de la possession, le système du droit romain ne comporte pas la possibilité de la désignation invariable d'une personne sur laquelle reposerait la possession du défunt à l'instant de la mort; car l'hérédité légitime ne venant qu'en deuxième ordre, l'héritier testamentaire excluait le *suus heres* dûment exhérédé. Une simple fiction eût même été contradictoire avec ce principe que l'héritier testamentaire ou *ab intestat* est censé succéder immédiatement au défunt, puisque, en vertu d'une fiction qui saisirait de plein droit le fils de famille, par exemple, l'héritier testamentaire devrait, en même temps, être censé recevoir la possession de cet intermédiaire invariablement présupposé qui différerait souvent de l'institué.

XI. Inflexibilité des conditions de l'acquisition de la possession.

A. Il importe d'insister davantage encore sur ces conditions, qu'aucune prérogative tirée de son titre ne peut autoriser l'héritier à éluder.

La possession ne pouvant s'acquérir sans intention, comment le *suus heres* acquerrait-il la possession en même temps que la propriété, à son insu et même malgré lui? Eût-il cette intention, elle n'a pas d'effet, si elle n'est réalisée par un fait soit antérieur, soit simultané. « Adipiscimur possessionem corpore et animo, neque per se animo, aut per se corpore. » (Paul., l. 111, § 1, D., *De acq. vel am. poss.*)

Les témoignages de Neratius et de Proculus cités par Paul en font une règle inéluctable. Elle s'applique nécessairement à la fois au *suus heres* et à l'*extraneus* qui ont manifesté leur volonté, tant qu'ils n'ont point fait acte matériel de possession. « Neratius et Proculus solo animo non posse nos acquirere possessionem aiunt, si non antecedat naturalis possessio. » (L. cit., § 3.) Ajoutons que l'intention de posséder doit être déterminée sur un objet spécial, présent à l'esprit de la personne. La volonté générale de posséder, comme serait celle de l'héritier, ne saurait remplir cette condition (l. cit.; § 1, 2). Or, avant l'ouverture des tables du testament, les institués ne savent pas à quelle portion ils sont appelés; les héritiers légitimes ignorent si la renonciation de ces derniers ouvrira leur droit.

Du reste, ces principes n'excluent pas la règle qui permet à l'héritier de rattacher la durée de sa possession à celle qui a commencé au profit de son auteur; mais il ne peut se prévaloir de la jonction des temps qu'à la condition de posséder lui-même de fait. « Accessio nemini proficit, nisi ei qui ipse possidet. » (Ulp., h. tit., l. 13, § 12.)

B. Mais, du moins, l'héritier qui a la volonté de posséder ne peut-il pas se prévaloir de la possession de fait réalisée par les esclaves héréditaires, afin de passer lui-même pour possesseur *animo et corpore?*

Ulpien (l. 18, D., *De acq. r. domin.*) pose ce principe général : « Per hereditarium servum, quod est ejusdem hereditatis heredi acquiri non potest, et maxime ipsa hereditas. » (Sic Jul., l. 43, *De acq. vel. am. hered.*) La raison en est que, acquérant l'esclave par le moyen de l'hérédité, l'héritier ne pourrait, sans faire un cercle vicieux, prétendre acquérir cette même hérédité par le moyen de l'esclave.

« Quod per colonum possideo, dit Paul, heres meus, nisi ipse nactus possessionem, non poterit possidere; retinere enim animo possessionem possumus, adipisci non possumus. » (L. 30, § 5, *De acq. vel. amitt. possess.*)

« Nec movere nos debet quod quasdam res etiam ignorantes possidemus, id est quas servi peculiariter paraverunt, nam videmus eas eorumdem et animo et corpore possidere. » (L. 3, § 12, h. tit.) Papinien explique suffisamment cette solution spéciale admise *utilitatis causa* (l. 44, § 1, h. tit.).

Enfin, il n'y a point antinomie entre les textes précités et deux autres extraits de Paul, dont l'opinion sur le principe général n'est pas douteuse. Ces deux extraits (l. 1, § 16, 17, h. tit.) supposent un cas bien différent, celui où un esclave serait acquis à l'héritier à titre de legs ou de vente. Dans cette hypothèse, Paul exprime sous forme interrogative l'avis que l'on ne doit pas pousser trop loin le principe général posé par les anciens : « Num hæc regula longius producenda est? » Dès lors que l'esclave n'est pas héréditaire, l'héritier peut acquérir, par son entremise, la possession des biens héréditaires sur lesquels il déléguera son esclave. Telle est également la décision de Julien, dans une espèce où l'héritier a reçu la tradition d'un esclave vendu à son auteur : rien n'empêche que cet esclave n'acquière la possession de l'hérédité pour le compte de l'héritier : « Quia non servus jure hereditario, sed actione ex empto ad eum pervenit. » (L. 38, eod. tit.)

Le mode de prise de possession est suffisamment indiqué par Papinien dans une espèce analogue, où l'acquéreur de plusieurs esclaves et de plusieurs fonds de terre envoie un de ceux-là prendre possession des fonds (l. 48, h. tit.).

XII. De la *bonorum possessio*.

A. Nous conclurons de ce qui précède, que l'héritier, à défaut d'une disposition légale qui le répute possesseur de plein droit, n'arrivait à la possession que par un acte spécial et individuel. Il nous reste à déterminer l'étendue de ses droits à ce point de vue, et les garanties destinées à les protéger, garanties que les interprètes du droit coutumier ont appliquées à la saisine. Cet emprunt d'une terminologie et de principes propres au droit romain n'a pas peu contribué à jeter de la confusion dans toute cette matière, au détriment de l'interprétation du droit romain et du droit coutumier.

Le droit prétorien avait de bonne heure complété le droit civil en matière de succession, en posant les bases d'un système plus large et plus équitable, où furent classées à côté et quelquefois au-dessus des successibles légitimes des personnes dignes de faveur écartées ou omises par la loi. Telle est l'idée du système des *bonorum possessiones*. « Bonorum possessionem ita recte definiemus : Jus persequendi retinendique patrimonii, sive rei quæ cujusque, cum moritur, fuit. » (Ulp., l. 3, § 2, D., *De bon. poss.*)

Le successeur prétorien que ne reconnaissait pas le droit civil, ne trouvait d'appui que dans l'édit prétorien, et lui empruntait toutes ses prérogatives. L'héritier du droit civil, reconnu et classé dans le système prétorien, libre d'invoquer la même protection, pouvait en outre se borner à invoquer celle du droit civil.

Au moyen de l'interdit *quorum bonorum*, le *bonorum possessor* peut obtenir la possession de l'hérédité contre quiconque la possède en tout ou en partie, *pro herede* ou *pro possessore*.

Au moyen de l'interdit *quod legatorum*, il obtient la possession des choses dont les légataires se seraient saisis contre son gré, au lieu de se pourvoir régulièrement à son égard.

Le *bonorum possessor* peut même se mettre spontanément en possession des biens héréditaires qu'il trouve libres, et alors il possède *pro herede* les choses dont il n'a pas le *dominium*; mais sa possession est protégée par le préteur, et son droit deviendra inattaquable par l'usucapion (Ulp., l. 11, D., *De hered. pet.* — Cf. G., III, 80).

Ainsi la *bonorum possessio* est le droit de recueillir ou de conserver le patrimoine du défunt; mais elle ne confère pas la saisine ou possession, qui est chose de fait (Ulp., l. 111, § 1, Dig., *De bon. poss.*).

L'héritier du droit civil a les mêmes prérogatives, sous la condition d'obtenir la *bonorum possessio*.

Il peut aussi, sans la demander, se mettre en possession de l'hérédité et posséder *pro herede*; mais, dans ce cas, sa place est vide dans le système prétorien, et le préteur peut accorder la *bonorum possessio* au successible suivant, s'il la demande (Gaius, III, 35, 36). En vertu de ce titre, le *bonorum possessor* pourra-t-il se prévaloir de l'interdit *quorum bonorum* contre l'héritier légitime possédant *pro herede* ? Le texte suivant pourrait le faire supposer :

« Ejusque [interdicti] vis et potestas hoc est, ut quod quisque ex his bonis quorum possessio alicui data est, pro herede aut pro possessore possideat, id ei cui bonorum possessio data est restituatur. Pro herede autem possidere videtur tam is qui heres est quam is qui putat se possessorem esse... » (G., IV, 144.) On doit cependant présumer que le *bonorum possessor* serait repoussé par l'*exceptio doli mali*. En tout cas, l'héritier légitime pourrait l'évincer par la *petitio hereditatis*. Gaius distingue à ce point de vue la *bonorum possessio cum re* ou *sine re*.

Du reste, dans la théorie des Instituts de Justinien, l'héritier du droit civil trouve dans son titre seul tous les avantages de la *bonorum possessio* prétorienne (Inst., IV, 33).

B. Les conditions sous lesquelles on pouvait invoquer le bénéfice de l'interdit *quorum bonorum* montrent que ni le *bonorum possessor* ni l'héritier légitime n'étaient réputés possesseurs de plein droit des biens héréditaires. Soit à l'époque où la *bonorum possessio* devait être solennellement demandée au préteur, soit au temps de Constantin, où elle était acquise par une simple manifestation de volonté, cet interdit n'était utile qu'à celui qui n'avait jamais eu la possession. « Itaque, si quis adeptus possessionem amiserit, desinit ei id interdictum utile esse... » (Cf. Inst., III, ix, 3, 10; IV, xv, 9, 3; Gaius, IV, 144). On suppose nécessairement que ni la *bonorum possessio* solennellement demandée et obtenue, ni celle qui résulte de la volonté du successeur, ne le faisaient réputer vrai possesseur.

C. Il reste à observer : 1° que cet interdit ne pouvait avoir pour objet que des choses corporelles, prises en masse exclusivement (D., l. 1, 2, *Q. bon.*);

2° Qu'il avait pour objet de mettre le successeur aux lieu et place du défunt, dans la possession des choses que celui-ci possédait au jour de sa mort, sans préjudice du droit au fond; la possession ainsi obtenue constituait le successeur défendeur à l'action touchant la propriété.

« Quid tam planius quam ut heredibus traderentur quæ in ultimum usque diem defuncti possessio vindicasset, etiamsi quod possit tribui de proprietate luctamen?... Insuper etiam mansura perpetua sanctione jubemus ut, omnibus frustrationibus amputatis, in petitorem corpora transferantur, secundaria proprietatis actione non exclusa. » — « Exceptio igitur dominii, ajoute Godefroy, huic interdicto moram nullam vel minimam facit. » (C. Theod., liv. IV, xxi, *Q. bon.*)

XIII. De l'édit d'Adrien.

Outre cette voie possessoire accordée à tout successeur testamentaire ou légitime, le premier avait, aux termes de l'édit d'Adrien, une voie sommaire pour obtenir la possession des biens que le défunt possédait au jour de sa mort. Cet envoi en possession, qui devait être demandé au juge de la situation, avait pour but de suspendre provisoirement la contestation qui pouvait être soulevée contre l'héritier institué, pour cause d'inofficiosité ou de nullité de testament. Provision était donc accordée au titre. Il suffisait que l'institué (en tout ou en partie) présentât au juge compétent un testament en bonne forme, pour que, nonobstant les prétentions des héritiers légitimes ou celles d'un substitué, l'hérédité fût accordée au préalable à l'institué, à l'exclusion de ses contradicteurs.

A l'égard des choses que le défunt ne possédait pas au jour de sa mort, l'héritier devait se pourvoir *jure ordinario* contre les tiers détenteurs. En un mot, il ne pouvait se prévaloir des prérogatives de l'édit que contre d'autres prétendant droit à l'hérédité. (V. Code, *De ed. D. Adr. toll.*; Pauli, *Sent.*, lib. III, tit. v in fine.)

XIV. Dangers de l'abstention du successible.

Dans tous les cas, tout successible avait le plus grand intérêt à se constituer de bonne heure possesseur en droit et en fait des biens héréditaires.

A. *Défaut de* cretio. — Si l'on se reporte aux principes purs du droit civil et du droit prétorien, on remarque d'abord que l'on n'y admettait pas, à l'égard d'aucun successible, cet effet de la saisine du droit coutumier, en vertu duquel le silence prolongé de l'ayant droit le fait présumer acceptant. L'héritier institué *cum cretione* était primitivement forclos par son silence, dès que le temps fixé pour cette crétion était expiré. Il en était de même à l'égard de l'institué *sine cretione*, si, dans le délai marqué par le magistrat en faveur du substitué ou des créanciers héréditaires, il n'avait point fait adition (G., II, 164, 167). Mais Justinien, suppléant aux avantages attachés au droit de délibérer par l'introduction du bénéfice d'inventaire, établit une certaine présomption en faveur de l'acceptation; de telle sorte que l'héritier, par son silence, se trouvait astreint à toutes les charges de l'hérédité, s'il n'avait pas répudié dans les délais accordés pour délibérer (Const. XXII, C., *De j. delib.*). Mais cette présomption n'était applicable qu'à l'héritier qui, non content de la faveur du bénéfice d'inventaire, préférait demander au magistrat un délai pour délibérer.

Si au contraire l'héritier n'avait pas fait cette démarche, il était forclos, lui et sa propre succession, de l'hérédité à l'égard de laquelle il n'avait pas manifesté sa volonté dans l'année (Const. XIX, h. tit.).

B. Quant au droit prétorien, le successeur appelé par l'édit devait demander la *bonorum possessio* dans un délai déterminé, qui était de cent jours pour les collatéraux et d'un an pour les successeurs en ligne directe.

Faute d'avoir formé cette demande dans le délai déterminé, le successeur perdait son droit.

C. *De la* lucrativa usucapio. — Avant Adrien, la plus grande défaveur semblait attachée à l'abstention de l'héritier qui ne prenait pas possession de l'hérédité. « Voluerunt veteres maturius hereditates adiri, ut essent qui sacra facerent, quorum illis temporibus summa observatio fuit, et ut creditores haberent à quo suum consequerentur. » (G., II, 355.) On regarda donc comme possible l'usucapion de l'hérédité elle-même contre l'héritier. Comme d'ailleurs la loi des Douze-Tables déclarait prescriptibles, dans le délai d'une année, toutes choses qui n'étaient pas *res soli*, on en concluait que l'on pouvait usucaper l'hérédité par le laps d'une année, et, de plus, qu'il n'était besoin pour cela ni de bonne foi ni de juste titre. Et depuis, quoiqu'il fût reconnu que l'hérédité elle-même ne pouvait être l'objet de l'usucapion, on maintint cette *lucrativa et improba usucapio*, en haine de l'héritier, dans ses conditions et dans sa durée à l'égard de toutes choses héréditaires individuellement considérées, *etiam quæ solo tenentur*. Adrien supprima cette déchéance exorbitante à l'égard de tous héritiers autres que l'*heres necessarius*. (V. Gaius, loc. cit., 352; 358.)

CHAPITRE II.

Origine de la saisine héréditaire.

Ce n'est pas dans le droit romain qu'il faut chercher l'origine de la saisine héréditaire; son idée comme son nom sont étrangers à une législation si riche en définitions exactes, développée dans un esprit scientifique qui ne se dément jamais. Si quelques effets de la possession coïncident avec ceux de la saisine, c'est une rencontre fortuite, et trop rare pour qu'on puisse la regarder comme le germe d'une idée aussi féconde que celle de la saisine. Il faut en demander l'origine à la législation, ou plutôt aux mœurs dans lesquelles elle s'est développée.

Nulle part définie et partout apparente, l'idée de la saisine envahit le domaine de la jurisprudence coutumière et devint le centre des décisions les plus incohérentes. Elle se fait place en Orient comme en Occident, à partir des 12e et 13e siècles; elle se développe avec la même rapidité dans les deux législations; et, lorsque le droit coutumier se fixe et s'organise sous la plume des jurisconsultes, c'est à peine si la saisine peut être renfermée dans ses limites naturelles.

XV. Opinion d'Heineccius.

Il est généralement reconnu que la saisine en général appartient au droit germanique; et, quant à la saisine héréditaire, Heineccius n'en fait pas de doute :

« C'était un principe général chez les Germains, que la possession de l'hérédité passait de plein droit à l'héritier, sans qu'une appréhension solennelle fût nécessaire. Quoique les lois fussent muettes sur ce point, la règle générale : *Le mort saisit le vif,* des coutumes de Bourgogne, de Bretagne, de Paris, etc., était également admise dans toute l'Allemagne... » (*Elem. jur. germ.*, II, x, n° 296.) Il conclut par les principes suivants :

« 1° Tous les héritiers, en droit germanique, étaient volontaires;

« 2° L'hérédité ne s'acquérait point par adition, mais de plein droit ou par un acte de volonté quelconque. » (N° 308.)

« C'est à l'ancien usage qu'il faut rapporter qu'en Saxe et dans d'autres lieux où le droit romain n'avait pas dénaturé la coutume nationale, la possession passait de plein droit à l'héritier. La succession non encore acceptée, pourvu qu'elle n'eût pas été répudiée, se transmettait aux héritiers du successible. » (N° 310.)

XVI. De la copropriété de la famille.

Nous avons déjà indiqué, au chapitre préliminaire, que l'opinion générale donnait pour base à la saisine héréditaire la copropriété des membres de la famille germanique, en vertu de laquelle le successeur, au moment du décès du possesseur qui le précédait, continuait une possession ancienne plutôt qu'il n'en commençait une nouvelle. Mais il reste toujours à expliquer la nature même de cette copropriété, et comment l'idée de la saisine devint si féconde. S'il suffit, en effet, de constater l'existence du *condominium* de famille pour en conclure celle de la saisine, pourquoi n'aurait-on pas tiré la même conclusion en droit romain, où ce *condominium* était, sous certains rapports, explicitement reconnu par les jurisconsultes ?

« ...Quum ratio naturalis, quasi lex quædam tacita liberis parentum hereditatem addiceret, velut ad debitam successionem eos vocando, propter quod et in jure civili suorum heredum nomen eis inditum est... » (Paul., l. 7, D., *De bon. damnat.*) Le même jurisconsulte (l. 11, *De lib. et posth.*) renferme toute la théorie sur les *sui heredes* dans les principes suivants :

1° Relativement à la propriété, il n'y a point de différence entre le *paterfamilias* et le *filiusfamilias*; leurs noms ne diffèrent que pour marquer la généalogie;

2° Copropriétaires du vivant de leur père, les *sui heredes* continuent d'être propriétaires après sa mort : ils acquièrent seulement une libre administration dont ils ne jouissaient pas auparavant ;

3° C'est pourquoi il n'est pas nécessaire de les instituer pour les faire propriétaires ;

4° Sans doute, le père pouvait les exhéréder ; mais cette faculté n'a rien d'inconciliable avec la propriété du fils de famille ; de même, anciennement, de ce que le père avait droit de vie et de mort sur son fils, on ne pouvait conclure que ce dernier n'avait point d'existence légale.

L'insistance du jurisconsulte est une preuve qu'il avait suffisamment médité cette théorie pour répondre à toutes les objections. Néanmoins nous avons vu que cette idée n'était pas assez absolue pour prévaloir sur les vrais principes de la possession.

XVII. Origine commune de la saisine et de la copropriété familiale.

Si le principe de la copropriété n'enveloppe pas nécessairement celui de la saisine, c'est que celle-ci se rattache, avec la copropriété familiale elle-même, à une institution plus élevée, dans laquelle se révèlera plus nettement encore le caractère spécial de la famille germanique. Au point de vue restreint du *condominium*, il existe encore des anomalies dans l'ordre des successions ; au point de vue des *rapports personnels de solidarité*, elles disparaissent.

M. Zœpfl restitue à la saisine son importance, dans les termes suivants :

« M. Zachariæ a remarqué que le droit des héritiers repose sur un principe du vieux droit germanique, le *condominium* entre les membres de la famille ; mais il faut bien comprendre que cette communauté, imaginée par les feudistes il y a deux siècles, n'est autre chose que le droit de saisine et de réserve. Ces droits ne sont donc pas, comme quelques-uns le pensent encore, les conséquences du *condominium;* ils sont le *condominium* lui-même, et ont leur première racine dans le *jus sanguinis,* origine première de tout le droit des successions. » (*Rev. fr. et étr.,* tome IX, pp. 175 et suiv.)

La vraie base de la saisine, ainsi que nous allons le démontrer, c'est le principe de la solidarité qui existait entre tous les membres de la famille ; solidarité du sang, qui donnait à la famille une personnalité puissante, qui plaçait la faiblesse de l'individu sous la protection d'une association permanente et lui assurait un *vengeur* impérissable, et qui lui imposait en même temps l'obligation de concourir à la vengeance de ses proches.

XVIII. De la solidarité familiale.

M. Kœnigswarter *(Revue de législ.,* 1849, pp. 117 et suiv.) établit d'abord que le chef de famille devait venger par les armes les blessures ou la mort des siens ; qu'à une époque plus rapprochée, la poursuite de la *vengeance* se terminait par un accommodement, une *composition* avec le coupable et sa famille, qui donnaient satisfaction et achetaient la paix, au moyen d'un paiement de valeurs en troupeaux (Tacite, *Germ.,* XXI). Souvent, à défaut d'accommodement, le coupable était abandonné par la loi elle-même, qui le déclarait *faïdosus,* et défendait de lui donner asile (*L. sal.*, LVII). La loi des Lombards livre à la famille de la victime le coupable dont la fortune ne suffit pas au paiement de la composition (Luitpr., ch. XX).

Enfin, la loi elle-même fixa le tarif des compositions, soit en bétail soit en argent, et s'efforça de substituer la règle à l'arbitraire de la vengeance privée, par exemple en frappant d'une composition double celui qui, nonobstant la paix conclue, blessait ou tuait la partie adverse (éd. Roth., 143).

Réciproquement, la composition était reçue en commun par la famille de l'offensé : «... Recipitque satisfactionem universa domus. » (Tacite.)

Cette idée sommaire de la solidarité dans la vengeance, activement et passivement, suffit pour en induire que la *composition* devient propriété de la famille ; par suite, il y a un ordre de succession particulier au *wheregeld* (*L. angl.*, VI, 5).

Quant aux autres biens en général, par réciprocité ils servaient de gage pour la réparation des crimes commis par un membre de la famille; la solidarité des personnes entraînait celle des fortunes individuelles. Mais on conçoit que les plus proches parents étaient les premiers obligés, et que les plus éloignés n'étaient touchés que subsidiairement (Arg. *L. sal.*, tit. LVIII) (1).

---

(1) A cette ère de transition, où les biens sont communs entre les membres de la famille avant de devenir personnels, toutes les personnes étaient copropriétaires au même titre, quoique pour une part différente.

Ainsi, un texte de Rhotaris établit le concours sur la succession du *de cujus* entre ses filles légitimes, un enfant naturel et d'autres pa-

En effet, si primitivement la communauté du *wheregeld* et celle des autres biens s'étendaient à tous les parents, il faut reconnaître que, dès l'époque de la rédaction des lois barbares, l'obligation de payer le *wheregeld* se limita, et, réciproquement, la responsabilité commune entre tous fut restreinte aux plus proches parents; car c'est un principe frappant dans les lois barbares, que quiconque est obligé à la vengeance a droit au *wheregeld* (*L. thur.*, VI); que c'est cette même personne qui recueille l'hérédité et qui est obligée au paiement des dettes (*L. rip.*, tit. LXVII).

Un texte de la loi salique réunit ces principes et déclare que celui qui renonce à sa famille, suivant certaines formalités, est exclu du *wheregeld* et du partage de la succession (tit. LXIII).

Nous admettons donc, avec M. Lehüerou, les propositions suivantes :

1° Lorsque la communauté primitive des biens eut fait place au principe de la propriété, elle fut collective avant d'être individuelle; elle appartint moins au père qu'au père et aux enfants, moins au père et aux enfants qu'à la parenté; c'est-à-dire à tous les membres de la famille prise dans sa plus grande extension.

2° Cette communauté de la terre, restreinte désormais aux limites de la parenté, mais non encore renfermée

---

rents (Roth., 158). De même, d'après la loi salique, la composition se partage entre le fils de la victime, trois parents paternels et trois maternels; le fils prend les trois quarts. (*Childeb. reg. capit. leg. sal. add. ap.* Pertz., t. IV, p. 6, n° 8.) — (V. Lehüerou, *Instit. carol.*, p. 52, et M. Kœnigsw., *Rev. légis.*, p. 365.)

dans celle de la famille proprement dite, n'était à son tour qu'une conséquence de la solidarité, qui se révèle surtout dans les dispositions du droit barbare sur les compositions et la *faïda*.

XIX. Du *mundium*.

Le système de solidarité personnelle passant dans le patrimoine, sous la forme du principe de copropriété, est devenu la source du régime des successions; mais il paraît plus immédiatement encore dans un ordre d'idées qui le complète : nous voulons parler de la protection du chef de famille sur les personnes soumises à son *mundium*.

Dans une société où les excès de la liberté individuelle n'avaient de sanction que dans le droit de vengeance, on chercha à rendre la responsabilité plus sérieuse, en l'individualisant. Après l'avoir restreinte à la famille proprement dite, l'avoir taxée au moyen des compositions, on la concentra sur la tête du chef de famille. C'est lui qui doit payer le *wheregeld* pour sa femme et ses enfants mineurs demeurant près de lui. Il est pareillement responsable pour ses esclaves, pour toutes les personnes qui relèvent de près ou de loin de son autorité.

Cette garantie suppose en même temps un droit corrélatif. Le chef est chargé de défendre les membres de la famille, de poursuivre et de recevoir le paiement du *wheregeld* dû en réparation d'une aggression étrangère dont ils auraient été victimes. A ce point de vue, tous les droits comme toutes les obligations se concentrent en lui seul; il a pleine autorité sur les personnes et les biens de ses protégés. Or, cette triple qualité de garant, de tuteur et de chef domestique est résumée dans l'expression de *mundium*, que les lois anglo-saxonnes traduisent par *fidejussio* (*L. Æthelr. reg.*); les lois burgundes, par *tutela* (85, *De Pup.*); les lois wisigothes, par *potestas* (III, 7). « Potestas in alterius personam vel res, mundium id est protectio vocabatur. » (Heinecc.)

Le chef de famille était appelé *mundoald*, et pour désigner une personne qui ne relève que d'elle-même les lois lombardes emploient l'expression de *selb-mundoald*.

Dans ces derniers temps seulement on a restitué à cette institution purement germanique toute son importance; elle explique la plupart des singularités des lois barbares; elle est la base de l'organisation domestique, et renferme le germe des institutions féodales. Le *mundium* a survécu au régime barbare; il se produit dans le droit coutumier sous le nom de *mainbournie*; il est, pour ainsi dire, le centre du droit public et du droit privé à toutes les époques. C'est à ce principe même que nous croyons pouvoir rattacher le plus directement celui de la saisine possessoire et de la saisine héréditaire. La saisine ne serait qu'une forme du *mundium* dans les rapports de la personne avec les choses. Cette vérité, que le savant Klimrath a entrevue, ressortira naturellement des conclusions déjà tirées par la science. Il suffit presque de la formuler pour l'apercevoir éclairée sur toutes les faces par les travaux existants sur les époques barbare et féodale. « Tout le droit germanique et coutumier repose sur ces deux principes : la saisine pour les choses, la *garde* pour les personnes ; et ces deux principes se réunissent dans l'idée commune de défense et de protection. » (Klimr., t. II, p. 381.) La fin de ce chapitre aura pour objet la démonstration de cette vérité.

XX. Permanence de la solidarité.

Avant tout, il ne faut pas perdre de vue l'étroite connexion existant entre la solidarité des personnes et la copropriété, entre la responsabilité personnelle et la réelle.

Le premier effort du législateur a été, d'une part de diminuer le nombre des gens sans aveu, de l'autre de rattacher le plus grand nombre de personnes possible à la garantie d'un répondant dont la propriété servît de gage pour la réparation de tous les délits imputables aux siens, et fût affectée en permanence à toute obligation de ce genre.

On mit en état de suspicion légitime tous ceux, par exemple, qui ne relevaient de personne ; ils étaient hors la loi et pouvaient être saisis comme voleurs.

Le propriétaire était responsable sur sa propriété mobilière et immobilière des crimes de ceux qui cultivaient sa terre ; les *advenæ adventitii* furent censés appartenir au souverain, qui profita de la composition due pour le meurtre du *peregrinus*. (V. sur ces points Lehüerou, op. cit., p. 15.)

Les lois anglo-saxonnes nous montrent un système d'association mutuelle basé sur ces idées. Les hommes libres étaient classés par dizaines *(friborges)*, ayant chacune un chef *friborgos heofod*. Chacun de ces chefs devait répondre pour les hommes de sa dizaine, et prendre sur les biens de l'association pour réparer le délit d'un de ses membres, en cas d'insuffisance des biens personnels du coupable. (V. le texte lat. cité p. Klimr., t. I, p. 272, n° 1.)

On peut déjà conclure de l'esprit de ces institutions que la solidarité a la permanence de la propriété ; que les événements qui frappent la famille n'en modifient que les rapports personnels; mais que le patrimoine, d'une part, quelle qu'en soit la répartition, ne cesse pas d'être engagé pour cet être collectif qui se multiplie et se perpétue; d'autre part, que tout membre de l'association reste toujours sous la garantie du *mundium*, soit sous celui d'un autre, soit sous le sien propre *(selb-mundoald)*. En conséquence, si nous supposons que le chef de famille vient à décéder, la garantie familiale qui reposait sur sa tête ne cesse pas pour cela : elle passe sans intervalle et dans un instant indivisible sur une seule personne qui le continue, ou sur plusieurs qui deviennent, par le fait de la mort de leur *mundoald*, *selb-mundoald* et centres d'une famille distincte.

Ainsi, à ce point de vue, la mort ne fait point de vide; le *mundium* n'est pas vacant, pas plus qu'il n'y avait vacance de puissance paternelle dans la famille romaine. Le *paterfamilias* mort, chaque fils au premier degré devenait immédiatement *parterfamilias*, et trouvait sous sa puissance ses propres enfants, petits-fils du *de cujus*, qui n'avaient pas cessé un instant d'être *alieni juris*.

XXI. Du *mundium* sur le patrimoine.

Quant aux rapports du *mundoald* avec le patrimoine, indépendamment de ses droits de disposition limités par les droits éventuels des membres de la famille, il avait spécialement le caractère de défenseur, de garant. Or, cette garantie, nous pouvons dès lors lui donner le nom de *saisine*, qui répond exactement à sa signification ; saisine distincte de la propriété, puisqu'elle appartient souvent à un *mundoald* qui n'est pas personnellement propriétaire. Il est facile de décider maintenant si la mort du chef de famille interrompait cette garantie : comme il est démontré d'ailleurs que la saisine était l'attribut perpétuel du *mundium*, et en même temps que le *mundoald* seul avait la saisine du patrimoine, à l'exclusion des personnes placées sous son autorité, on voit qu'il eût été contradictoire, dans l'hypothèse dont il s'agit, de déclarer la saisine vacante à côté du *mundium* qui ne l'était jamais.

En sens inverse, et comme confirmation de ces propositions, nous établirons qu'il est des personnes qui ne sont jamais *selb-mundoald* ; et qu'en même temps elles n'ont jamais la saisine de la terre (1). La saisine hérédi-

---

(1) (V. infra, § XXV.) Si la femme, toujours placée sous le *mundium* de quelqu'un, peut avoir, dans certains cas, la tutelle de ses enfants et l'administration de leurs biens, cette tutelle, avec tout ce qu'elle renferme et la tutrice elle-même, sont encore placés sous une surveillance supérieure.

taire se trouvera ainsi rattachée directement au principe de protection qui fait le fond du droit barbare.

Cette théorie de l'identité du *mundium* avec la saisine n'est pas une simple hypothèse à laquelle s'adapteraient plus ou moins bien les textes du droit barbare. Ce n'est pas non plus un rapport sans importance, particulier à cette période du droit. Nous le trouverons dans toute sa force sous le régime féodal, et notamment dans les Assises de Jérusalem (1). Ce rapport est constant entre la mainbournie et la saisine; et l'existence de cette dernière institution, en contact avec le principe antipathique de la concession féodale (2), devrait suffire, au besoin, pour en induire qu'il faut chercher son origine dans le droit barbare. Il fallait, en effet, qu'il eût une racine bien vivace et bien profonde, pour passer du droit barbare dans le droit féodal et s'imposer à ce dernier régime.

XXII. De la propriété germanique.

A. D'abord, en quoi consistait la propriété du Germain? Il résulte du livre de Tacite et des *Commentaires* de César que cette propriété avait primitivement pour objet des troupeaux et des effets mobiliers. Quant aux

---

(1) Quand l'héritier du fief est mineur, il n'a pas la saisine de plein droit : le gardien doit la demander; la saisine tombe dans la mainbournie (*Assises de la haute cour*, ch. 151).

(2) La grande maxime coutumière : *Le mort saisit le vif*, était étrangère au droit féodal. (Cf. N° de M. Beugnot s. le ch. cit., et M. Laboulaye, *De la cond. des femmes*, p. 225.)

terres, il est douteux que l'on connût même la propriété individuelle d'une maison et de l'enclos attenant, puisque les cultures étaient distribuées périodiquement par le chef entre les familles, qui changeaient annuellement de résidence.

Dans un semblable état, les successions étaient faciles à régler; les femmes héritaient exclusivement des bijoux et des vêtements (*L. burg.*, LI, 3); la loi des Angl. et Vern. (tit. VI) leur laissait l'argent et les esclaves quand le défunt n'avait point de fils. Chez les Teuctères, le fils aîné avait les armes et l'équipement militaire; mais le cheval de guerre était réservé au plus vaillant (Tacite, XXXII). Il est probable même que les filles en se mariant, et les fils au moment de prendre les armes, recevaient la plus grande partie de ce qui pouvait leur revenir.

Dans cet état de choses élémentaire, il n'y a pas lieu de s'occuper de la saisine.

B. Quand plus tard la propriété immobilière prit une certaine assiette, elle eut pour objet, non-seulement la maison d'habitation avec un espace libre environnant (*terra aviatica*) et la terre donnée en partage lors de la conquête (*sors*), mais encore les acquisitions faites par les efforts individuels.

Mais alors, comme cette propriété servait de gage pour tous les membres de la famille à raison de la solidarité qui les unissait, le père de famille n'en était censé que dépositaire. Il possédait moins dans son intérêt personnel que dans celui des enfants, auxquels devaient passer un jour la responsabilité du *mundium* et les charges d'une famille distincte. Aussi le consentement de ces derniers était indispensable lorsqu'il devenait nécessaire d'aliéner une partie du patrimoine. A ce point de vue, toute donation entre vifs ou testamentaire était inconnue, prohibée ou limitée (Lehüerou, op. cit., p. 56) (1).

XXIII. Effets sensibles de la copropriété de famille.

A. De plus, cette copropriété familiale n'est pas une fiction propre seulement à expliquer théoriquement ces prohibitions; c'est une réalité qui se manifeste du vivant même du père de famille.

Tant que la faiblesse de l'âge empêchait les enfants d'avoir aucune activité guerrière, ils n'avaient point de responsabilité individuelle; ils restaient sous le *mundium* du père de famille, et, avant d'avoir atteint un certain âge, ils ne comptaient ni dans la vie civile, ni dans la vie sociale (2).

---

(1) La loi burgunde permet de disposer des biens acquis par l'industrie individuelle. Elle ne réserve aux enfants que la *terra sortis titulo acquisita* (tit. I). (V. Gans, *Du droit de succession en France*, p. 38.)

(2) V. L. sal. comm. p. M. Pardessus, p. 457. Tant que les fils n'ont pas l'âge accompli, leur père jouit de leurs biens personnels. A l'inverse, le père de famille était réputé mort avant son décès naturel, dès que la faiblesse de l'âge l'avait mis hors d'état de se défendre. Il devenait alors nécessaire de le placer sous la garantie d'un homme capable; le plus proche parent était investi du droit de protection et de saisine; comme il l'eût été par la mort naturelle du chef désormais incapable, *wherlos*. Ainsi la responsabilité civile ne commence qu'avec la capacité et cesse en même temps; l'exercice des droits de propriété n'appartient qu'au *mundoald* ou *selb-mundoald*; la saisine est l'attribut inséparable du *mundium*. (V. Rev. de législ., t. XXIX, p. 28.)

Mais, dès qu'ils avaient atteint une majorité qui variait entre douze, quinze et dix-huit ans, suivant les différentes lois barbares, les fils réclamaient habituellement de leur père une portion du patrimoine ; ils s'établissaient à part, devenaient *selb-mundoald* et affranchissaient leur père de toute responsabilité à leur égard. D'après la loi burgunde, le fils, à quatorze ans accomplis, devenait passible de peines (tit. XLVII, 2). C'est à cet âge qu'il devait être revêtu des armes de guerre.

B. Avec la capacité et la responsabilité, le fils acquérait un certain droit au patrimoine du vivant même du chef de la famille, qui partageait entre lui-même et ses enfants la propriété que ceux-ci pouvaient dès lors défendre au même titre. Cette habitude est attestée par les lois barbares, directement ou indirectement, ainsi que par les annales mérovingiennes et carlovingiennes. Chez les Burgundes, c'était l'usage ancien « ut pater cum filiis propriam substantiam æquo jure divideret. » En faisant ce partage égal, le chef de famille conservait une part personnelle dont il pouvait disposer s'il se remariait ; les fils du deuxième mariage y avaient droit exclusivement. Si l'un des fils mourait depuis le partage, le père avait l'usufruit de la part du défunt, aux frères duquel était acquise la nue-propriété (*L. burg.*, tit. I, § 2 ; tit. LI et LXXVIII).

Par exemple, Dagobert, fils aîné de Clotaire II, se fit céder le royaume d'Austrasie dès qu'il eut atteint sa quinzième année. Et ce qui prouve que c'était moins une concession bénévole qu'un droit formel et rigoureux, c'est que, Clotaire ayant retenu quelque dépendance du royaume dont il venait de se dessaisir, Dagobert la réclama, et une commission de douze seigneurs francs prononça en sa faveur (Lehüerou, p. 58).

C. Dans cet état de choses, il est facile de déterminer quel pouvait être l'effet de la mort du chef de famille sur le patrimoine :

1° Il faut distinguer l'hypothèse où le père a déjà fait le partage et ne s'est réservé qu'une portion (sans doute la maison et l'enclos, *terra aviatica*) dont son décès va ouvrir la succession (1);

2° Et l'hypothèse où les enfants, n'ayant pas atteint l'âge légitime, n'ont pas été apportionnés du vivant du père.

Dans le premier cas, il est clair que les enfants continuent une possession déjà acquise à l'égard des biens reçus du vivant de leur père; et, comme il arrivait le plus souvent que la plus grande partie du patrimoine leur avait été distribuée, on était sans doute accoutumé à les considérer, *a die mortis*, comme possesseurs au même titre de tout le patrimoine, même des portions que le père s'était réservées.

---

(1) C'est sans doute à cet usage qu'il faut rattacher l'origine de cette coutume singulière qui attribue exclusivement au fils puîné la maison paternelle et l'enclos attenant. Le plus souvent, en effet, les fils aînés avaient reçu leurs portions du vivant de leur père, au fur à mesure qu'ils arrivaient à l'âge légitime. Le fils puîné restait le dernier près du père de famille, qui lui réservait cette portion du patrimoine. On aurait érigé en règle générale une éventualité fréquente. (Conf. sur ces points: Montesquieu, *Esp. des Lois*, liv. XVIII, ch. 21; Britz., *Anc. dr. belg.*, et M. Giraud, *Rev. lég.*, t. XVII.)

Ajoutons que, d'après le *Speculum saxonicum*, les frères émancipés avec donation ne pouvaient concourir au partage de la succession avec les non émancipés (I, 13, § 2).

Dans le deuxième cas, comme dans le premier (pour la portion réservée), les biens échus par succession étaient considérés comme un patrimoine commun, dont les enfants acquéraient la libre administration plutôt que la propriété proprement dite.

XXIV. La possession appartient de plein droit au successeur.

Au reste, les expressions des lois barbares autorisent les héritiers à se mettre d'eux-mêmes en possession, si même elles ne les considèrent pas comme possesseurs de plein droit. La loi lombarde, pour exprimer leur droit, emploie le mot de *tollant* : « Illæ filiæ tollant uncias sex. » (Ed. Roth., 158, 160.)

Un texte de la Loi salique permet aux fils de prendre le douaire dans la succession de leur mère : *Sibi vindicent ac defendant.* Ces derniers termes, synonymes de protection, se rapportent nécessairement à l'idée de saisine; on ne défend que ce que l'on possède déjà. (V. *Chlod. Reg. cap. pacto leg. sal. add.*)

« Quidquid pater unumquemque ex filiis vel nepotibus suis meliore habere voluerit, hoc sibi secundum legis ordinem sine consortis repetitione defendat. » (*Form. sirm. ap. Canc.*, t. III, form. 21.)

Nous savons d'ailleurs que le sens propre du mot *gewere*, qui correspond à notre saisine, est celui de défense.

Tous les doutes sont, enfin, tranchés par un texte des *Olim*, bien postérieur en date, et qui, à une époque où la saisine héréditaire était reconnue, emploie le mot de *defensio* dans le sens précis de saisine : « Dicens quod in defensione ipsius terræ mortuus fuerat; » c'est-à-dire que le mort était *saisi* (t. I, p. 460, n° ıx, an. 1259).

On peut rapprocher les textes suivants : « Tunc soror ad terras ipsa accedat *possidendas* » (Luitpr., I, 2, 3), et la loi des Allemands, ch. 92, citée ci-dessous, ainsi que le chapitre 48 de la loi salique.

Il est certain d'ailleurs que la propriété était acquise de plein droit, indépendamment de la possession. La loi des Allemands en a un texte formel : Si une femme, après avoir hérité de ses parents paternels, se marie et meurt en mettant au monde un enfant mâle; si ce dernier a vécu assez pour voir la maison et les quatre murailles, il a recueilli la succession maternelle et la transmet à son père survivant : « Tunc pater ejus habet licentiam cum lege ipsas res defendere; si autem aliter, cujus est proprietas, ipse conquirat. »

En d'autres termes, celui qui se prétendrait propriétaire serait repoussé par la possession victorieuse du père, dont la saisine est ici distincte de la propriété de celui qui peut agir au fond (1).

Enfin, si l'on se reporte au titre de la loi salique *De affatomia*, on y voit qu'on pouvait disposer entre vifs de

---

(1) Ce point de droit était tellement général, qu'on retrouve presque littéralement ce principe à une époque postérieure dans le *Beneficiorum libellus*, et en Angleterre dans les lois de David (1124): « Cum terram aliquam, cum uxore sua, quis acceperit in maritagio, si ex eadem heredem habuerit bragantem inter quatuor parietes, si idem vir uxorem suam supervixerit, sive vixerit heres, sive non, illi viro pacifico remanebit terra illa. » (*L. reg. maj.*, ch. 58, § 1; lib. I.)

son hérédité, suivant certaines formalités (*adramire*, chez les Francs; *thingare*, chez les Lombards). Or, on doit admettre que l'héritier d'adoption ou donataire ainsi institué, qui ne devait recueillir qu'après la mort du disposant, n'avait pas de droits plus étendus que l'héritier du sang : nous pourrons donc affirmer de ce dernier ce qui sera établi à l'égard du premier.

Par l'effet de l'institution solennelle, l'institué avait acquis un droit sur le patrimoine, puisque le donateur ne pouvait en disposer sans son consentement (Roth., 173). Puis, au moment du décès, l'institué est possesseur de plein droit :

« Ipse qui *garathinx* susceperit ab illo, quidquid reliquerit donator in diebus obitus sui, habeat licentiam in suum dominium recolligere. » (Eod., 174.)

Le mot *recolligere* ne peut avoir d'autre sens; nous le trouvons dans un autre texte, employé pour exprimer le droit d'une personne sur une chose dont elle n'a jamais été régulièrement dépouillée : ainsi, celui qui n'a pas rempli toutes les formalités du *launechild* pour aliéner son bien, peut reprendre les objets donnés, *recolligere* (Luitpr., ch. XIX, liv. vi).

Pour être conséquent, on doit appliquer la même décision à l'héritier du sang, que la nature a fait copropriétaire des biens qu'il est appelé à recueillir un jour.

XXV. Celui qui n'est ni *mundoald* ni *selb-mundoald* n'a pas la saisine.

Nous croyons avoir établi la première partie de cette double proposition émise au § XXI ci-dessus, savoir :

Que la *saisine* a la permanence du *mundium*, qu'elle passe toujours avec ce dernier droit, et ne saurait jamais être attribuée à un incapable. Il reste à établir le dernier principe, qui n'est que la contre-partie et la vérification du premier : Le mineur et la femme n'ont ni *mundium* ni saisine; incapables de défendre leur personne, ils ne peuvent défendre leur terre.

A. A l'égard du mineur qui vient de perdre son père, le *mundium* passe immédiatement au plus proche parent paternel capable, et par conséquent à son frère, ainsi que la jouissance de sa part héréditaire. Régulièrement, le droit de jouissance aurait dû cesser, avec le *mundium*, à l'âge légitime du mineur; mais les Annales *Mérovingiennes et Carlovingiennes* attestent que les frères aînés et les oncles abusaient de leur position pour dépouiller irrévocablement leurs frères ou leurs neveux. La plupart du temps, la faiblesse de l'âge était une cause d'exclusion de tous droits. Ainsi, les fils de Chlodomir furent assassinés par leurs oncles, dès que leur âge leur permit de réclamer le royaume de leur père (Grég. Tur., III, 18).

De même Childebert et Clotaire se soulèvent contre leur neveu Théodebert, dans le but de l'exclure de la succession de son père Thierry. Ainsi, ils profitaient du *mundium*, qui leur déférait un simple droit de jouissance légale, pour en faire un droit de propriété, pour usurper la pleine et entière saisine de la terre de leurs protégés (Lehüerou, op. cit., p. 197).

Ce rapport étroit entre le *mundium* et la saisine est absolu à l'égard des femmes, dont la position, dans la famille germanique, est inférieure à celle des hommes.

B. D'après la loi lombarde, la plus complète sur ce point, la femme était nécessairement sous le *mundium* de quelqu'un : de son père, de son mari, de ses frères, même bâtards, ou du roi (1). Elle ne pouvait ni disposer ni se marier sans le consentement de son père ou de son frère, sous peine de perdre ses biens : le *mundoald* et les parents paternels recevaient le *witemon* ou prix du *mundium* (Luitpr., I, 5; *L. thur.*, X, 2).

Tout droit de disposition à l'égard des biens étant paralysé dans sa personne, il en résulte qu'elle était l'intermédiaire par lequel les biens passaient, soit d'une famille dans une autre au moment du mariage, soit du patrimoine du mari aux enfants. Mais jamais elle n'en avait la vraie saisine, parce qu'elle n'avait aucune responsabilité.

Passant sous le *mundium* de son mari, l'épouse entrait dans une autre association et perdait tout rapport actuel de solidarité avec sa famille propre (2). Elle ne recevait de la maison paternelle qu'un apport consistant principalement en bijoux et en habillements de femme; mais les lois barbares sont unanimes pour l'exclure de tout ou partie de la terre (3), soit absolument, soit lors-

---

(1) « Nulli mulieri liberæ sub regni nostri ditione lege Longobarda vivente, liceat in suæ potestatis arbitrio, id est sine mundio vivere, nisi semper sub potestate viri, aut potestate curtis regiæ permanere debeat, nec aliquid de rebus mobilibus aut immobilibus, sine voluntate ipsius, in cujus mundio fuerit, habeat potestatem donandi aut alienandi. » (Ed. Roth., 160, 205.)

(2) « Postquam vir mulieri copulatur, tunc omnia ejus bona in suam accipit tutelam. » (*Sp. sax.*, XXXI, § 3.)

(3) « Ad quemcumque hereditas terræ pervenerit, ad illum vestis bellica, et ultio proximi, et solutio leudis debet pertinere. » (*L. thur.*, VI, 5. — V. M. Kœnigswarter, *Rev. lég.*, t. XXXIV, p. 365.)

qu'elle concourt avec des parents mâles d'un degré plus ou moins éloigné (1). Cet apport de la femme porte souvent le nom de *faderfium* (Roth., 182, 199). Ainsi Rigonthe, fille de Chilpéric, à l'époque de son mariage

(1) (Cf. sur ce point Klimrath, t. I, p. 385, et M. Laboulaye, op. cit., liv. II, sect. I, ch. VI.) La loi sal., tit. 62; la l. rip., tit. 56; la l. thur., tit. 6, excluent absolument les filles de la *terra aviatica*, *terra salica*, et les admettent à succéder au reste du patrimoine, sauf la loi des Thuringiens, qui, même pour les autres biens, fait passer les filles après les fils. La loi burgunde admet les femmes à toute la succession, sans distinguer la nature des biens, concurremment avec les parents mâles autres que les fils. Enfin, la loi des Angles (tit. 6) n'admet les femmes à la succession de la terre qu'à défaut de toute la ligne paternelle, et ne les admet au reste de l'hérédité qu'après les fils.

Cependant M. Lehüerou exclut absolument, sous l'empire de la loi salique, les femmes de la succession de toute la terre. Il se fonde sur les textes les plus anciens de cette loi, et, traduisant *terra salica* par *terre du salien* en général, il ne fait aucune distinction entre les propres et les acquêts, excepté dans le cas où une vocation spéciale du *de cujus* aurait dérogé à la rigueur du principe (op. cit., p. 92).

Sans entrer dans la discussion des théories qui fourmillent sur cette question, nous nous demandons seulement si cette exclusion d'une portion de la terre réservée aux mâles n'aurait point été établie afin d'empêcher que la propriété affectée à la solidarité de la famille paternelle de la femme ne devînt, en passant dans la saisine du mari, un gage nouveau, détourné de sa première destination au profit de la solidarité d'une famille étrangère. Il est clair, en effet, que le *mundium* du mari lui donnant d'abord la saisine de la personne et des biens de l'épouse, les biens qu'elle attirerait à elle se trouveraient, comme les propres du mari et sans distinction d'origine, soumis à la solidarité qui oblige le patrimoine commun de la famille de ce dernier, en sorte que la terre apportée par la femme pourrait servir un jour à payer le *wheregheld* dû par un coupable de la parenté du mari. Or, s'il est démontré que la portion de la terre affectée spécialement, dans chaque famille, à cet ordre d'obligations, n'était autre que la *terra salica*, et, de plus, que cette portion était en même temps privilégiée, inaliénable, l'explication que nous donnons du titre 62 de la loi salique se trouvera la vraie. La règle qu'il contient se rattachera naturellement aux principes élémentaires du droit germanique sur la capacité des personnes, la responsabilité, la solidarité, et le droit de saisine.

D'abord, un texte du *Speculum saxonicum* établit en termes formels que le propriétaire ne pouvait aliéner qu'une portion de ses domaines,

ne reçut en partage que des esclaves, de l'or, de l'argent et des vêtements précieux (Grég. Tur., VI, 45).

Ce *faderfium*, du reste, ne sortait de la famille du père définitivement qu'au profit des enfants à naître de la fille. A défaut d'enfants, les parents paternels y succédaient; et, d'ailleurs, la fille ne pouvait rien prendre,

l'autre portion devant servir de gage judiciaire : « Sine judicis licentia potest quis suam alienare proprietatem, dummodo ab alienatore dimidietas mansi et soli, id est curiæ fundi in qua currus verti poterit, de quo satis judici in jure flat. » (Liv. XXXI, art. 86.) Tout prouve, d'ailleurs, que cette moitié du *mansus*, de la *cour*, répond exactement pour le sens à la *terra salica* : la théorie de M. Guérard sur ces derniers mots se trouve éclairée d'un nouveau jour. Ce savant auteur (sans doute d'après les travaux de Raepsaët et d'Eccard) s'attache à établir que la *terra salica* est la terre qui environne l'habitation, *sala*, qui de tout temps et chez tous les peuples barbares s'est distinguée de l'*alos*. « Suam quisque domum spatio circumdat, » dit Tacite. — « Advertendum in hac temporum antiquitate Germanos habuisse domum, quam vocabant *sal*; circa domum fuisse *salbuck*, seu curtim, gallice *courtil*, spatiumve terræ domui circumdatum, et sæpe cinctum spatium illud cum domo est *seliland*, seu terra salica, quæ ad solos filios pertinebat : nec immerito, quum filiæ in aliam domum terramque salicam transirent. » (Brotier s. Tacite.) Cette portion du patrimoine survécut avec son caractère et son affectation distincts à toutes les perturbations et à tous les déplacements des Barbares. Dans les monuments du 9⁰ siècle, la *sala* est prise à part des tenures, des manses, des censives et même des bénéfices. Dans le *Polyptique* d'Irminon, la *terra salica* est prise pour la maison et terre seigneuriales, *mansus indominicatus*. L'assimilation est donc complète entre le *mansus*, la *curia fundi* et la *terra salica*; et le texte précité du *Speculum saxonicum*, qui explique la destination du *mansus* et de la *curia*, explique en même temps celle de la *terra salica*. (V. *Polyptique* d'Irminon, t. I, p. 214 et 492; et cf. Montesquieu, liv. XVIII, ch. XXII.)

Dans notre système, rien de plus naturel que cette réserve de la *terra salica* au profit des mâles, puisque seuls, à l'exclusion des femmes, ils étaient *selb-mundoald* ou *mundoald*; puisque seuls ils étaient responsables des délits; puisque, enfin, la *terra salica* était spécialement affectée à cette solidarité. N'eût-il pas été très-injuste, au contraire, que les femmes pussent jamais hériter de cette portion du patrimoine pour la faire passer un jour dans une famille étrangère, où elle aurait perdu sa destination primitive ?

dans le patrimoine paternel, au-delà de ce *faderfium* donné par le père ou par le frère :

« Si pater filiam suam, aut frater sororem suam legitimam alii ad uxorem dederit, in hoc sibi sit contenta de patris aut fratris substantia quantum ei pater aut frater die nuptiarum dederit, et amplius non requirat. » (Roth., I, 121.)

La femme n'avait de chances de succession qu'autant que ses parents avaient racheté le *mundium* des parents du mari (1) ; car celui-ci, en prenant sa femme, avait lui-même acheté ce droit de puissance en payant le *witemon* (L. bury., 64, 66). Dans ce cas, la femme rentrait dans sa famille naturelle ; mais elle ne pouvait concourir sur la succession paternelle qu'avec ses sœurs demeurées dans la maison paternelle, à la condition encore que celles-ci prélevaient l'équivalent de ce qui avait été payé pour le rachat du *mundium*, et à charge de rapporter le *faderfium*.

---

(1) (Arg. Roth, I, 109.) Cependant, d'après le *Speculum saxonicum*, I, 45 (à la différence de la loi lombarde, qui laissait la femme sous le *mundium* des proches du mari), la veuve retombait de plein droit sous la puissance de ses parents naturels :

« Moriente autem viro, mulier ab ejus absolvitur jure, et primum statum, quem ante copulationem viri habuit, recuperabit, innatum que jus acquiret ; et ideo non mariti ejus, sed ei in progenie æqualis et proximior agnatus ex parte gladii tutor ejus erit. »

Ce texte fortifie encore la théorie exposée ci-dessus, car il prouve que la femme ne sortait pas de sa famille naturelle définitivement ; par conséquent, il n'était pas nécessaire d'en faire sortir la *terra aviatica*.

De plus, la fin du texte du *Speculum saxonicum* attache la saisine à ce *mundium* : « Exindeque mulier, sine viri consensu, donandi, vendendi, neque resignandi habet potestatem, et hoc propterea quia ipse ea cum uxore videtur possidere. »

Dans ce cas encore, elle tombait sous le *mundium* du plus proche parent paternel, qui avait la saisine de sa personne et de ses biens.

La veuve qui ne se remarie pas conserve le douaire qu'elle a reçu de son époux, ainsi que la tutelle de ses enfants (1); mais elle doit le conserver à ses enfants (*L. burg.*, 59), et quand ceux-ci sont en âge, elle retombe sous leur tutelle. A défaut d'enfants, elle jouit du douaire pendant sa vie; mais il doit faire retour aux parents paternels sous la tutelle desquels elle se trouve (*L. sax.*, tit. VIII). La loi des Burgundes partage le douaire entre les parents du mari et ceux de la femme (tit. XXIV).

---

(1) « Si vir moriatur, viventibus uxore et prole, justum est ut proles matrem sequatur, et unus paternorum suorum cognatorum voluntarius fidejussor statuatur, facultates ejus conservandi causa, usque dum decennis fuerit. » (*Leg. Loth. II.*)

« Si maritus et uxor ejus liberos inter se habeant, et maritus moriatur, mater infantem teneat et nutriat et ei dentur sex solidi ad nutritionem, vacca in æstate, bos in hyeme. Cognati ipsius primariam sedem occupent, usquedum adultus sit. » (*Leg. Inæ*, tit. 38.)

Ainsi, la femme avait plutôt la surveillance et l'entretien que la tutelle véritable de leurs biens. Elle n'avait donc pas, même dans ce cas favorable, la saisine, qui restait toujours l'attribut du *mundium*, et qui, à ce titre, appartenait exclusivement aux parents mâles. Le *mundium* sur la veuve du défunt semblait être l'accompagnement inséparable de sa succession. En recueillant celle-ci, le *mundoald* de la famille du mari épousait souvent sa veuve : ainsi, Clotaire Ier épousa la veuve de son frère Clodomir, en héritant d'une moitié de ses domaines (Greg. Tur., III, 6). Il épousa, en outre, Waldrade, veuve de son neveu Théodebald, auquel il avait succédé dans le royaume d'Austrasie (Frédég., cp. 50; v. Lehuerou, p. 59).

XXVI. Application des principes précédents à la saisine héréditaire;
de la saisine par an et jour.

Ainsi, d'après les lois et l'usage constant, les incapables, pendant la durée de leur incapacité, et les femmes, pendant toute leur vie, n'avaient pas, à proprement parler, la saisine des biens qu'elles recueillaient. Cette saisine appartient soit à leur père, soit à leur frère, soit à leur proche, soit à leur mari, soit aux proches de ce dernier. Elles paraissent être propriétaires dans l'intérêt d'un héritier auquel est attribuée exclusivement la garde du patrimoine.

Il résulte de tout ce qui précède que la saisine héréditaire ne pouvait appartenir qu'à une personne *selbmundoald*, soit en son propre nom, soit au nom d'une autre soumise à son *mundium*, et que cette saisine lui était acquise en même temps que la qualité de *mundoald*, c'est-à-dire à l'instant de la mort du *de cujus*.

Indépendamment de la liaison de la saisine au *mundium*, on doit reconnaître que la distinction entre la possession de droit suffisante pour mériter la protection du juge et la propriété, n'était pas bien nettement tracée à l'époque barbare, et que ces deux droits étaient garantis également. Il devait être de l'intérêt des héritiers de se mettre sans délai en possession de la terre; sinon, s'ils laissaient un tiers posséder pendant l'an et jour sans contradiction, on peut induire de deux textes de la loi salique qu'ils perdaient leur droit au fond.

1° Le titre *De migrantibus* autorise un étranger à venir se fixer sur le territoire, et s'il demeure douze mois sans contradiction, on ne peut plus l'en exclure ;

2° Le titre *De affatomia*, où l'on traite de certaines formes d'adoption, constituant une sorte de testament irrévocable, prescrit le renouvellement de la tradition solennelle de l'hérédité à douze mois d'intervalle, entre l'adoptant et l'adopté, avec une certaine publicité. Ce laps d'une année était accordé, sans doute, pour donner à l'instituant le temps de se repentir, ou à son héritier présomptif la faculté de s'opposer à l'institution, l'adoption et l'ensaisinement devant être irrévocables après l'année.

Enfin, le but de ces cérémonies d'ensaisinement n'était-il pas de donner à l'adopté un titre notoire et incontestable ? On le fait entrer dans la maison, asseoir à la table de l'adoptant avec un appareil assez compliqué ; de sorte que, à la mort de ce dernier, l'institué se trouve seul propriétaire saisi *jure non decrescendi*, en vertu de l'ensaisinement antérieur. L'héritier du sang tient cette notoriété de sa qualité naturelle : on ne peut lui accorder moins de droits qu'à l'adopté.

Une formule de Sirmond rattache expressément la saisine du possesseur actuel à celle de ses prédécesseurs : il prête serment « per hunc sanctum et reverentiam istius sancti, quia unde me ille interpellavit, quasi hereditatem suam quæ ei esset debita, in loco nuncupante illo, post me retinerem, vel ei malo ordine contradicerem injuste, ipsam hereditatem parentes mei morientes reliquerunt, et inter me vel ipsos parentes meos, de annis triginta semper exinde vestiti fuimus. » (Form. XLI, ap. Canciani.)

XXVII. Suite.

Avant de quitter la période barbare, il importe de prévenir une objection qui consisterait à présenter la saisine héréditaire comme étrangère à cette époque, parce que son nom ne se rencontre pas avant la fin du 11° siècle. On peut répondre d'abord que les habitudes n'étaient pas alors assez juridiques pour que l'on puisse exiger des monuments écrits, des définitions nettement formulées. On peut se convaincre facilement, d'ailleurs, que les lois barbares et les Capitulaires, statuant le plus souvent sur des formalités de procédure et sur des difficultés transitoires, ne contiennent guère de principes généraux.

On doit observer de plus que la langue latine ne pouvait donner une expression convenable pour rendre l'idée germanique de saisine, dont le mot est, en outre, foncièrement français. On ne peut exiger d'expressions plus justes que celles-ci : *succedere, tollere, suscipere, vindicare, accedere ad possidendum;* et il y a lieu, au contraire, de s'étonner de l'exactitude relative de ces derniers : *defendere, tueri,* qui traduisent le mot *gewere* dans sa signification essentielle.

Quant à la période féodale qui s'ouvre, les jurisconsultes vont méditer les faits et la Coutume; les questions les plus importantes soulèvent des discussions où les principes recevront des développements en mille sens divers; le langage se pliera à toutes les exigences de la pratique; le droit se présentera sous une forme plus savante. Alors paraîtront les définitions, les fictions exprimées dans un langage qui doit dire beaucoup en peu de mots.

Les jurisconsultes d'Orient, Jean de Navarre, Jean d'Ibelin; en France, Beaumanoir, Desfontaines, esprits éminemment pratiques, créeront la langue juridique. Des conflits entre le droit coutumier et le droit féodal qui repousse la saisine héréditaire, naîtra la formule expressive : *Le mort saisit le vif.* Nous verrons qu'elle est moins une maxime littéraire que l'expression exacte d'un besoin de la pratique. C'est, de plus, une formule purement française, car les jurisconsultes des autres pays la côtoyèrent de très-près sans jamais la rencontrer.

Si l'on se demande à quelle époque cette fameuse maxime est entrée dans les monuments écrits, il faut reconnaître qu'on ne la rencontre pas avant la première moitié du 13e siècle. Cependant un texte du 12e siècle suppose déjà que la métaphore qui en f... le fond était usitée :

« Si quis pater mortuus fuerit, et filium vel filiam hereditandam reliquerit, usque ad quindecim ætatis annos nec causam prosequantur, nec judicium subeant, sed sub tutoribus et actoribus sint in parentum legitima custodia *saisiti*, sicut pater eorum fuit in die mortis et vitæ suæ. » (*Leg. Henr. reg.*, ann. 1101; *App. ad leg. in angl. cond.*, ap. Canc.)

Ainsi, il est probable que la maxime coutumière a été trouvée par les jurisconsultes normands; les textes les plus anciens où elle est supposée appartiennent aux décisions normandes.

Chopin nous donne d'abord un extrait de manuscrit normand, contenant une décision où la maxime est certainement reconnue : « In scachario paschæ, apud Falesiam judicatum est quod filia R... habeat saisinam de hoc, unde pater suus fuit saisitus, quando fuit ad religionem. » Ann. 1207 (*De mor. Par.*, liv. III, p. 431).

Les décisions rapportées par M. Marnier émanant de sources normandes du même temps, confirment ces données :

« Item, l'an mil II^eXVI, à l'eschiquier de Rouen jugié fut que les enfans du frère auraient la saisine de leur ael, au-devant de leur ante... » (*Cout., style et usage au temps des échiquiers norm.*, ch. 65, p. 54.) « Il fust jugié en l'assise de Faloise, en l'an de grâce 1236, le jor devant la translacion saint Benoist, que l'entain (*amita*) qui demandoit brief de novele ascheoite come li plus prouchiens airs, devoit avoir (*saisinam de hereditate sororis suæ*) contre sa nièce qui estoit sesie de la sesine de l'éritage sa sœur, parce que la nièce ne disoit pas que ele fust née de mariage. » (Op. cit., p. 100.)

CHAPITRE III.

De la saisine héréditaire dans le droit féodal proprement dit.

XXVIII. Du droit féodal.

Viennent ensuite les textes des *Olim*, que nous analyserons plus tard, et les Etablissements de saint Louis (1259) : « Li usages de Paris et Orliens si est tieux que le mort sesit le vif. » (II, 4.)

A. La saisine héréditaire avec ses effets pratiques est mieux déterminée dans quelques sources postérieures aux Capitulaires et aux Formules; nous voulons parler du *Speculum saxonicum* et du *Libellus antiquus de beneficiis*, publié par Canciani.

A cette époque, il faut tenir compte de l'élément féodal qui établit entre les biens et les personnes certaines relations, et qui créa un droit spécial antipathique à notre principe.

Quelles que soient la véritable origine et la nature de la concession féodale, il est toujours vrai que, dès le principe, les concessionnaires firent tous leurs efforts pour rendre leurs tenures héréditaires à l'encontre des concédants, qui, à leur tour, cherchaient quelquefois à les retirer durant la vie même des concessionnaires, et le plus souvent après leur mort.

Cette concession était faite sous certaines conditions : devoir de protection de la part du seigneur; devoir de fidélité et de services *in curte et in castro*, du côté du vassal; et, en principe, le fief ne pouvait lui être retiré qu'à titre de peine et à raison d'une infraction à ses devoirs essentiels.

A la fin du 10e siècle, les fiefs étaient devenus presque tous héréditaires. Le seigneur dominant était considéré comme saisi de la seigneurie directe de l'immeuble, la seigneurie utile étant exploitée par le vassal.

En outre, du contrat féodal il résultait que chaque mutation de personnes faisait cesser les rapports réciproques de seigneur et de vassal, et obligeait ce dernier à une reconnaissance solennelle de ses obligations, faute de quoi il perdait tous ses droits à la seigneurie utile, et, partant, le seigneur pouvait saisir le fief comme vacant.

« Item par la coutume des fiefs, sitôt comme un vassal est mort, le seigneur peut assigner son fief... » (Art. 7, anc. style du Châtelet.)

Le vassal, en un mot, n'avait point la saisine de son fief tant qu'il n'avait pas prêté la foi et l'hommage (1).

B. *Influence de ces principes sur la saisine hérédi-*

---

(1) La bouche et les mains font l'hommage, et le serment de fidélité est la foi. Le titre de vassal n'appartient qu'à celui « qui nexum clientelarem subit, et in fidem patroni admissus est. » (Dumoul., § 4, no 11.)

taire. — C'est pourquoi, le vassal venant à mourir, « si c'est un fief noble, saisine de droit ne autre n'est acquise sans foy ; car le seigneur direct est avant saisi que l'héritier ; mais, por faire hommage et por relief, le seigneur direct doit saisir l'héritier, et la raison si est, car le seigneur féodal a la seigneurie directe, à laquelle la profitable est adonc conjointe par la mort du vassal. » (*Gr. Coust. de Charles VI*, XXI, p. 140.)

En outre, les seigneurs exigeaient, au moment de cette reconnaissance, un présent qui depuis fut appelé *profit de rachat* ou *droit de relief*.

Il en résultait que, « en cas de fief, n'estoit à oir ne à recevoir, à fère ou intenter demande en cas de novelleté contre aucun autre, s'il n'estoit en foy et hommage ou souffrance qui vaut foy de la chose dont il se disoit troublé » (Desmares, 177) ; et si le vassal se mettait en possession de son autorité privée, le seigneur pouvait intenter complainte contre lui.

En résumé, « flé est propre héritage et domaine du seigneur du flé, et en est saisy et vestu le vray seigneur, et en fait les fruits, et lui appartiennent de plein droit, spécialement après quarante jours. »

En vertu de ces principes, un arrêt du grand conseil de Malines a jugé, en 1583, qu'à défaut de relief l'héritier ne transmettait pas à ses propres successibles le *jus ad rem* ; le défunt était réputé mort comme *fleur sans fruit* (Ap. belg. Britz., *Anc. droit belg.*).

Il est donc clair que les règles du contrat féodal répugnaient fortement à l'idée que l'héritier du vassal fût saisi de plein droit par la mort de ce dernier, et pût se comporter comme possesseur à l'égard du fief avant d'avoir reçu l'investiture. Si celle-ci n'avait pas été demandée dans l'année, le seigneur avait prescrit contre son vassal, et le fief était irrévocablement perdu pour l'héritier négligent (*De feudis*, 1, XXI).

Dumoulin pose en principe que la loi primitive de la concession féodale ne conférait pas un droit héréditaire, mais un droit successif qui n'était modifié en rien soit par le testament du *de cujus*, soit par la vocation plus ou moins étendue de son héritier au reste du patrimoine; de sorte que ce jurisconsulte ne reconnaît dans la succession féodale ni matière au droit d'accroissement proprement dit, ni représentation du défunt. L'appelé succédait au premier concessionnaire et tenait son droit du concédant primitif, en vertu de la première investiture. (V. Cons. 22, § 19; et 50, § 46.)

C. *Extension du principe féodal.* — De plus, le principe féodal ne s'arrêta pas aux limites de la concession féodale proprement dite : il arriva que les seigneurs firent des concessions de terres roturières en censives, sur lesquelles ils conservèrent la seigneurie directe, la seigneurie utile appartenant au censitaire.

Dans les premières investitures et concessions en censive, les seigneurs se réservèrent un droit de prélation et une sorte de tribut régulier attaché aux formalités de *saisine* et de *dessaisine*, et qu'ils exigèrent du tenancier, à chaque mutation de l'héritage en censive (1).

---

(1) Laurière dit que, primitivement, le cens n'était qu'un loyer, mais que depuis, les censives sont devenues nobles, après que les seigneurs,

D'ailleurs, le seigneur avait un droit à peu près absolu sur les biens des serfs ou main-mortables établis sur son domaine.

Ainsi on ne doit pas être surpris si l'on trouve tant de choses dans notre jurisprudence qui semblent tenir du droit des fiefs.

Les seigneurs s'accoutumèrent à juger des successions par le droit des fiefs et de main-morte qui faisait une espèce de substitution dans la famille du concessionnaire.

« De là ces coutumes souchères qui veulent qu'on soit descendu de celui qui a mis un fonds dans la famille pour y succéder, parce que, suivant l'ancien droit des fiefs, il n'y avait que les descendants du premier acquéreur qui pussent succéder au fief. » (Laurière, *Bibl. des Cout.*, introd., p. 27 et passim.)

Il en résultait que, cette descendance et la substitution faisant défaut, le fonds retournait au seigneur. « Si aucun meurt et n'a point de lignage de par sa mère, *vel contra*, les biens qui lui viendroient de par sa mère sont au seigneur comme vacans, et non pas à ses amis de par son père. » (*Cout. not.*, art. 92; Jean Desm., 184.)

On voit, d'après cette extension du principe féodal à tous les degrés de la propriété, combien il devait être hostile à la saisine héréditaire.

ayant conquis la territorialité, se furent assujettis les héritages (*Sur la Cout. de Paris*, t. I, p. 189).

Tout seigneur censier avait justice (*Gr. Coutum.*, liv. IV, ch. v). Il avait, en cette qualité, droit de saisir et de contraindre le censitaire à le reconnaître; mais, plus tard, cette justice censière disparut.

XXIX. Opinion générale sur l'introduction de la maxime coutumière.

A. Cet antagonisme entre les deux principes a donné à penser que la maxime coutumière avait été introduite en haine du régime féodal.

La règle, que « le seigneur était saisi avant le vassal, et que ce dernier devait, à chaque mutation par décès, relever le fief, en payant un droit de rachat et en portant foi et hommage, » aurait été abolie par une interprétation plus favorable aux héritiers des vassaux : on aurait admis que ceux-ci, au moins en ligne directe, seraient saisis avant le seigneur. D'où la conséquence que le seigneur féodal, à la mort du vassal, *ne peut saisir le fief mouvant de lui, ne exploiter en pure perte, jusqu'à quarante jours après le trépas* (*Cout. Paris*, art. 7).

De là cette autre maxime : *Tant que le seigneur dort, le vassal veille*, contraire à la règle 286 de Jean Desmares; et cette autre, que *l'héritier en ligne directe ne doit point de relief*.

Tandis que l'auteur du Grand Coutumier écrivait au 14ᵉ siècle : « A plus proprement parler, l'on peut dire que, par la mort du vassal, le fief chet et gist en telle manière qu'il ne peut être possédé ni par le seigneur ni par l'héritier, fors quand il est relevé par le seigneur direct.... » (Liv. II, xxi.)

Charondas, son annotateur, et Dumoulin tenaient qu'en matière féodale, l'héritier était saisi de plein droit, comme était le défunt, même contre le seigneur direct, encore qu'il n'en eût fait la foi et hommage. Le seigneur, après quarante jours, droits et devoirs non faits, pouvait sans doute saisir le fief par faute d'homme; mais, dans ce cas même, l'héritier avait la saisine à l'égard des tiers.

Ainsi, au lieu de dire : *Vassalus mortuus saisit dominum vivum,* on fit admettre que le mort saisit le vif, son plus prochain héritier habile à lui succéder; que toute personne décédée serait censée avoir remis, en mourant, la possession de ses biens entre les mains de ce successible (Loysel, t. I, p. 386).

B. *Discussion.* — Cependant il y a quelque difficulté à expliquer de la sorte l'origine de la maxime coutumière.

On peut observer d'abord que Desmares, qui écrivait au 14e siècle, connaissait la maxime coutumière (déc. 234), et que, cependant, dans la décision 286, il admettait que le seigneur était saisi par la mort de son vassal avant l'héritier de ce dernier; et, dans la décision 177, il refusait à cet héritier l'action en complainte contre les tiers, avant qu'il eût prêté la foi et l'hommage (1).

Au 14e siècle, l'auteur du Grand Coutumier tenait pour la même doctrine.

---

(1) Si cependant (dans sa décision 285) il donne à l'héritier cette complainte contre les tiers, on peut conclure de cette contradiction que l'on commençait à se départir sur ce point de la rigueur primitive. La coutume notoire du Châtelet, n° 53, attestée par vingt témoins, est conçue dans le même sens que la décision 177 de Jean Desmares.

Bien plus, nous verrons que, dans les Assises de Jérusalem, la maxime n'est pas encore formulée *in terminis*, et cependant qu'elle est reconnue dans ses principaux effets, notamment à l'égard de la succession féodale. Ajoutons que l'on s'accorde généralement à reconnaître que le corps du droit d'Orient a conservé le mieux, dans toute leur pureté, les règles féodales.

Or, d'après ces considérations, le système que nous combattons est inadmissible : il est impossible d'expliquer comment une maxime, admise avant le 13e siècle comme une protestation victorieuse contre les règles féodales, les trouve encore subsistantes à côté d'elle plus d'un siècle après; comment elle a pris place dans les Assises de Jérusalem, où le droit féodal se montre très-rigoureux; comment, enfin, au 14e siècle, Desmares se fait une arme contre elle de ces mêmes règles féodales qu'elle devait exclure.

En ce qui touche les relations du vassal avec le seigneur à chaque mutation de personne, ces doctrines étaient une conséquence trop naturelle de la concession féodale, elles étaient trop peu douteuses et trop favorables au seigneur, pour céder à la velléité des jurisconsultes qui auraient imaginé une fiction destinée à les éluder. D'ailleurs, la portée de cette fiction eût été trop grande; car, dans son application naturelle, elle aurait eu pour effet immédiat d'autoriser l'héritier du vassal à intenter sans détour les actions possessoires contre les tiers, et d'introduire aussitôt la maxime : *Tant que le seigneur dort, le vassal veille.* Il aurait donc fallu, dès son introduction, la restreindre aussitôt et presque l'annuler, puisqu'au 14° siècle on n'accordait pas encore à cette fiction des effets favorables au vassal.

C. Dira-t-on que la maxime coutumière a été formulée moins contre le droit féodal proprement dit que contre le droit commun? qu'au 13° siècle, la règle : *Nulle terre sans seigneur* avait eu pour effet d'attribuer au seigneur sur toute l'étendue de son domaine la seigneurie directe, en vertu de laquelle, à chaque mutation de personne, il eût été nécessaire de rafraîchir la concession? qu'en effet, lors de la vente d'un héritage en censive, l'acheteur devait payer *les lods et ventes* comme droit de mutation, et un autre droit fixe pour la saisine?

Mais il est plus que douteux que les seigneurs censiers aient jamais prétendu avoir la saisine des tenures en censive avant l'héritier du censitaire. La nature de cette concession toute emphytéotique (1) n'impliquait pas, entre le concédant et le cessionnaire, des rapports personnels : il était de son essence que l'héritier du censitaire succédât à la tenure et aux obligations, consistant dans le paiement d'une redevance ordinaire (Laur., *Sur Paris*, t. I, p. 189).

---

(1) Les lods et ventes ne se payaient pas pour l'adjudication ou adhéritence, mais pour le consentement du seigneur direct à l'aliénation, comme pour les emphytéoses; car les fonds en général qui sont grevés de redevances foncières ne sont autre chose que des emphytéoses perpétuelles dont l'origine ne remonte pas au-delà du 13° siècle. (V. Raepsaët, *Annal.*, § 102.)

Aux 10° et 11° siècles, on soumit les vilains à des reliefs et au droit de meilleur catel : « De relevio villani melius averium quod habuerit, sive equum, sive bovem, sive vaccam donabit domino. » La mortaille ou meilleur catel a remplacé le droit de prendre, au décès du serf, tout ou partie de ses meubles. (V. *Anc. l. des Français*, t. II, pp. 100, 101.)

Quand le tenancier voulait se substituer un acheteur, il était naturel alors que ce dernier dût se faire reconnaître et investir par le seigneur, car la concession n'avait été faite qu'au premier concessionnaire et à ses successeurs. A cette occasion, on établit l'usage de payer des droits pécuniaires; et si, plus tard, le cens est devenu un attribut noble et seigneurial, c'est une confusion qui n'eut pas pour conséquence de dénaturer radicalement les relations. On n'alla pas jusqu'à considérer la mort du censitaire comme une cause de vacance dans la tenure, puisque, dans son principe, la tenure en censive était, ainsi que l'emphytéose, une concession héréditaire.

On opposera peut-être que les relations primitives n'ont pu tenir contre l'envahissement du principe féodal, au point que le moine Paul écrivait, sous Philippe Ier, que de son temps les coutumes anciennes étaient méconnaissables, et que les noms des choses et des rapports étaient devenus inintelligibles; que les possesseurs des terres libres, obligés, dans le courant des 8e et 9e siècles, de se recommander aux puissants et de tenir leurs terres à titre de précaire, durent subir la loi d'une concession à peu près arbitraire, et que beaucoup furent soumis aux plus dures conditions, assimilés aux *conditionales*, aux serfs de la glèbe, dont la mort faisait retourner les biens au domaine direct du seigneur. (V. M. Guérard, *Polypt. d'Irm.*, t. I, pp. 178, 314.)

D. Nous répondrons avec le même auteur (pp. 241, 242) que ces recommandations laissaient souvent au colon le droit de transmettre sa propriété; que les serfs mêmes, répartis dans des manses avec leurs familles, transmettaient leurs tenures à leurs enfants. D'ailleurs, cette controverse cesse devant cette considération décisive donnée par le même auteur comme un résultat historique incontestable, savoir : que, dès le commencement du 11º siècle, toutes les espèces de tenures semblent s'être perpétuées dans les familles, quelle que fût leur condition. Les tenures furent entraînées dans la ruine des bénéfices. Les tenanciers tributaires s'attribuèrent la propriété des fonds, dont en principe ils n'étaient qu'usufruitiers. Or, ce n'est pas à cette époque qu'une interprétation juridique aurait suffi pour modifier leur condition.

Si, à partir du 9º siècle, les tenures des colons furent transformées en emphytéoses, de sorte que le domaine utile fut séparé du domaine direct; si l'envahissement des grands propriétaires fut préjudiciable à la franchise des terres, ainsi que l'observe le président Bouhier, il existait néanmoins toujours des francs-alleux. Des chartes des années 1294, 1295, 1299, citées par cet auteur, l'attestent suffisamment (t. I, ch. XLIX).

A l'égard de ces terres, il faut bien admettre que la succession se réglait sur un droit commun différent du principe féodal (1).

---

(1) A quelque époque que l'on se place, entre le 8º et le 12º siècles, il y eut toujours un temps où le droit commun, indifférent aux règles spéciales des concessions, put s'appliquer aux transmissions héréditaires.

Avant le 10º siècle, point de féodalité, quoiqu'il y eût servage.

Avant le 13º siècle, il y avait encore des francs-alleux importants, et, d'ailleurs, à partir du 10º siècle, toutes les tenures inférieures

L'idée d'une vacance au moment de la mort, rattachant le domaine utile au domaine direct, pouvait tout au plus se justifier aux deux extrémités de l'échelle sociale, dans la transmission des fiefs et dans celle des biens de main-morte. Mais ce n'était qu'un droit exceptionnel.

XXX. Véritable origine de la maxime coutumière.

A. Reste donc toujours la question de savoir comment le principe coutumier qui a triomphé s'est introduit et conservé dans la transmission héréditaire des biens régis par le droit commun.

Dans notre système, la saisine héréditaire s'est perpétuée depuis le droit germanique, à travers le chaos des siècles de formation, jusqu'aux coutumes.

Le droit commun ainsi conservé n'est autre que celui des législations barbares que les principes dérivés de la concession féodale n'ont jamais pu étouffer : aucune

---

étaient devenues héréditaires, tandis qu'au sommet la féodalité s'organisait.

Par conséquent, les principes du droit commun ne durent pas cesser d'être invoqués avant le 10ᵉ siècle, pour la transmission des alleux (quoiqu'ils fussent sans doute supprimés à l'égard des tenures serviles).

A partir du 10ᵉ siècle, ces principes s'appliquèrent soit au profit des propriétaires d'alleux, soit au profit des tenanciers qui avaient rendu leurs tenures héréditaires (bien qu'ils fussent obscurcis et supprimés à l'égard des biens féodaux).

Au 12ᵉ siècle, la maxime coutumière est dans toute sa force, et pouvait s'appliquer aux emphytéoses, qui se généralisèrent à cette époque. D'ailleurs, une rente foncière n'altère pas plus le caractère allodial que ne le ferait une servitude prédiale.

de ces lois, en effet, ne pouvait avoir le moindre rapport aux fiefs, dont la naissance est postérieure, et qui furent régis par une législation essentiellement contractuelle et arbitraire. Celle-ci resta donc toujours en dehors du développement du droit commun, c'est-à-dire des usages directement dérivés des lois salique et ripuaire : elle était sans doute hostile à ces usages ; mais on ne saurait admettre que des dispositions spéciales dérivées d'un contrat aient suffi pour annihiler des principes généralement répandus.

Bien au contraire, nous voyons que l'hérédité du fief l'a emporté sur le caractère primitif de la concession, qui devint de moins en moins apparent ; dès lors, la réversion du domaine utile au domaine direct, primitivement opérée par la mutation des personnes, passa de plus en plus à l'état de fiction, et l'on dut chercher à concilier le principe de la saisine héréditaire avec la nécessité de la prestation des devoirs féodaux toujours reconnue. Ces deux principes furent sans doute longtemps en lutte ; d'où, pour le premier, l'obligation de se formuler nettement, vivement. Tandis que, dans le droit commun, où elle était incontestée, il suffisait de proclamer l'idée de la saisine, il fut nécessaire, pour l'introduire dans le droit féodal, de l'opposer directement *in terminis* à la fiction qui saisissait le seigneur par la mort du vassal. On dut, au moins figurément, y faire entrer l'idée d'ensaisinement, qui se trouvait dans la concession et dans l'investiture primitives, pour en augmenter la force. Dès lors, l'idée ainsi analysée et définie, on trouva naturellement cette formule si précise et si française, qu'on n'a pu la traduire par aucun équivalent : *Le mort saisit le vif.*

On ne l'appliqua pas aux fiefs avec toute l'étendue qu'elle comportait ; mais, successivement, ses effets modifièrent les règles féodales dans tout ce qu'elles n'avaient pas de radicalement incompatible avec le droit commun.

B. Les anciens jurisconsultes ont allégué quelquefois comme point de départ le fr. 30, au Digeste (*Ex quib. caus. maj.*). Sans doute, il était dans l'esprit du temps de s'armer d'un texte romain dont les expressions paraissaient favorables à une théorie; ce texte peut avoir eu quelque influence pour maintenir un principe menacé et le faire admettre dans le droit féodal : il a pu servir à préciser la maxime coutumière; mais ce n'est pas au 12º siècle qu'une interprétation douteuse pouvait triompher d'une législation bien définie comme celle qui régissait la concession féodale.

C. Ce succès du droit commun paraîtra d'autant plus frappant, si l'on se place à une époque où le conflit devait se présenter dans des conditions favorables, au premier abord, à la prédominance du principe féodal.

Dans le système du *Libellus antiquus de beneficiis,* dont l'éditeur place la rédaction au temps de Conrad-le-Salique, c'est-à-dire dans la première partie du 11ᵉ siècle (V. Canciani, t. III), on pouvait concéder un bénéfice à deux personnes, dont l'une était substituée à l'autre et devait succéder au premier concessionnaire, si celui-ci décédait sans enfants.

On y établit d'abord : 1° que le premier concessionnaire acquiert la saisine *warandiam*, à la condition de se présenter au seigneur suzerain, qui, assisté de deux de ses hommes, lui fait donner la vue des biens concédés (§ XXX);

2° Que le substitué recueille le bénéfice, à la condition que le premier concessionnaire est mort en saisine (§ XX) et sans laisser de fils (§ XLIV); que le seigneur concédant existe encore; enfin, que ce dernier lui en donnera confirmation dans l'an et les six semaines (§ XXI).

Mais, à l'égard du fils, « pater hereditat in filium *possessionem* sicut et beneficium, propter quod non eget filius ut demandari bona patris sibi faciat dominus. » (§ XXIV.)

Au contraire, « sic et homo carens filio hereditat in dominum possessionem beneficii, sicut et beneficium, nisi dominus concesserit alicui expectationem beneficii. » (§ XXV.)

Enfin, nous trouvons au § XLIV la confirmation de la loi des Allemands (ch. 92): « Si, post obitum patris, tamdiu vivit filius quod vox ejus auditur per quatuor angulos domus, attrahit sibi patris beneficia, et alienat ea omnibus qui secundi erant in beneficio. »

On ne saurait trouver de texte plus explicite; ce dernier prouve d'ailleurs que le droit commun, la loi barbare, pénétrait dans le droit féodal pour y faire fléchir les règles qui dérivaient naturellement de la concession.

CHAPITRE IV.

*De la saisine héréditaire dans le droit féodal d'Orient,
d'après les Assises du royaume de Jérusalem.*

XXXI. Examen du principe de la saisine héréditaire en général.

A. Ce principe reconnu et défini a les conséquences les plus étendues dans le système des successions. Et d'abord, au point de départ, son application est-elle juridiquement possible ?

Ne paraît-il pas contraire à toute notion de droit de faire passer, sans appréhension physique, la possession du patrimoine d'une personne à une autre? Cette règle, dans ses effets, sortira-t-elle jamais du domaine de la fiction, et, quand le fait contredira le droit, lequel l'emportera ?

La règle coutumière n'était conciliable qu'avec les idées du droit germanique, en matière de succession. Après Tacite, qui nous apprend que les Germains ne connaissaient point l'usage des testaments, le droit commun du moyen âge proclame que nul autre que Dieu ne peut faire un héritier. Cet héritier du sang, dans la pureté du droit commun, est le seul saisi du patrimoine par la mort; il succède réellement à la personne. Toute disposition testamentaire en faveur d'un autre lui donne seulement le droit de demander à l'héritier de Dieu et du sang le montant de son legs, car l'héritier institué *loco legatarii habetur*.

Ainsi, dès l'instant de la mort du *de cujus*, il n'y a pas la moindre incertitude sur la destination du patrimoine : il passe directement à l'héritier du sang, que la société civile traite comme le seul représentant du défunt, activement et passivement. Dans ce système, l'application de la maxime coutumière n'a rien qui choque la raison, rien de contradictoire; la coutume déclare seulement que l'héritier est saisi comme était le défunt.

Disons donc avec Dumoulin que cette saisine, en la personne de l'héritier, n'est ni nouvelle, ni différente de celle du défunt; c'est la même possession, essentiellement identique de tout point : de sorte qu'il est superflu d'agiter la question de savoir si la possession ainsi attribuée à l'héritier est vraie ou feinte, naturelle ou civile, *imo civilissime*; car il est clair que la coutume peut faire passer d'une personne à une autre une possession naturelle, et la continuer ed l'une à l'autre (Dum., s. *Bourbonnais*, v° *Le mort saisit le vif*).

B. Au contraire, le système du droit romain, dans son entier développement, répugnait beaucoup à l'idée d'une dévolution instantanée de la possession du défunt sur un vivant, *a die mortis*. La disposition testamentaire ayant la primauté sur les droits du sang les plus favorables, il était presque toujours incertain à quelle personne passerait le patrimoine. Comment aurait-on pu établir, au profit d'un héritier présomptif, une fiction que la réalité aurait le plus souvent démentie? On préféra donc attribuer une certaine personnalité civile à la *jacens hereditas*. Enfin, les jurisconsultes romains ne pouvaient transiger sur ce point avec l'impossibilité d'une dévolution idéale de la possession.

C. Les considérations émises par Dumoulin font sortir suffisamment la règle coutumière du domaine de la fiction ; et si la formule en elle-même présente une idée de ce genre, la fiction n'est que dans l'expression qui oppose directement la saisine du vif à la saisine envahissante du seigneur. Mais, au fond, c'est la loi elle-même qui saisit le vif, tellement que le mourant ne pourrait contrarier cette dévolution coutumière. Par conséquent, toutes les fois que le fait s'opposera au droit; qu'un étranger, quelle que soit sa qualité, fût-il institué par le *de cujus*, enfreindra la saisine de l'héritier de la coutume, celle-ci lui donnera des armes légales pour faire respecter son titre avec ses priviléges (Charondas, *Pand. fr.*, l. III, ch. IV, p. 398; et Masuer, tit. *Des successions*).

Ainsi, au point de vue coutumier, le mot héritier désigne un particulier qui recueille, à titre universel et par la loi du sang, les biens d'une personne morte naturellement ou civilement (Maillart, *Sur Artois*, p. 633).

Les effets pratiques de la maxime coutumière ressortiront surtout de l'étude des conflits entre plusieurs prétendants à la saisine, matière qui sera developpée après que nous aurons épuisé toute la série et toutes les phases de l'idée de la saisine en droit coutumier.

XXXII. A qui appartient et comment se perd la saisine héréditaire.

A. Il suffit de savoir, en général, que la saisine héréditaire se perd par la négligence de l'ayant droit.

Cette perte suppose corrélativement acquisition de la possession des biens dont il s'agit en la personne d'un étranger.

Les sources du droit primitif proclament d'une voix unanime que la saisine se perd et s'acquiert par an et jour.

« Quicumque bona aliqua per annum et diem, absque justa contradictione possederit, eorumdem verus efficitur possessor. » (*Spec. sax.*, III, 144.)

« Si quis tenueram aliquam in pace anno et die tenuerit, deinceps libere et quiete possideat, nisi aliquis extra provinciam egressus fuerit, aut aliquis nondum emancipatus, super hoc clamorem fecerit. » (*Charte de Roye*, art. 3; ap. Klimr., t. II, p. 357.)

Telle est la règle générale qui s'applique, avec des conséquences plus ou moins décisives, soit à la saisine possessoire proprement dite, soit à la propriété, à une époque encore peu juridique. Elle est amplement développée dans les textes du droit féodal d'Orient qui font la matière de ce chapitre.

B. En principe : 1° dans toute succession en ligne directe, celui qui a droit au fief a droit à la saisine; c'est le fils aîné ou la fille aînée. « Quant fié escheit, le fils ou la fille qui est droit heir de celui ou de celle de par qui il li escheit se peut mettre per sei, se il est d'aage à fié aveir (1), en la saisine de cel fié, quant le père ou la mère en muert saisi et tenant, come du sien » (*Ass. haute cour*, ch. CLI; Cf. ch. CLXX, eod.);

2° Quand le fils aîné ou la fille aînée ne se présente pas, les frères et sœurs ne peuvent se mettre en saisine de leur propre autorité (ch. CLII);

3° Dans toute succession collatérale, le principe féodal reprenait son empire, et l'héritier devait demander la saisine au seigneur.

Ainsi, la saisine ou la faculté de se mettre en possession du fief, par soi-même, était une prérogative des héritiers en ligne directe, mais sous la condition que leur auteur en était mort saisi et tenant. Un texte très-intéressant nous montre que cette condition rigoureuse excluait le principe de la représentation (V. ch. LXV):

Pierre a perdu la saisine de son fief, occupé par les Sarrasins;

Il meurt, laissant deux fils, Foulques et Otte; puis Foulques lui-même décède, laissant pour fils Thibaut;

Plus tard, le fief est reconquis sur les infidèles; Jean d'Ibelin décide que Foulques, n'ayant jamais été saisi, n'a rien transmis à son fils Thibaut; et par conséquent que Otte, comme plus prochain héritier de Pierre, dernier possesseur du fief, exclura son neveu de ladite succession.

De plus, on n'était, à proprement parler, saisi et te-

(1) Point de saisine de plein droit, lorsque les descendants du dernier saisi et tenant sont en *garde* ou en *bail*.

nant du fief, en droit, que par la prestation des devoirs féodaux, bien que l'héritier en ligne directe pût prendre spontanément la saisine de fait.

Comme application de ces règles combinées, on peut se reporter au ch. XXXVI du *Livre au Roy* :

Primus meurt, laissant un fils, Secundus, et des filles ;

Le fils meurt lui-même, laissant un fils, Tertius, mais avant d'avoir porté hommage pour le fief de son père ; Secundus n'est pas censé mort saisi et tenant, et par conséquent Tertius sera exclu du fief de Primus, dernier saisi, par ses tantes.

C. Par la règle générale posée au ch. XXXVIII du livre d'Ibelin, la possession continuée pendant l'an et jour exclut, au profit du possesseur, toute action au fond du vrai propriétaire ; et, de plus, si ce même propriétaire laisse seulement pendant quarante jours un tiers en possession de son héritage, il a perdu le droit d'intenter la complainte en cas de dessaisine :

« Car se il y a plus de quarante jours que il en a esté dessaisi, et il n'a requis au seigneur que il le face remettre en saisine de cele chose, ou que il face enqueste come de nouvelle dessaisine, il ne peut ni ne doit appeler cele dessaisine nouvelle dessaisir ne le seigneur n'est pas tenu de faire li ce que il li requiert come de nouvelle dessaisine. Il ne peut puis aveir par raison la saisine de ce de quei il dit que l'on la de novel dessaisi que par claim et par responce, et par preuve de garants, en quei il aura tornes de bataille. » (Cf. sur ce délai une Note de M. Beugnot, tirée des *Archives de Morée*, p. 268.)

Quant au délai d'an et jour, « l'assise est tote parée (*l'assisa e evidentissima*) qui dit que par teneure d'an et de jor quitement et en pays a l'on desreinée tele manière d'éritage, come est dit devant..., et bien est donc chose clere que se l'an et le jor passe, que l'éritage ne seit chalongié, que l'assise de la teneure le délivre tot outre... » (Ch. XXXVIII.)

En conséquence, si le *droit heir* ne se présentait pas dans ce délai pour faire l'hommage, il encourait la commise du fief. Il devait, de plus, se présenter en personne, sous peine de laisser la place à un plus diligent; « car (suivant Jean d'Ibelin) por ce fust établie si longue espace come de an et de jor, et que en tant de tems peut lon bien venir d'outre-mer qui voudra. » (Ch. XL.)

A cette règle inflexible se rapporte le mémorable procès de Marguerite d'Acova, dont les pièces se trouvent dans les Archives de Morée :

Marguerite avait été retenue en otage à Constantinople, dans l'intérêt de son seigneur suzerain; cette absence si légitime l'ayant empêchée de porter ses devoirs dans l'an et jour de l'ouverture de la succession d'un fief à son profit, elle fut forclose irrévocablement. (V. p. 268 du t. Ier des *Assises*.)

XXXIII. De l'hérédité vacante.

Supposons que le *droit heir*, soit l'aîné des enfants du *de cujus*, soit le collatéral plus proche, ne se présente pas;

dans ce cas, « tous seignors de lor pays, et en lors seigneries, sont et doivent estre droit heirs de toutes celes persones qui sont de sa juridiction. » (*Abr. de l'assise des bourgeois*, ch. **LIX**.)

« Car le maintenant que Dieu fait son comandement d'une personne, le viscomte ou le bailly se boute esdits biens dou mort, pour la raison dou roy et des hairs, as muebles et estables, et les peut tenir an et jor, por veir se aucune persone parent ou cousin dou mort venra en avant à requerre les biens dou mort : et se aucun ne vient avant l'an et le jor passés, ils doivent dire au seignor que il ordonne aucun en leuc de luy, come viscomte, car il ont à requerre et clamer ce de luy, por les biens de lor frère ou parent qui est mort... » (*Eod.*, ch. **XXXIV**.)

Dans cette position, il faut à la fois prendre des précautions :

1° Pour que les parents du défunt ne soient pas privés de sa succession, par l'incertitude où ils sont sur l'existence d'un héritier plus proche, ou par son abstention ;

2° Pour que l'attribution du fief faite aux parents qui se présentent ne rende pas trop difficile la position du véritable ayant droit ;

3° Pour que des cohéritiers au même degré ne s'excluent pas les uns les autres.

Deux hypothèses peuvent se présenter :

Ou bien l'on soupçonne que les prétendant droit ne sont pas les successibles plus proches ;

Ou bien il y a incertitude si le plus proche héritier

du défunt existe; ou bien, ce qui revient au même, le prétendant prouve qu'il est le plus proche héritier apparent.

A. *Première hypothèse.* — Il semble qu'il y ait quelques difficultés à l'égard de l'admissibilité des droits des parents qui ne sont pas notoirement les plus proches, notamment quand l'aîné des enfants du *de cujus* ne se présente pas. Jean d'Ibelin est d'avis, dans ce cas, que les frères et sœurs s'adressent au seigneur (ch. CLII). L'assise portait en effet (p. 228) : « Quand fié escheit à plusiors enfans ou à plusiors parens qui sont en un degré appartenant à celui de par qui le fié est escheu, et le droit heir ne si met ou ne le requiert (selonc ce que le cas eschiet ou qu'il le puet faire), selonc l'assise et l'usage dou reiaume de Jérusalem, ce l'un des autres le requiert come le plus droit heir apparent, que il ait et y aveigne. »

D'autre part (p. 230) :

« Fiz ou fille demeure en la saisine et en la teneure dou fié de quei son père ou sa mère meurt saisi et tenant. » Elle ne donne donc ce droit qu'à la fille ou au fils; c'est donc seulement l'aîné ou l'aînée de ceux qui sont au même degré qui est saisi à l'exclusion des autres; ceux-ci n'ont par conséquent d'autre droit, à défaut d'apparence du plus proche, que de s'adresser au seigneur et de demander la saisine, comme le plus *droit heir apparent et requérant le en la cour* (1).

---

(1) *Clef des Assises*, § CCIII : « il est plus seure choze se metre en saisine et en teneure par le seignor que autrement, de ce de coy son père ou sa mère morut saisi et tenant come dou sien. » Car si, par exem-

Le seigneur, leur conférant la saisine en cette qualité, *sans esgard ni connaissance de cour,* réservait suffisamment, par ce moyen, les droits du plus proche héritier. Celui-ci, dès qu'il se faisait connaître, rentrait en saisine sans trop de difficulté. Il offrait de prouver sa parenté; il alléguait que l'héritier apparent n'avait pas été ensaisiné *par esgard et connaissance de cour.* Le seigneur donnait un délai au défendeur premier saisi, pour venir contester les dires du requérant, et la cour décidait alors pertinemment entre les parties.

Accorder un droit plus étendu à l'héritier apparent, ou lui permettre de faire prévaloir son titre trop aisément *en cour,* c'eût été préjudicier trop gravement aux intérêts du plus proche.

En effet, si les frères et sœurs, en l'absence du fils aîné, prenaient possession de l'héritage sans aucune réserve, il arriverait d'abord, les quarante jours passés, que le *droit heir* se trouverait obligé de procéder par voie de *claim* contre le possesseur; car le seigneur ne pourrait lui enlever, de sa seule autorité, une saisine qu'il ne lui aurait pas donnée. D'ailleurs, les héritiers apparents pourraient vendre le fief ou encore le transmettre, à titre héréditaire, à leurs propres héritiers, contre lesquels le véritable ayant droit ne prévaudrait jamais; car, ainsi que nous le verrons prochainement, les neveux pouvaient prescrire contre leurs oncles (ch.

---

ple, le défunt n'était pas mort saisi et tenant du fief dont il s'agit, l'héritier qui se serait mis en saisine de sa propre autorité, et qui ne pourrait prouver que son père ou sa mère a été saisi, serait prévenu de *force faite au seigneur* (Jean d'Ibelin, ch. CLIII).

CLII) : « Et par ces raisons et plusiors autres, se ensi estoit, averaient les enfants du dernier saisi et tenant, le fié de leur oncle qui serait droit heir du fié. » (V. ch. CLX.)

Au contraire, si les frères et sœurs du *droit heir* avaient reçu la saisine comme plus *droit heir apparent,* cette qualité semblait les constituer possesseurs au nom du véritable ayant droit : celui-ci n'avait à craindre ni aliénation, ni prescription de la part de ses neveux ; il pouvait rentrer en saisine par une voie beaucoup plus simple que la procédure dangereuse et compliquée du *claim.*

B. *Deuxième hypothèse.* — Quand le prétendant droit se présente pour obtenir la saisine de l'héritage, le seigneur lui oppose qu'il y a plus proche *heir* que lui :

« Et après ce, il ne me semble que le requéror puisse chose dire por quoi la court dée esgarder que le seignor le met en saisine de cel fié à aveir le si, con il la requis, ce il ne preuve, si con il doit, qu'il est le plus dreit heir de celui de par qui il le requiert ledit fié aveir. » (Ch. CLX.)

Mais nous supposons, de plus, que cet héritier apparent (contrairement à l'hypothèse du texte du chapitre CLXII) a demandé et obtenu la saisine, contradictoirement avec le seigneur, par jugement de cour et sur la preuve que ses garants ont faite de sa parenté avec le défunt (ch. CLX).

Dans cet état de choses, un autre prétendant droit se présente. Il est d'abord hors de doute que le seigneur ne peut le ressaisir contre un premier jugement de la cour, et que ce prétendant doit recourir à l'action pétitoire.

Mais doit-il, en outre, offrir de prouver que les garants du saisi ont faussement témoigné, et que lui seul est le plus proche héritier; enfin, qu'il est prêt à accepter le duel judiciaire contre les faux garants?

Le possesseur répondra que les garants sur la foi desquels il a été ensaisiné n'ayant pas été contredits, sa position est inattaquable; car, aux termes de l'assise, « nul ne peut aller à l'encontre de garantie fournie comme elle doit; autrement, les garants ne vaudraient rien.... Chose dite en cour ne peut être dédite. » — « Si me semble (observe d'Ibelin) que il (le nouveau survenant) ne devrait pas dire que celui qui ladite saisine dou fié aurait, n'estoit pas attaignant à celui de par qui le fié eschei; que son dit ne vaudreit riens se cuit par les raisons avant dites, puisque il aureit sa parenté prouvé en l'avant dite manière. Mais l'autre qui requiert le fié devreit dire, ce m'est avis, se il voleit le fié avoir : que il est plus prochein parent de celui de qui le fié escheit, et qui desrainement en mourust saisi et tenant come dou sien, de cele part dont le fié moveit, que celui qui l'a et tient n'esteit; que ce est-il prest de prover tot come la court esgardera ou connoistra que prover le dée.... » (V. t. I, *Assis.*, p. 243.)

Si le requérant offrait, devant la cour, de donner bataille, il y avait, sur ce point, deux opinions :

Les uns disaient qu'il devait y avoir bataille; sinon, des intrigants trouveraient facilement de faux garants qui, ne courant d'autre risque que celui de se parjurer, juraient en faveur de leurs commettants, et que les véritables successibles se trouveraient ainsi dépouillés irrévocablement, sans pouvoir arguer de fausseté un témoignage devenu inattaquable.

D'autres opposaient : 1° que la plupart du temps les preuves du lignage se faisaient par des membres du clergé, qui ne pouvaient donner des gages de bataille ;

2° Que la garantie deviendrait illusoire ; car la crainte de s'exposer aux chances d'une bataille pourrait empêcher les garants de témoigner de la parenté des véritables héritiers ; dès lors, le défaut de garant mettrait l'ayant droit dans l'impossibilité de réclamer l'hérédité (1) ;

3° On tenait, d'ailleurs, généralement que « il n'était assise ne usage que l'on puisse, par gage de bataille, torner qui porte garantie de parenté ni d'usage. »

Cependant Jean d'Ibelin adopte la première opinion. Il oppose à ces derniers motifs que la bataille n'est défendue par l'assise en matière de parenté, « se n'est de querelle qui est de seign   à l'homme, ou de merme d'aage contre bail qui tien   bailliage. »

Il insiste sur cette idée   ie le succès de la bataille est aux mains de Dieu, qui   manquera pas de protéger le bon droit. L'équité, d'ailleurs, ne permet pas de forclore les véritables héritiers au profit d'usurpateurs plus diligents.

Au chapitre CLXI, la question est posée dans des

---

(1) En effet, le champion qui succombait était pendu ; et celui qui perdait sa cause « éhonté, comme celi qui aureit perdu voiz et responz en cort, à toujours. » (P. 249).

termes qui la rendent moins douteuse en équité. La doctrine très-habilement combattue par Jean d'Ibelin aurait pour conséquence d'interdire au véritable héritier tout débat contre les garants de l'usurpateur, par cette seule raison que ce dernier aurait formé le premier sa requête (p. 247, op. cit.).

Vainement le véritable successible se présenterait avant que son adversaire eût donné la moindre preuve. Suivant la rigueur du droit, en effet, il était d'assise que « la première requête doit devant aller. » Le premier requérant aurait donc le premier la saisine. Il produirait ses garants et serait maintenu en possession, sur leur témoignage; et sa position rentrerait dans l'hypothèse du chapitre CLX, que nous venons d'analyser.

Aussi, dans ce dernier cas, *a fortiori*, le jurisconsulte maintient sa première décision par les mêmes arguments, sous la réserve, toutefois, que le texte de l'assise (texte perdu) ne lui soit pas contraire.

XXXIV. Etendue de la saisine héréditaire.

M. Renaud, de Berne, s'est attaché à démontrer :

1° Que tous les parents du *de cujus* jouissaient de la saisine héréditaire à l'égard des tiers;

2° Que, par conséquent, les tiers ne pouvaient contraindre l'héritier apparent à prouver autre chose que sa parenté, mais nullement sa proximité. (V. *Rev. législ.*, t. XXIX, pp. 327, 332 et suiv.)

Les assises dont nous nous occupons ont déjà répondu à la première partie de cette doctrine : « Il est plus scure chose se mettre en saisine et en teneure par le seigneur que autrement, de ce de quoy son père ou sa mère mourut saisi et tenant comme dou sien.... »

Il y avait donc danger pour l'héritier du second degré, par exemple, à s'ensaisiner spontanément; danger, non-seulement à l'égard du plus proche, mais encore à l'égard du seigneur. C'est du moins ce que l'on peut légitimement induire de la généralité des termes de la *Clef des Assises* (§ CCIII cité supra, pag. 85, n° 1), dont le texte d'Ibelin, qui en est rapproché, ne serait qu'une application particulière.

Le jurisconsulte d'Orient insiste suffisamment sur le deuxième point de la doctrine de M. Renaud.

Il autorise le seigneur à ensaisiner l'héritier apparent (bien qu'il doute de la proximité) « comme le plus droit heir apparent et requérant le en la cour; — mais sans égard et connaissance de cour. » Cette réserve sauvegardait suffisamment les droits des futurs survenants, et c'était un juste tempérament à la doctrine qui donnait la saisine au premier requérant (1).

En tous cas, cette jurisprudence d'Orient, qui prononçait la commise du fief avec tant de rigueur contre l'héritier négligent ou absent, après l'an et jour, et qui permettait au seigneur de prescrire les biens par ce laps de temps, devait donner aux parents du *de cujus* un moyen de prévenir cette prescription.

---

(1) On peut voir, en effet (ch. CLXXVI), que la saisine de celui qui possédait sans égard et connaissance de cour ne lui suffisait pas pour prescrire, mais qu'il se trouvait toujours exposé à être dessaisi lors de la survenance de l'ayant droit.

Ils avaient grand intérêt, en effet, à relever le fief vacant par la mort, fût-ce même dans l'intérêt du successible négligent; on devait leur permettre de se faire ensaisiner, au moins dans la prévision de son abstention complète. Ou bien, en effet, son abstention pendant l'an et jour leur assurait définitivement la tenure; ou bien sa survenance, en les dessaisissant, conservait cependant le fief dans la famille.

L'assise des bourgeois était très-précise (ch. LVII, pag. 130) : Le prétendant droit à une succession devait prouver devant le vicomte et deux loyaux jurés qu'il était parent du défunt; il devait même affirmer par serment qu'il était le plus proche. Et, de plus, on prévoyait le cas où, *ex post facto*, ses affirmations ne se trouveraient pas véridiques :

« La cour doit esgarder que, certifiant tout ce que celui a dit et offert, que il doit avoir la saisine et la teneure dudit héritage et des autres biens, et doit donner seureté, selonc l'usage d'an et de jour. Et lors le viscomte le doit mettre en saisine de l'héritage et des autres biens, lesquels biens doivent être reconnus et par points et par escrits de la cour, et dire li : Je vos mets en saisine, sauf autrui raison, selonc l'usage, porce que il porroit estre que dedans l'an et le jor vendroit aucune autre personne, plus prochain parent que celui qui auroit avant requis. »

XXXV. De la prescription de la saisine.

L'assise devait ménager avec plus de précaution encore les droits des parents au même degré; empêcher, par exemple, que le frère ne prescrivît contre son frère, en invoquant la possession d'an et jour. C'est en ce sens que la *parenté brise l'assise;* c'est-à-dire que, suivant l'assise générale, la possession d'an et jour pouvait être invoquée entre toutes personnes, à moins que la parenté qui les unissait ne fît fléchir, ne brisât la règle générale. (V. *Abr. de l'ass. bourg.*, t. II, p. 311.)

Ainsi, la prescription ne courait pas :

1° Entre les père et mère et leurs enfants ;

2° Entre frères et sœurs (Cf. ch. LV, p. 282) (1);

3° Entre les parents au même degré, comme les cousins germains.

Mais la prescription courait entre l'oncle et le neveu.

« La parenté brise l'assise partot, mais que en deux leus tant seulement : 1° quand celi qui a tenu l'éritage, l'an et le jor l'a eu d'eschecte de son père ou de sa mère, qui en seit mort saisi et tenant, et que il l'ait tenu devant sa mort, véant et oyant celui qui ores le requiert ; — après ce, ne vaut la parenté contre l'assise ; »

2° « Si celi qui tient l'héritage l'a tenu an et jor voyant et oyant le père ou la mère de celui qui le requiert, et se l'éritage muet et eschéit de cele part où

---

(1) Canciani cite une formule à l'usage du royaume d'Italie, où cette règle est reconnue : « Petro, te appellat M... quod tu tenes sibi malo ordine terram. — Ipsa terra mea propria est. — Quod tibi pertinet ? — Possessam habeo per triginta annos. — Hoc non potest dici contra fratres. » (T. II, p. 471, n° 82.)

« Frère et sœur, l'un contre l'autre, ne peuvent acquérir possession de saisine qui valoir doive à l'un au préjudice de l'autre. » (*Somme rurale*, I, 47.)

le père ou la mère du requérant vint, et celui ou cele à qui l'éritage peut échoir morust, sans qu'il le requist ne eust, le fils ne peut rien aveir par parenté contre l'assise » (1). (V. t. I, *Ass. haute cour,* ch. XXXVIII.)

Au reste, l'assise des bourgeois nous donne l'interprétation des deux espèces (p. 311) :

« Se il avenoit que aucune persone fuce mort, et eust enfans, et l'un d'eux se boutast en l'héritage de leur père ou de leur mère, et l'eust tenu devant ses frères et sœurs en lor véant et en lor oyant, sans nule partizon fete, et il mesavenist de celi lor frère, lequel avoit été saizi et tenant et usant de tout l'héritage, si come il est dessus devizé, et il eust enfans, lesqués enfanz eussent, puis la mort de leur dit père, tenu l'éritage an et jour ; — les frères de lor père ne recovreroient jamais lor part : et en cest endroit peut briser l'assise la parenté. »

De plus, ces décisions ne sont que l'application immédiate d'un principe général en matière de succession, qui sert en même temps de base aux règles précédemment développées. Au premier cas, le neveu exclut son oncle de l'héritage paternel possédé pendant l'an et

---

(1) Dans la première hypothèse, on traite de la prescription qui peut être invoquée par un neveu contre son oncle, lequel a laissé son propre frère posséder pendant l'an et jour un héritage descendu de leur auteur commun, héritage que son neveu vient de trouver dans la succession de son père.

Dans le § 2 on suppose l'hypothèse inverse : il s'agit d'un oncle qui prescrit contre son neveu un héritage descendu de leur auteur commun. Le possesseur a tenu cet héritage pendant l'an et jour au su de son frère défunt, père du requérant. Ce dernier ne peut rien avoir par parenté contre l'assise.

jour par son père, parce qu'il est le plus proche héritier du dernier saisi et tenant. Au second cas, à l'inverse, le neveu est exclu par son oncle, parce que ses père et mère sont censés n'avoir jamais eu la saisine de l'héritage, et que, par leur décès, le possesseur est devenu le plus proche héritier du dernier saisi et tenant (1). (V. § XXXII sup., p. 80 et suiv.)

XXXVI. Effets de la saisine héréditaire.

De ces décisions nous pouvons déjà tirer des conclusions importantes sur le caractère propre de la saisine héréditaire dans cet état du droit assez développé.

Il en résulte d'abord que l'aîné en ligne directe a seul la saisine de plein droit, en ce sens qu'il peut se mettre en possession du fief sans la demander au seigneur. Les autres frères et sœurs recevront ensuite la possession de leurs parts, de leur aîné ou aînée, sous son hommage, et à charge par eux de faire leurs devoirs féodaux.

(1) Les décisions seraient différentes sans doute si l'on sortait des hypothèses spécifiées au texte; car, si l'on supposait que le possesseur du fief n'a pas encore acquis la vraie saisine par an et jour, le requérant pourrait y prétendre droit avant l'expiration de ce délai; car l'oncle, dans la première hypothèse, n'aurait pas perdu la saisine de droit avant l'expiration de l'an et jour, et pourrait encore rattacher cette saisine à celle de l'auteur commun.

Mais, au second cas, quand même l'oncle aurait possédé moins de l'an et jour, il faudrait sans doute décider que le neveu n'a aucun droit; car il ne serait pas le plus proche héritier du dernier saisi et tenant son aïeul, la représentation n'ayant point lieu. (V. p. 81 sup., et inf. § XXXVII, p. 98; le texte du *Livre au Roy*, ch. XXXVI.)

« Et l'avantage que l'aisnée sœur a, si est que elle a l'hommage et le service et le mariage et l'escheite des sœurs, si elles meurent sans heirs. » (J. d'Ibelin, ch. CL; Ph. de Navarre, ch. LXXII.)

Quand même les frères et sœurs puînés, en cas d'abstention de l'aîné ou de l'aînée, obtiendraient la saisine, comme plus *droits heirs apparens et requérant le en la cour*, ils ne l'auraient qu'en son nom et sauf son droit. L'aîné ou l'aînée, en se présentant plus tard, obtiendrait facilement la saisine du seigneur, sur une connaissance sommaire de la demande; et cela quand même le délai de quarante jours, ou même celui d'an et jour serait écoulé, puisque, dans ce cas, la parenté brise l'assise. On peut même présumer qu'après ce dernier délai il suffirait d'une connaissance sommaire pour qu'il fût ressaisi.

Que si, au lieu d'obtenir la première saisine comme le plus *droit heir apparent et requérant*, le frère ou la sœur l'avait obtenue *par égard et connaissance de cour*, l'aîné devrait procéder devant la cour par la voie compliquée du *claim*. Mais, dans ce cas, ce n'est pas la saisine héréditaire que le possesseur invoquerait contre lui, mais une saisine de droit obtenue par jugement. Il est donc toujours vrai de dire que la saisine héréditaire appartient à l'aîné *exclusivement*.

A l'égard des tiers, le possesseur ferait sans doute valoir la saisine; mais ce serait toujours comme l'ayant obtenue sauf le droit du plus proche, et non pas en réalité à titre de saisine héréditaire.

Entre parents qui se trouvaient en degrés différents,

la prescription courait ; et il semble que le véritable héritier, après les quarante jours passés, aurait perdu la voie de dessaisine, même au cas où les héritiers apparents auraient obtenu la possession, sans égard ni connaissance de cour ; après l'an et jour, il auroit perdu tout droit au fond. (Arg. de ces mots : *Donner sûreté selon l'usage d'an et de jour*, qui prouvent que l'héritier apparent saisi en cette qualité n'était tenu d'aucune restitution après ce délai. — V. supra l'*Ass. des bourg.*, ch. LVII, p. 92, § XXXIV.)

Nous avons suffisamment analysé les rapports des intéressés qui ne se trouvaient pas en un même degré appartenant au dernier saisi et tenant.

Nous devons cependant tirer des textes déjà cités ce principe important, que la saisine héréditaire n'était qu'un droit de possession qui n'entraînait pas avec lui la dévolution proprement dite des droits du *de cujus* en la personne de son héritier ; en sorte que, dans cet état du droit, ce serait déjà confondre tous les rapports, que de définir la saisine héréditaire : La transmission immédiate et instantanée de tous les droits du défunt à son héritier vivant.

XXXVII. Influence des obligations féodales.

Supposons, en effet, que le *de cujus* laissât deux filles et un fils ayant lui-même des enfants :

« Se li père des enfans (le fils du *de cujus*) n'en fist onques en sa vie à celuy, ou à celle à qui fere le dut homage ne ligesse, ains morut anci solement tenant le fié, la raison juge et comande ce ainsi à juger, que celuy fié doit torner à plus dreit heir dou mort; ce est qu'il doit torner as serors dou mort et à la plus aisnée de faire la ligesse et l'hommage à celuy que fere le deit si comme le fié doit. Et puis que la serour en aura feit là ou devra l'omage dont li frères n'en fist point, la raison juge que l'enfans dou frère n'a puis rien en celuy fié par dreit, tant come nule des serors vivront, ni leurs heirs vivront, encores soit ce que li fié deit estre toujors du fils mâle par dreit. » (*Livre au Roy*, ch. XXXVI.)

Le droit réel n'était donc fixé dans la personne de l'ayant droit que par la prestation des devoirs féodaux. Et s'il mourait auparavant, il ne transmettait rien à ses propres héritiers, bien que, en vertu de la saisine héréditaire, il eût pu se mettre en possession de fait. Les oncles excluraient dans ce cas leurs neveux, quand même ils n'auraient jamais possédé contre eux. (V. supra, § XXXII, p. 82.)

Ainsi, en la personne du plus proche héritier, comme en celle des héritiers apparents, la saisine héréditaire obtenue du seigneur par ceux-ci, dévolue de plein droit à celui-là, est, à proprement parler, un droit de possession provisoire et indépendante de la transmission de la propriété. Tant qu'un certain laps de temps ne lui a pas attribué le caractère d'une présomption de droit, elle est attaquable comme saisine nouvelle dans la personne du saisi, et cédera au droit supérieur du véritable successible. Quand le délai d'an et jour l'a fortifiée, elle devient inattaquable non-seulement comme saisine de fait, mais encore comme saisine de droit, au pétitoire comme au possessoire.

La seule différence entre la saisine de l'héritier véritable et celle de l'héritier apparent, c'est que la première se conserve pendant quarante jours comme nouvelle; puis pendant l'an et jour comme saisine de droit; et qu'elle donne les moyens de recouvrer la possession de fait, soit par une voie sommaire, soit par la voie du *claim;* au lieu que la saisine des héritiers apparents n'est qu'une saisine de fait : celle-ci s'acquiert par l'envoi en possession, celle-là résulte de plein droit de la qualité d'héritier.

XXXVIII. De la capacité des héritiers saisis.

A. Le caractère de la saisine héréditaire est encore mieux déterminé, au point de vue de la capacité de ceux qui peuvent l'invoquer. Nous avons vu (ch. CLI d'Ibelin) que la saisine de plein droit n'appartient qu'à l'héritier qui est d'âge *à fief avoir* (quinze ans); mais le mineur ne peut se dire saisi. L'ancien droit des fiefs attribuait au seigneur la jouissance du fief et l'entretien de la personne du mineur, jusqu'à ce qu'il fût en âge.

Mais plus tard on accorda la jouissance et le service du fief au plus proche héritier du mineur capable de le servir. La garde de la personne du mineur passait à un autre parent, à qui le fief ne pouvait échoir par la mort du mineur : « car, en cest endroit, a une assise qui dit : Bail ne doit mie garder mermiau. » C'eût été *la garde du loup.*

Il y avait cependant une exception en faveur des père et mère, qui avaient à la fois le bail du fief et la garde du mineur, bien qu'ils ne fussent pas ses plus proches héritiers du côté d'où le fief venait (ch. CLXX).

En tout cas le mineur devait être entretenu convenablement sur les produits de son fief. Le droit de jouissance du fief était une véritable *saisine* sous le nom de *bail*, deux mots que l'on peut substituer l'un à l'autre, car la saisine désigne quelquefois la puissance sur la personne : « Il fut jugié que le fiz dedans aâge à celui qui est en pelerinage, remeigne en la *saisine* son père, tant que l'on soit certain de sa mort ou de sa vie. » (*Ass. Normandie*, ap. M. Marnier, p. 138.)

B. Nous voyons ainsi reparaître la saisine sur les choses comme l'attribut inséparable de la *mainbournie*, du *mundium* ou droit de puissance sur les incapables. Celui qui a la mainbournie a la défense de la terre. Ce rapprochement devait nécessairement se rencontrer sous le régime féodal, où la possession du fief exige une capacité spéciale; de même, dans le droit barbare, la saisine de la terre entraînait une responsabilité personnelle qui ne pouvait peser sur une personne incapable de se défendre (1). (V. supra, § XXV, p. 50.)

Les obligations féodales tombaient à la charge du baillitre : il devait donc entrer en foi. Dès lors, quand

---

(1) Le mot *saisina* est appliqué par les *Olim* au droit du baillitre : « Pronunciatum fuit per arrestum nostræ curiæ quod dicta Catharina ratione dicti balli, saisinam domus de Hamo, terræ et pertinentiarum ejusdem habebit, cum fructibus inde perceptis, a tempore quo eadem Catharina nostrum homagium de prædictis intravit. » (T. II, p. 364, an. 1293.)

le bail du mineur était échu à une veuve, comme dans le droit des assises toute demoiselle noble possédant un fief était tenue de choisir un mari parmi trois chevaliers présentés par le suzerain, il en était de même à l'égard de la veuve qui manifestait l'intention de prendre le bail de son enfant. Dans l'un comme dans l'autre cas, le service du fief devait être assuré. Dans l'an et jour de la mort de son mari, elle était contrainte, sous peine de commise du fief, de prendre un mari ; mais, en renonçant au bail, elle s'affranchissait de cette obligation (Ibelin, CLXXVII, CLXXIX).

C. La veuve avait en outre un droit fort important, le *douaire,* consistant dans la jouissance de la moitié des biens laissés par le mari, la nue-propriété formant au profit des enfants une sorte de légitime frappée d'inaliénabilité.

La mort de la femme devant mettre fin à cet usufruit, le douaire était regardé comme un démembrement du fief échu aux enfants dans la succession paternelle. Si les enfants étaient mineurs, la veuve pouvait se trouver à la fois baillitre et douairière ; et, en qualité de bail, elle devait prendre un mari. Mais si, renonçant à ce titre, elle se contentait du douaire, « feme, por nul doaire, ne doit mariage à celui de qui elle le tient. » (Jacques d'Ibelin, ch. LXV.) En effet, le service de fief tombait à la charge du baillitre, comme représentant la succession du défunt dans ses rapports avec le suzerain (Jean d'Ibelin, ch. CLXXIX).

XXXIX. De la saisine au point de vue du douaire et du bail.

Dans ces deux institutions directement dérivées du droit germanique, la saisine se manifeste avec des effets différents, à raison de la destination originaire du bail et du douaire. Mais, à un point de vue commun, la saisine donne à la douairière, comme au baillitre, un droit exclusif essentiellement personnel à la possession des choses qui en sont l'objet.

A. La douairière est saisie contre l'héritier de son mari : elle s'adresse au vicomte, qui lui donne la jouissance du jour de la mort (*Ass. bourg.*, ch. XXXVII).

Elle semble, en effet, avoir un droit acquis avant le décès, puisque, en cas de dissipation du mari, elle peut demander que sa portion afférente soit mise en main sûre (J. d'Ibelin, ch. CLXXI).

D'après Beaumanoir, « une femme qui tient en douaire, si l'en la despueille de son douaire, se puet bien plaindre de novele dessaisine, tant soit che contre l'hoir à qui la chose venroit, si la femme estoit morte, car il n'y a rien come la feme vive. » (P. 168, édit. de M. Beugnot.)

Conformément à ces principes, un arrêt du parlelement de Paris de 1276 ordonne la délivrance du douaire coutumier au profit d'Ermengarde, veuve de Jean de A..., avant toute discussion sur le montant des conventions matrimoniales dérogatoires à la coutume (*Olim*, t. II, p. 74).

B. Quant au baillitre, il est superflu d'insister sur la nature de son droit, dont nous avons rattaché l'origine au *mundium* germanique sur la personne et à la nécessité de défendre la terre, la minorité du successible le rendant incapable d'avoir la saisine.

Après avoir quelque temps appartenu au seigneur, saisi du fief *faute d'homme,* sous l'obligation d'entretenir le mineur, le bail fut accordé au plus proche héritier du mineur, comme un droit personnel qui dégénéra souvent en véritable pillage.

D'après le droit des assises, le baillitre devait sans doute être mis en saisine par le seigneur (*Abr. de l'ass. bourg.,* ch. XXXII); mais cette saisine lui donnait, à l'égard des tiers, tous les moyens de défense au possessoire que l'héritier lui-même aurait pu invoquer du chef de son auteur.

Ce droit était tellement important, qu'il donnait lieu à des débats solennels, où l'ayant droit revendiquait le bail, comme il eût fait toute autre saisine sur un fief héréditaire. (V. le ch. IV des *Documents sur la succession au trône,* publ. par M. Beugnot, au t. II des *Assises.*)

Comme le baillitre jouissait pour son compte, rien de plus naturel qu'on l'obligeât (à raison des fruits qu'il percevait) à entretenir la personne et les biens du mineur. Mais cette obligation n'était sans doute pas de l'essence du droit primitif, tel que l'avait le seigneur, de faire les fruits siens comme saisi du fief *par faute d'homme,* durant l'incapacité du mineur.

De même, lorsqu'on introduisit la garde bourgeoise, on sentit l'abus des prérogatives de la garde noble; et on décida, par intérêt pour le mineur, que ni les meubles ni les fruits des héritages en roture ne tomberaient dans l'émolument de cette nouvelle garde.

Enfin, il fallait une aussi grave considération que les rapports étroits entre les parents et leurs enfants, pour faire fléchir, en faveur des premiers, la règle générale qui faisait du bail un véritable droit héréditaire, essentiellement personnel au plus proche lignager du mineur (ch. CLXXVIII, J. d'Ibelin ; v. supra, p. 100, § XXXVIII).

Enfin, les constitutions siciliennes du 13° siècle nous donnent une idée de l'extension désastreuse qu'avait prise la saisine du bailllitre :

« In aliquis regni nostri partibus, consuetudinem pravam audivimus hactenus obtinuisse, quod in bonis comitis vel militis qui decesserit, filiis masculis non relictis, filiæ non succedant ; sed consanguinei quantum cumque remoti, tam ballium puellarum ipsarum, post mortem patris recipiant, quam successionem et ipsas pro ipsorum dispositione maritent. » (Ap. Canciani, t. III, tit. 23.)

XL. Du droit de communauté.

Outre le bail et le douaire, une troisième institution complétait le droit germanique sur le régime des biens dans la famille.

Le Droit barbare, le Miroir de Saxe et les Assises de Jérusalem s'accordent pour établir entre les époux des rapports personnels dont les effets, durant le mariage et après sa dissolution, nous semblent se rattacher étroitement à une théorie complète de la saisine.

La femme tombait avec tous ses biens sous la puissance de son mari, ses meubles quant à la pleine propriété, ses immeubles quant à la jouissance. Mais, à la mort du mari, le droit de la veuve reparaissait à titre de droit de *communauté*, primitivement sur le tiers des acquisitions faites durant le mariage, et plus tard sur la moitié de tous les biens autres que les propres. Les assises contiennent un droit particulier.

Suivant l'assise des bourgeois, ch. CLXXXVI :

« Nus n'est si droit heir au mort, come est sa feme espouse. » C'est pourquoi la veuve, outre son douaire sur les propres de son mari, recueillait tous les biens meubles et acquêts laissés par ce dernier (1).

En un mot, la femme, après le décès de son mari, succédait à la saisine dont il jouissait durant sa vie.

Que comprenait cette saisine?

Nous partons de ce principe que le mari était bail de sa femme. Si l'on suppose qu'une veuve, ayant des enfants d'un premier mariage, des meubles et des biens en roture, avec des dettes de son premier mari, vient à se remarier, le deuxième mari acquiert la saisine des meubles [c'est-à-dire la propriété]; celle des biens en roture (suivant les *Assises de Romanie*, ch. 156); enfin, il se trouve obligé à toutes les dettes sans distinction.

---

(1) « Quicumque ex quacumque regione legitimam uxorem accepit, vel acceperit, si eam mori contigerit, sine liberis eorum amborum, vir suæ mulieri succedat, et omnia ejus percipiat. » (*Henr. imp. reg. leg.* [1019], ap. Pertz, ch. I.)

Or, la même saisine appartenait à la veuve ; le mariage dissous, elle se trouvait obligée à toutes les dettes de son mari, même celles provenant d'un premier mariage. Et le mari, durant sa vie, aurait pu, pour acquitter ces dettes à lui personnelles, vendre le propre de sa femme ; « car ce est droit que des choses de la femme se deit « acquitter la dette de son baron, et des choses dou ba- « ron se deivent acquitter les dettes de sa femme. » (*Ass. des bourgeois*, ch. CXCIV.)

CHAPITRE V.

De la saisine héréditaire dans le droit coutumier.

XLI. Division de la matière.

A. Nous avons puisé, dans le premier monument de notre droit coutumier, plusieurs divisions naturelles entre les transmissions de biens par décès au point de vue de la saisine ;

1° L'hérédité, qui comprend tous les cas où la loi appelle une personne vivante à recueillir tout ou partie du patrimoine du défunt : nous y rattacherons les effets de la disposition du testateur, soit à l'égard du légataire, soit à l'égard de l'exécuteur testamentaire ;

2° Le droit de bail dans la personne du bailliître, considéré comme attributif de certains avantages ;

3° La transmission des biens qui résulte des conventions matrimoniales expresses ou tacites.

Nous y ajouterons une troisième classe de transmissions de biens, qui, par sa nature, devrait rentrer dans notre première division ; mais qui, à raison de ses autres caractères et de son importance, mérite une théorie spéciale : nous voulons parler des droits seigneuriaux sur les successions irrégulières.

Un autre chapitre traitera des conflits qui peuvent s'élever entre plusieurs ayant droit, et des effets de la saisine à l'égard des tiers.

B. *Notions générales.* — Avant d'entrer dans les détails si variés de cette matière, il importe de s'arrêter un instant sur les raisons communes qui peuvent expliquer l'attribution de la saisine de plein droit aux diverses classes de personnes appelées à en profiter.

On conçoit d'abord que la femme, à titre de *commune,* soit saisie au décès de son mari de sa part afférente dans la communauté ; son droit a frappé, pendant la vie, les biens, objet de sa vocation, au fur à mesure de leur entrée dans le patrimoine conjugal. Le mari mort, cette saisine continue plutôt qu'elle ne prend naissance. Voilée pendant le mariage, elle paraît au premier plan, dès que l'obstacle qui la maintenait au second a disparu.

C. Le *douaire* est également un droit dont l'ouverture ou plutôt l'exercice est suspendu jusqu'au décès du mari ; mais comme il a pris naissance, aux termes de sa constitution primitive, le jour de la bénédiction nuptiale, la saisine de la femme remonte à la même date.

« Dos (dit Bracton) id est quod liber homo dat sponsæ suæ ad ostium ecclesiæ, propter nuptias futuras, et onus matrimonii, et sustentationem uxoris et educationem liberorum, cum fuerint procreati, si vir præmoriatur. »

« Je te prends à femme, disait l'époux; de mon corps je t'honore, de mes biens je te doue, mes aumosnes et bienfaits te recommande. »

D. *Titre du lignager.* — Quel était maintenant le droit de cet héritier du sang et de Dieu, que la volonté de l'homme ne pouvait altérer?

La volonté du propriétaire ne pouvait faire dévier le patrimoine de la famille de la ligne à laquelle il était affecté; s'il aliénait son propre entre vifs, son plus proche lignager pouvait le retraire; s'il aliénait un fief, le seigneur, au moyen du retrait féodal, faisait réapparaître la loi de la concession primitive. Exceptionnellement, par acte de dernière volonté, le testateur pouvait disposer du cinquième de ses propres en faveur d'un étranger.

Les lignagers avaient donc en quelque sorte un droit de communauté ou de substitution sur les propres affectés à leur ligne respective. Leur qualité étant notoire du vivant du *de cujus*, quelle que fût sa volonté, il était certain qu'ils seraient appelés à recueillir une certaine portion du patrimoine. La mort du *de cujus* n'était donc pas, à proprement parler, attributive d'un droit nouveau : c'était la réalisation de la condition suspensive, sous laquelle le successible était propriétaire du patrimoine en qualité d'héritier présomptif.

En théorie, on ne fixe pas l'acquisition d'un droit au moment de l'événement de la condition qui le suspendait; on en rattache la naissance au moment où l'ayant droit a acquis le titre ou la capacité éventuelle.

De même, dans la transmission héréditaire, la qualité

de présomptif héritier préexist... se réalise, au moment du décès, en la personne de ... ile à succéder. Il n'y a donc ni vacance, ni même *in intellectu* dessaisissement du mort et ensaisinement de l'ayant droit; ce dernier continue une saisine primitivement renfermée dans sa qualité de lignager, plutôt qu'il n'acquiert à nouveau : « Come on dit en commun proverbe : Le père est mort et il n'est pas mort, parce qu'il a laissé un fils semblable à lui. » (Masuer.)

Enfin, Beaumanoir, dans son langage expressif, caractérise le droit de l'héritier présomptif : il semble que, pour lui, la saisine passe à l'instant de la naissance du nouveau né :

« Si tost come oir est nés, nous créons que li droit du père et de la mère li soit descendus temporelement, et par le baptesme li héritages de Paradis espirituelment. » (Ch. XX, § 8.)

XLII. Examen de la doctrine de M. Renaud sur la saisine collective de tous les successibles.

La théorie qui précède pourrait donner lieu de conclure, avec M. Renaud (de Berne), que tous les successibles, par la mort du *de cujus*, sont simultanément saisis du patrimoine. Tel est le danger d'un système qui fait une part trop large au principe du *condominium* germanique.

C'est au moyen de cette théorie que M. Renaud explique comment l'héritier plus éloigné, en cas d'abstention du plus proche, pouvait se mettre en possession de l'hérédité, afin de prévenir la déchéance d'an et jour; comment, en outre, ce successible pouvait exclure, par son acceptation pure et simple, dans un certain délai, l'héritier plus proche qui n'aurait accepté que sous bénéfice d'inventaire (*Rev. de législ.*, t. XXIX, pp. 332, 344).

Ce droit d'exclusion, généralement admis par les coutumes, serait ainsi la confirmation la plus manifeste de l'idée suivant laquelle la saisine appartenait aux successibles de tous les degrés collectivement.

Ces règles spéciales seront examinées en leur lieu : pour repousser la théorie de cet auteur, il suffit de faire la part du *condominium* germanique.

1° On se rappellera tout d'abord que nous avons puisé l'idée de la saisine, non pas précisément dans la copropriété familiale, mais dans la nécessité de donner un défenseur au patrimoine, représentant unique et perpétuel de la solidarité familiale, et qui devait être à la fois capable d'âge et de sexe pour satisfaire aux obligations résultant de sa qualité. Mais cette limitation des obligations directes à une personne unique, n'empêchait pas que tous les membres de la famille ne participassent à la composition activement et passivement, et ne fussent capables de devenir, par droit de succession, saisis et responsables à leur tour.

2° Les Assises de Jérusalem limitaient la saisine à l'aîné ou à l'aînée, à l'exclusion des autres enfants du *de cujus*; les plus anciennes coutumes, celle de Bretagne, celle de Normandie, l'ancienne coutume d'Anjou (d'après les Établissements de saint Louis), étaient conçues dans le même esprit. C'était également la doctrine de Masuer, qui reflète les anciennes coutumes d'Auvergne et de Bourbonnais.

En sorte que, s'il fallait juger de l'étendue de la copropriété familiale par le nombre des personnes appelées simultanément à jouir de la saisine héréditaire, il faudrait d'abord exclure de cette copropriété les puînés et puînées et les collatéraux, en Bretagne (D'Argentré, sur l'art. 540, *N. Cout.*); car, d'après cette coutume, le seigneur était saisi avant ces successibles. Cependant, à défaut de l'aîné, les puînés jouissent de la saisine; c'est, d'ailleurs, spécialement entre collatéraux que l'héritier pur et simple jouit en général de la faculté d'exclure le plus proche bénéficiaire, faculté que M. Renaud semble ne pouvoir expliquer sans la rattacher à la saisine. Ainsi, dans la coutume de Bretagne, les puînés et les collatéraux sont reconnus copropriétaires, bien qu'ils n'aient pas la saisine.

L'art. 286 de l'ancienne coutume donnait le droit de retrait au plus prochain lignager; et quand plusieurs étaient au même degré, ils pouvaient l'exercer concurremment. D'Argentré suppose plusieurs frères retrayants : l'aîné exclut-il les puînés ? « Cum omnes eodem gradu sint, omnes admittuntur; nec refert sintne nobiles an pagani, nam retractus defertur sanguini, ex gradus paritate aut prælatione, non ordini succedendi : quare, de pluribus fratribus, etsi nostro jure primogenitus nobilium præfertur, tamen in retractu non meliore jure est quam ultimus frater, cum eodem gradu sint. » D'après l'article 284 de l'ancienne coutume les collatéraux avaient le droit de retrait, bien qu'ils fussent exclus de la saisine.

L'idée de saisine ne tient donc pas étroitement à celle de copropriété, puisque les effets de ces deux principes sont distincts, et que l'on ne peut conclure de l'un à l'autre.

Quant au principe en vertu duquel l'héritier plus éloigné pouvait exclure par une acceptation pure et simple l'héritier bénéficiaire, sa véritable origine est donnée par M. Renaud lui-même, d'après Rebuffe : « In patria consuetudinaria, nullus recipitur heres beneficiarius simpliciter adiens hereditatem ; imo solet per regias litteras concedi, ut vidi semper observari in istis regionibus; ut si non sit alius qui velit simpliciter esse heres, quod hic possit esse heres sub beneficio inventarii. »

En vertu de cette clause de style, la condition sous laquelle on pouvait accepter bénéficiairement était qu'il ne se présentât pas dans l'année un héritier pur et simple. Mais cette restriction venait de ce que plusieurs jurisconsultes ne regardaient pas l'héritier bénéficiaire comme véritable héritier ; et, en outre, elle n'était pas inhérente au véritable esprit coutumier, puisque dans la coutume de Bretagne elle était inconnue.

Ces règles se rattachent uniquement au principe de la copropriété de famille, mais ne dérivent nullement de celui de la saisine.

Pour nous, la saisine ne consistera spécialement ni dans le droit d'option entre l'acceptation et la renonciation, ni dans la transmissibilité de ce droit.

Entre cohéritiers à divers degrés, nous convenons qu'il y a communauté d'aptitude à recueillir la succession, à jouir de la saisine dans un ordre déterminé, mais non simultanément; l'idée d'un concours proprement dit répugne tout à fait à celle de la saisine.

XLIII. De la saisine dans les transmissions de biens par succession, à titre universel ou particulier.

A. Plusieurs personnes pouvaient avoir concurremment, à des titres divers, des droits sur le patrimoine du *de cujus*.

Non-seulement on distinguait, en droit coutumier, celui qui succédait à la personne (l'héritier) de celui qui ne succédait qu'à des effets particuliers, comme le légataire; mais, à la différence du *paterfamilias* romain, le *de cujus* pouvait avoir plusieurs héritiers disjoints succédant à des titres divers, comme le *miles* du droit impérial exceptionnel. De là cette règle de Loysel, si souvent citée : « Les François, comme gens de guerre, ont reçu divers patrimoines et plusieurs sortes d'héritiers d'une même personne. » (Liv. II, t. V, r. 12.)

L'héritier seul était saisi de plein droit, soit qu'il succédât *in universum jus defuncti*, soit qu'il fût appelé à recueillir seulement l'un de ces patrimoines distincts dont parle Loysel.

Les successeurs particuliers n'avaient, contre l'héritier saisi, qu'une action pour obtenir la possession des choses qui leur étaient destinées.

B. En tout cas, le droit des uns et des autres ne se réalisait que par la mort du *de cujus* ; cet événement réalisait la condition sous laquelle l'héritier présomptif était propriétaire du patrimoine *jure sanguinis*, en même temps qu'il donnait naissance au droit du légataire, droit subordonné à la volonté du défunt jusqu'au moment de son décès.

Cet événement pouvait résulter, ou de la mort naturelle, ou de la mort civile encourue, soit par l'effet d'une condamnation pénale, soit par l'effet de la profession religieuse, et faisait passer la saisine aux ayant droit.

XLIV. Objet de la saisine et son étendue.

Dans les successions universelles, la saisine a pour objet à la fois l'ensemble des biens considérés comme universalité, et chacun des biens et des droits qui la composent individuellement ; elle se trouve garantie au profit du saisi, à ce double point de vue.

Toutefois cette saisine universelle était limitée comme la succession coutumière elle-même, qui n'avait pas un caractère d'indivisibilité aussi absolu que la succession romaine ; les saisines de chaque héritier étaient distinctes comme leurs vocations : « Non sunt coheredes, disait Dumoulin, quia, licet eidem personæ succedant, tamen ad diversa bona, et videntur plurima patrimonia et hereditates separatæ. » Et de plus, l'héritier pouvait scinder son option, suivant les divers patrimoines auxquels il était appelé ; il pouvait accepter, par exemple, la succession immobilière, et répudier la succession mobilière, que certaines coutumes grevaient exclusivement des dettes.

A. D'un autre côté, la diversité des coutumes permet de dire avec Merlin : 1° Chaque coutume donne au vivant la saisine que le mort avait dans son territoire, et c'est cette saisine seule qui fait l'héritier : on est donc héritier chaque fois qu'on est saisi par une coutume; et, de là, autant de coutumes, autant d'hérédités (1);

2° Lorsque plusieurs coutumes se réunissent pour déférer à une même personne la qualité d'héritier, elles ne s'accordent pas pour cela sur la nature et la qualité des avantages dont elles le saisissent, ni sur la manière dont il doit payer les dettes (V° *Hérit.*, sect. VI, 320).

On ne pouvait donc pas dire qu'au même instant la saisine opérait dans toutes les coutumes qui appelaient le successible, ni que, par l'acceptation de l'héritier dans une coutume, sa saisine devenait irrévocable et perpétuelle dans toutes les autres coutumes; on ne pouvait donc pas lui opposer que l'acceptation de la qualité d'héritier dans un endroit l'empêchait d'être légataire dans un autre, à raison de l'incompatibilité générale existant entre ces deux qualités.

B. Les rapports de parenté, qui donnaient au successible un droit héréditaire, en assuraient l'étendue. Dans la pureté du droit coutumier, les parents de chaque

---

(1) « Successiones diversorum reputantur ob diversas consuetudines... censentur ut diversorum bonorum hereditates. » (Dum., *Comment. posth.*, § 93, n°s 5, 7.)

ligne étaient appelés exclusivement au patrimoine de leur ligne respective, *paterna paternis, materna maternis*. Vainement Dumoulin, dans son Commentaire sur l'art. 323 de la coutume du Bourbonnais, prétendait exclure le seigneur au profit des parents du *de cujus*, sans distinction de l'origine des biens, lorsque les parents d'une ligne faisaient défaut. La coutume ne permettait pas l'accroissement d'une ligne à une autre.

Mais dans chaque ligne chacun des parents au même degré trouvait dans son titre une vocation pleine et entière à tous les propres composant le patrimoine dévolu à sa parenté (1). Ces parents du même degré en concours sur la succession étaient réellement cohéritiers, et la saisine de chacun, générale dans son principe, n'était restreinte que par celle de son cosuccessible; la renonciation de l'un opérait accroissement en faveur des acceptants.

C. En principe, la saisine héréditaire a pour objet

---

(1) Une des conséquences de cette vocation éventuelle illimitée se trouve dans les effets de l'indivision entre cohéritiers avant le partage. Dans cette position, chacun d'eux était considéré comme mandataire des autres, dans l'intérêt de la chose commune.

Ainsi, un héritier pour partie est bien fondé à former complainte pour la totalité de la succession contre les tiers détenteurs étrangers; ceux-ci ne peuvent lui opposer le défaut d'intérêt tant que ces successibles n'ont pas accepté, puisque sa vocation a pour objet toute l'hérédité. On ignore, d'ailleurs, sur quelles choses *in specie* portera son droit après le partage : « Quamdiu hereditas est indivisa, unus coheredum tenetur commodum totius hereditatis præstare, et unus solus potest facere utilia omnibus, saltem necessitate cogente. » (Dum., § 33, gl. 1, n° 89.) — « Possessio unius conservat possessionem aliorum. » (Anjou, 272.)

Quelques coutumes, en vertu de cette espèce de solidarité entre cohéritiers, permettaient à l'un d'eux de porter la foi au seigneur féodal au nom des autres, soit pour toujours, soit jusqu'au partage seulement;

toutes les choses dont le *de cujus* est mort saisi et tenant. Cependant il faut en excepter tous les droits qui ne sont pas transmissibles, tels que les droits d'usufruit et d'habitation, qui s'éteignent par la mort du titulaire pour se réunir à la nue-propriété. Le successible se trouverait tout au plus saisi de fait, la saisine de droit lui étant étrangère et donnant, au contraire, au nu-propriétaire une action possessoire pour se faire réintégrer dans la possession de fait de la chose dont il s'agit (Dum., s. *Bourbonnais*, v° *Le mort saisit le vif*).

« Consequitur dominum protinus a morte usufructuarii interdictis possessoriis experiri posse, de possessione demum, et realibus actionibus, de proprietate. Audiendi tamen sunt heredes si qualitas usufructus in confesso non sit. Itaque provisio et vindiciæ semper heredi detentori adjudicari debent, si proprietarius in promptu intentionem non implet. » (D'Argent., *Des appropr.*, ch. IV, n° 24.)

ce qui n'avait pas lieu sous la coutume de Paris. Cependant, sous l'empire même de cette coutume, Dumoulin distinguait : « Aut iste qui admitti petit solus possidet feudum, aut non : primo casu debet admitti; quamdiu enim alii coheredes non apparent nec se pro heredibus gerunt, iste habet fundatam intentionem super tota hereditate et toto feudo, nec habet necesse probare non habere proximiorem se vel concurrentem secum. »

En effet, le seigneur ne pouvait opposer l'existence des autres, à moins qu'il ne prouvât qu'ils acceptaient la succession; car cette présomption, *filius ergo heres*, et la force de la coutume (*virtus suitatis*) n'avait lieu tout au plus qu'en faveur du fils. Il faudrait décider ainsi, quand même le seigneur aurait déjà saisi le fief, quand même un tiers formerait complainte, comme héritier, contre le successible apparent qui se serait constitué possesseur. Il en serait autrement si plusieurs s'étaient portés héritiers. (V. Dum., loc. cit. et §§ 96, .)

Mais, à l'inverse, les cohéritiers, à raison de cette même solidarité, ne pouvaient former complainte les uns contre les autres (Dum., § 96).

Au reste, cet objet de la saisine n'était déterminé dans le patrimoine de chacun des héritiers que par le partage. Avant cette répartition, chacun était saisi *a die mortis* d'une portion indivise sur chaque parcelle de la succession, portion qui, une fois déterminée, était présumée rétroactivement avoir été l'objet exclusif de leur saisine respective. C'est en ce sens que l'on dit que le partage, en droit français, était *déclaratif*.

XLV. Extension de la saisine aux biens sujets au rapport.

La qualité d'héritier servant de base et de mesure à la saisine héréditaire, il faut sans doute donner à celle-ci la même étendue qu'à celle-là. Ainsi, cette qualité donne au successible le droit de demander à ses cosuccessibles les biens sujets au rapport; elle doit lui attribuer la saisine de ces mêmes biens. Il y aurait là une fiction dont l'effet serait de supposer que les choses données entre vifs à l'un des successibles ne seraient pas sorties du patrimoine du défunt, lequel en serait censé mort saisi et tenant. Et, réciproquement, la qualité d'héritier dessaisirait le successible des biens qu'il a reçus entre vifs.

Cette induction toute logique se vérifie en fait. De cette saisine et de la dessaisine corrélative paraît en effet résulter l'obligation imposée au successible de rendre les fruits des biens sujets au rapport, à dater du jour de la mort du *de cujus* (*C. de Paris*, art. 309). Le rapport en moins prenant n'était d'ailleurs qu'une faveur toute naturelle, lorsqu'il existait dans la succession des biens de même nature et bonté que ceux sujets au rapport.

Cette induction se confirme en outre par l'article précité de la coutume de Paris, qui semble prévenir un doute légitime sur le point de savoir si le rapport devait comprendre même les fruits des biens donnés, perçus par le donataire pendant la vie du donateur; et, par sa décision, on dirait que cet article accorde une faveur au donataire : « Les fruits ne se rapportent, *sinon* du jour de la succession échue. »

L'objet du rapport était réellement, en principe, l'héritage donné *in specie* : s'il était dû en l'état où il se trouvait au moment du partage, c'est qu'il était aux risques de la succession. Dans les coutumes d'égalité, le donateur ne pouvait dispenser le donataire du partage en nature; enfin, dans le cas où le rapport se faisait en deniers, à raison d'une aliénation faite par le donataire, il était dû sur l'estimation du bien au moment du partage (Merlin, v° *Rapport*).

Les biens donnés, en un mot, étaient censés rentrer dans la succession par l'effet de l'acceptation des donataires. Ainsi, Lebrun décidait que le fils aîné pouvait prendre son préciput et ses parts avantageuses sur le fief donné entre vifs à son puîné.

En vertu du même principe, l'aliénation faite par le successible donataire du bien donné postérieurement au décès pouvait être rescindée au profit de ses cohéritiers ayant droit au rapport.

Cette règle était rigoureusement observée dans les

coutumes d'égalité parfaite (Maine, Anjou, Touraine), où la renonciation à la succession ne dispensait pas le successible donataire de rapporter les biens donnés; de sorte que, dans ce système, le successible était saisi de tous les biens ayant appartenu au *de cujus* et qui n'étaient pas sortis de la parenté habile à succéder; à ce point de vue, *parentela personam defuncti sustinet*.

Suivant l'esprit de ces mêmes coutumes, Pothier décidait, contre l'opinion de Lebrun, que les créanciers du successible pouvaient se faire subroger dans ses droits au rapport, contre ses cohéritiers même renonçants, bien que la jurisprudence semblât contraire à cette doctrine (ch. IV, § VII, *Success.*).

Cette autre question, de savoir si le renonçant devait rapporter au renonçant, avait été controversée anciennement, sous l'empire de la coutume du Maine; on prétendit que le rapport pouvait se demander par droit de filiation. Mais la plupart des turbiers consultés tinrent pour la négative. (V. Merlin, v° *Rapport.*)

Enfin, Dumoulin décidait que la clause d'avancement d'hoirie, insérée dans un acte de donation, privait le donataire de la faculté de se soustraire à l'obligation du rapport, au moyen d'une renonciation à la succession du donateur.

XLVI. Saisine de la légitime et de la réserve des quatre-quints.

Sans entrer dans aucun développement, nous nous contenterons d'exposer ici que la légitime et la réserve des quatre-quints sont essentiellement comprises dans la saisine du légitimaire et du lignager. (V. inf., pp. 128 et 129.)

Dumoulin ne laisse guère de doutes sur ce point (s. *Berry*, art, 3) :

« In Gallia, filius non tenetur venire per actionem supplementi, sed est saisitus de sua legitima, et habet interesse, *pour recta*, *demander partage et séquestre* in casu moræ. »

« Donques, l'enfant qui n'a pas sa légitime remplie prendra qualité d'héritier en sa légitime, et requerra être maintenu et gardé en possession d'icelle, à fin de recréance. » (Coquille, quest. 163.)

Quant à la réserve des quatre-quints, l'art. 295 de la coutume de Paris oppose directement la saisine du réservataire au droit du légataire.

XLVII. Capacité de l'ayant droit.

La saisine n'appartient qu'à l'héritier habile à succéder.

1° Ainsi, celui qui n'est ni né ni conçu au moment de l'ouverture de la succession est absolument incapable.

Mais l'enfant conçu est réputé saisi, comme s'il était né, de toute succession qui s'ouvre pendant la conception, sous la condition toutefois qu'il naisse viable. L'ancienne jurisprudence variait seulement sur les conditions de viabilité.

2° L'incapacité pouvait résulter de la mort civile encourue comme effet de condamnations criminelles ou de la profession religieuse.

3° L'incapacité résultait de la qualité d'étranger ; le droit d'aubaine s'interposait entre le mort et le vif, au profit du souverain.

4° Le vice de la naissance de l'enfant issu de certains mariages constituait une incapacité relative, à l'égard de la succession de ses ascendants ou de ses collatéraux (Merlin, v° *Hérit.*, VI, § IV).

Les bâtards étaient seulement incapables de recevoir *ab intestat* de leurs parents : ils pouvaient recueillir par testament de leurs collatéraux ou des étrangers.

5° Celui qui n'était pas parent du *de cujus* ne jouissait pas de la saisine comme institué testamentaire.

Mais la jurisprudence était très-favorable au prétendant droit à la succession en lutte avec le fisc : la simple possession d'état suffisait pour exclure le seigneur et faire maintenir la saisine du prétendant. On obligeait par là même le seigneur à faire une preuve négative à peu près impossible (Louet, F, § 21).

6° L'acceptation d'un legs par le successible *ab intestat* le rendait incapable de se dire héritier ; cependant on ne pouvait dire qu'avant l'acceptation du legs il n'avait point eu la saisine de plein droit : car il avait eu, notamment, la faculté de se mettre en possession des biens héréditaires pour exercer son droit d'option.

7° Le successible qui se trouvait dans un cas d'indignité était dans la même position à l'égard de la saisine :

« L'indignité n'a pas lieu de plein droit : elle doit être prononcée ; c'est pourquoi, par le droit romain, l'indigne acquérait l'hérédité ; mais le fisc l'en dépouillait lorsqu'il en avait été déclaré indigne. Parmi nous, ce n'est point le fisc qui profite de l'indignité de l'héritier, mais ce sont les autres parents en degré de succéder. » (Pothier, *Succ.*, ch. I, § 2.)

XLVIII. Influence de l'aînesse sur la saisine.

Bien que le droit commun, spécialement conservé à l'égard des successions roturières, attribuât en principe la saisine collective aux successibles du même degré, les usages des fiefs s'étaient introduits dans le régime des successions, pour limiter la saisine des successibles que l'ordre de la naissance ou le sexe plaçaient dans certaines conditions d'infériorité légale.

A. Sous la plupart des coutumes, l'aîné noble était saisi de parts avantageuses dans la succession en ligne directe.

Les coutumes de Touraine (223), d'Angoulême (87), etc., donnaient également cette prérogative à l'aînée des filles.

En général, la saisine de ces privilégiés n'était pas exclusive de celle des puînés, dont elle restreignait seulement les droits ; mais, si l'on se reporte aux Etablissements de saint Louis, on y voit que l'aîné ou l'aînée, comme dans le droit d'Orient, avait seul la première saisine de toute la succession (liv. I, ch. XVII).

L'aîné avait en même temps la garde des puînés, de préférence à leur mère ; et, en outre, il recueillait tous les meubles. En vertu de sa première saisine, il gagnait les fruits des portions des puînés jusqu'à ce qu'ils eussent demandé le partage (Laurière).

Ces principes avaient passé dans la coutume d'Anjou, suivant les *Rubriches du Code* (1437) :

« Quand ung home noble va de vie à trespassement et délesse plusieurs enfans, l'aisné est saisi seulement de la succession de son père et non pas les puisnés; et, pour ce, les puisnés doivent demander leurs parties à leur aisné et l'en doivent sommer et requerre. » Mais cette saisine n'était accordée que *litis ordinandæ causa*. C'était une maxime dans la coutume de Bretagne, que *L'aîné ne devait répondre dessaisi* (563, n° c°).

Il avait seul toutes les actions héréditaires, et les puînés étaient non recevables en justice tant qu'il y avait un aîné saisi. D'Argentré résume ainsi l'esprit de ces dispositions :

« Hæc dispositio est non posse secundogenitum concludere in possessorio contra primogenitum; cum possessio apud primogenitum sit, auctoritatem habens a consuetudine, et possessio apud duo esse non potest : sed via actionis et familiæ erciscundæ agere debet secundo genitus, omissa possessoria actione » (s. l'art. 513, anc. c.)

Quelques coutumes, telles que celle de Bretagne, refusaient la première saisine aux collatéraux, pour l'attribuer à 'a justice, dont ces successibles devaient le recevoir.

Telle était la doctrine de Masuer (ch. XXXII) :

« Les biens de celui qui est décédé sans enfants naturels et légitimes ont accoutumé et doivent estre mis en la main du seigneur. Mais main-levée en doit estre faite à l'héritier, après qu'il a prouvé son degré de parentage. Autre chose seroit, s'il y avoit enfants, car ce sont les vrais héritiers. »

B. Quant à l'infériorité des successibles du sexe féminin, les coutumes variaient beaucoup, quant au caractère plus ou moins absolu de l'exclusion dont elles frappaient les femmes.

Au point de vue de la saisine, il suffit de rappeler celles qui excluaient les filles mariées noblement de la succession de l'ascendant qui les avait mariées, ou même des successions collatérales, soit en vertu d'une renonciation expresse, soit aux termes de la coutume; soit absolument, soit sous la réserve de leur légitime.

On peut poser en principe que, par sa renonciation contractuelle à la succession, la fille avait perdu tout droit à la saisine, pour supplément de légitime (Dum., Cons. 55).

Mais le *rappel* fait soit par contrat de mariage, soit par testament (suivant les dispositions des coutumes), pouvait lever cet obstacle : le rappel faisait un héritier ou un légataire; quand il faisait un héritier, la fille rappelée se trouvait naturellement saisie de sa part.

Les opinions étaient très-partagées sur ce point.

Suivant Lebrun (liv. III, ch. VIII), le rappel levait un obstacle et faisait rentrer la fille dans tous les droits qu'elle tenait de la nature.

Suivant Coquille (q. 129), les exclusions coutumières découlaient *ex mera patris voluntate*, volonté qui pouvait changer et restituter au patrimoine sa dévolution naturelle.

Dumoulin a fait une observation générale sur l'exclusion des filles dotées : « Quidam magni nominis putant hanc consuetudinem intelligi suspensive non autem exclusive, sed errant. Ad futuras ergo successiones desinet hæc filia esse inhabilis, postquam defecerint masculi, sed non ad præteritas » (*s. Bourgogne*, VII, 12).

Lebrun remarque que la doctrine réfutée par Dumoulin aurait eu pour effet de rendre les partages provisionnels, et de créer au profit des filles un ordre de succession rétroactif. Rien n'eût été plus opposé à la règle : *Le mort saisit le vif*, car, en principe, le vif n'est saisi que des choses dont le *de cujus* est mort saisi et tenant.

XLIX. De la légitime des enfants.

Les coutumes réservent en général aux enfants, dans le patrimoine de leurs parents, une portion légitime équivalente à la moitié de la portion qui leur serait échue *ab intestat*, et qui devait leur être laissée franche de toutes charges autres que les dettes proprement dites. Suivant Pothier et Laurière, le légitimaire était saisi de plein droit de cette portion.

Il en résultait deux conséquences :

1° Les donations entre vifs qui portaient atteinte à la légitime étaient censées réduites, au jour du décès, à la quotité disponible au profit des réservataires ; les fruits ou intérêts des choses qui faisaient l'objet de la réduction étaient dus à partir de la même époque, et le montant de la légitime se calculait sur la valeur des biens au jour de l'ouverture de la succession.

2° Comme le légitimaire devait recueillir certainement une portion notable du patrimoine, cette portion entraînait le reste de la succession dans la saisine héréditaire du légitimaire; et le légataire, quelle que fût l'étendue de son titre, n'avait que des droits secondaires, et devait se pourvoir par action pour obtenir la délivrance.

Une considération semblable peut expliquer comment, dans certaines coutumes, l'aîné noble était considéré comme seul héritier, seul représentant du défunt, activement et passivement, seul saisi de la succession. Ses portions avantageuses entraînaient dans sa saisine le reste du patrimoine, dont il faisait ensuite la répartition à ses puînés.

En tout cas, on peut considérer le préciput de l'aîné comme une sorte de légitime coutumière qui saisit le préciputaire du jour de la mort, nonobstant toute disposition, bien que dans les rapports de l'aîné avec ses puînés on regarde le préciput comme un prélegs (Laur., art. 16). Ce dernier auteur, qui insiste sur cette qualité du préciput, n'hésite pas à le compter dans la légitime de l'aîné dès qu'il s'agit de l'opposer aux dispositions réductibles (298).

Dans le cas même où le droit d'aînesse doit céder à la légitime des puînés, aux termes de l'art. 17, et d'après l'opinion de Dumoulin, la saisine de l'aîné subsiste entière. En effet, quand il n'y a dans la succession qu'une maison féodale : « Respectu fratrum et coheredum suorum bene tenetur illud computare et conferre, nedum in suam legitimam sed in legitimam coheredum, quando et quatenus non supersunt alia bona, quibus capi et perfici possit legitima. »

Mais quant à la saisine, la disposition de la coutume doit être interprétée en faveur de l'aîné : il n'est pas tout d'abord certain s'il reste ou non des biens suffisants pour parfaire la légitime des puînés, ni à quelle quotité elle pourra s'élever. Ceux-ci ne peuvent donc pas être réputés immédiatement propriétaires ou possesseurs d'une portion quelconque de ce manoir unique. Mais l'aîné sera saisi comme propriétaire et possesseur de la totalité, sauf l'obligation de fournir la légitime aux puînés. S'il s'y refuse, il faut admettre que les puînés ont non-seulement la voie d'action personnelle pour obtenir leur légitime, mais qu'ils peuvent recourir aux actions pétitoires et même possessoires, bien que l'aîné ne soit pas tenu de fournir leur légitime en nature (Dum., § 13, n°⁵ 12, 13, 16).

L. Des réserves coutumières.

Entre la légitime et le préciput des aînés, il y avait cette différence notable, c'est que le préciput ne pouvait réduire les donations entre vifs faites par le père à des étrangers; de sorte que le préciput de l'aîné avait pour objet, à proprement parler, une portion des biens dont le *de cujus* était mort saisi et tenant.

Ce caractère du préciput de l'aîné est pareillement

celui de la réserve coutumière, qui assurait aux lignagers du *de cujus* les quatre cinquièmes des propres de leur ligne respective ; car cette réserve ne portait que sur les propres possédés par le défunt au moment de sa mort, et ne limitait que sa faculté de disposer par testament (Duplessis, liv. III, ch. 1, sect. 3).

La réserve coutumière des quatre-quints différait ainsi beaucoup de la légitime, et pouvait se réunir avec cette dernière dans la vocation d'une même personne, pour constituer à son profit une alternative. Ainsi le fils du *de cujus* pouvait choisir, entre la qualité de légitimaire *jure sanguinis* et celle de lignager, celle qui lui assurait les droits les plus étendus sur le patrimoine de son auteur.

L'héritier des quatre-quints à titre de réserve était saisi de toute l'hérédité contre le légataire, qui devait se pourvoir par voie d'action. Mais il n'était saisi irrévocablement que des quatre-quints des propres auxquels il pouvait se tenir, en abandonnant l'autre cinquième aux légataires. Ainsi la règle coutumière : « Institution d'héritier n'a point de lieu, » se traduisait en ce sens, que le testateur ne pouvait faire qu'un légataire.

Mais il en était autrement sous l'empire des coutumes où l'influence du droit romain avait fait admettre les institutions testamentaires. La Coutume de Bourgogne, par exemple, accordait la saisine à l'héritier institué ; en sorte que ce dernier se trouvait saisi des deux tiers de l'hérédité, concurremment avec le fils du testateur, qui était saisi de l'autre tiers en qualité de légitimaire (VII, 4).

Le point de contact entre les principes coutumiers et

ceux du droit romain se révèle plus spécialement dans la Coutume de Berry, rédigée sous l'influence du président Liset, grand partisan des maximes romaines. Sous cette coutume, l'héritier institué pour le tout avait la saisine; institué pour partie, il ne l'avait pas de plein droit. Mais s'il s'était mis spontanément en possession de sa part, il ne pouvait être dessaisi, et pouvait invoquer les garanties possessoires : « Aditio non male facta per Lisetum, sed prius solus veniens ab intestato erit in solidum saisitus. » (Dum., s. *Berry*, XVIII, 7.)

Quant aux pays *de droit écrit*, toute question sur l'étendue des droits respectifs entre l'héritier du sang et l'institué était décidée en faveur du premier, par les principes du droit romain.

Il était seul héritier proprement dit, et jouissait de la saisine en vertu de la maxime coutumière qui s'était introduite dans la doctrine.

Les anciens coutumiers des pays de nantissement avaient conservé les traces du droit rigoureux des Assises de Jérusalem. La saisine n'était acquise avec tous ses effets au plus prochain héritier que sous la condition de la requérir : s'il mourait avant d'avoir fait cette démarche, il ne transmettait rien à ses propres successibles.

« Ly hoire n'acquiert mie saisine, se li père ne li acquiert; de ly mesmes le frères ainsné n'acquiert nul droit à son hoir, se il ne requiert prime saisine, car ainsnéesse ne vaut néant sans saizine. » (*Anc. Cout. de Ponthieu*, etc., 14ᵉ siècle, p. 107, § 3.)

LI. Du douaire considéré comme réserve des enfants, et des réserves résultant de l'édit des secondes noces.

La constitution primitive du douaire, qui se faisait au moment de la célébration du mariage, en donnant à la femme un droit actuel sur les immeubles du mari, le fit sans doute considérer comme inaliénable pendant la vie de celui-ci, à l'égard de ses créanciers. D'après son idée primitive, c'était un droit de veuve qui ne se réalisait qu'au moment de la mort du mari, et qui consistait dans un droit de jouissance viagère, au profit de la femme survivante, sur la moitié de tous les immeubles possédés par le mari *die matrimonii*, et sur la moitié de tous les héritages qui lui étaient échus en ligne directe jusqu'à son décès. En conséquence, « jamais mari ne paya douaire. » D'un autre côté, en se réalisant par le décès, le douaire ne faisait pas sortir les biens de l'hérédité du mari ; ses héritiers étaient saisis de la nue-propriété, en même temps que la femme était saisie de la jouissance.

A. En changeant la destination de cette réserve, le prédécès de la femme n'empêchait pas que le douaire n'eût son effet au profit des enfants issus du mariage ; ceux-ci recueillaient cette quotité de biens dans la succession de leur père, à titre de réserve coutumière (Loysel, I, iii, 23).

La maxime : « Jamais mari ne paya douaire » devait prévenir une interprétation exagérée, qui eût fait considérer le père non-seulement comme débiteur du douaire *ad diem obitus*, mais comme dessaisi au profit de sa femme et des enfants *a die matrimonii*; de sorte que le père de son vivant, et notamment après le décès de la femme, n'aurait plus été qu'usufruitier de cette quotité de biens, dont les enfants auraient été nu-propriétaires. Telle était cependant la doctrine de l'Ancienne Coutume du Nivernais, attestée par Coquille (XXIV, 8).

La conséquence de cette doctrine eût été que les enfants, venant à décéder avant leur père, auraient transmis ce droit à leurs héritiers autres que leurs enfants (hic Dumoulin).

B. Dans la réalité, les enfants étaient saisis du douaire seulement au jour du décès de leur père, s'ils voulaient profiter de cette réserve. Comme, par destination, le douaire était exempt des dettes du *de cujus*, il en résultait que les qualités de douairier et d'héritier ou *habens causam* étaient incompatibles; car, si les enfants se portaient héritiers, ils se trouvaient saisis collectivement du patrimoine sous la charge des dettes, et il ne pouvait plus être question de douaire.

En vertu de ces principes, Dumoulin rejetait comme anormal l'article 162 de la Coutume de Sens, aux termes duquel les enfants n'auraient eu aucun droit de douaire personnel, au cas de prédécès de leur mère.

Il y avait quelque intérêt à regarder les enfants comme saisis de la nue-propriété du douaire par la mort du père, bien que la saisine usufructuaire fût acquise à leur mère. Le douaire étant considéré comme héritage paternel, il en résultait que les enfants pouvaient se dire héritiers de leur mère et douairiers de leur père. La mort de la veuve, au lieu d'ouvrir à leur profit la succession à la nue-propriété, opérait seulement la consolidation. De plus, les enfants étant saisis du vivant de leur mère, la prescription pouvait courir contre eux (Duplessis, *s. Senlis*, 177).

C. A l'égard du droit des enfants sur les biens de leurs père et mère remariés, l'édit des secondes noces ne leur accordait en principe qu'une action révocatoire contre les tiers détenteurs ou le deuxième mari, au profit desquels aurait eu lieu l'aliénation faite en contravention à cet édit.

Mais on ne peut dire que les enfants aient jamais pu prétendre à la saisine de ces biens.

En effet, lorsque l'action s'ouvrait en vertu du premier chef de l'édit, lors du décès de la mère remariée, celle-ci ne pouvait être considérée comme saisie de ces biens *die mortis*; et, de plus, les enfants recueillaient ces biens en qualité de biens paternels, et non à titre d'héritiers de leur mère.

Quant aux biens que les enfants pouvaient réclamer, aux termes du second chef de cet édit, ils ne faisaient pas non plus partie de la succession de l'ascendant remarié, puisque l'application de l'édit supposait qu'ils étaient sortis de son patrimoine.

LII. Saisine de l'exécuteur testamentaire.

L'esprit du droit coutumier sur la saisine se révèle dans l'application qu'on en fit à l'exécution testamentaire, à raison de son but et de son objet.

Le testateur pouvait confier l'exécution de son testament à une personne de son choix, et lui conférer la saisine du mobilier héréditaire, pendant l'an et jour à compter de son décès, à la charge par cette personne de faire inventaire. (V. Loysel, II, iv, 15.)

A. Si, à une époque relativement moderne, l'exécution testamentaire fut restreinte à l'acquittement des legs, il ne faut pas perdre de vue que primitivement elle avait également pour objet le paiement des dettes du testateur : les arrêts consignés dans les *Olim* renvoient presque toujours les créanciers à se pourvoir près de l'exécuteur testamentaire saisi des meubles, et attestent l'étendue de ses pouvoirs. D'un autre côté, le testament de Jeanne de Châtillon, de l'an 1295, qui servit de modèle aux actes postérieurs, renferme le paiement des dettes dans l'exécution testamentaire; et Ricard nous enseigne comment les ecclésiastiques, qui avaient entrepris la direction et la connaissance des testaments, avaient introduit cette clause comme essentielle dans les testaments (*Des donat.*, p. II, ch. ii, gl. v, n° 79).

B. En conséquence, la saisine de l'exécuteur testamentaire se trouvait opposée à celle de l'héritier, dans l'intérêt des tiers; l'héritier ne pouvait donc, à défaut de la volonté expresse du testateur, faire cesser cette saisine en offrant à l'exécuteur une somme suffisante pour le paiement des legs. La coutume, en donnant à ce dernier, comme un dépôt, la saisine des meubles en général, avait prévu que les créanciers auraient la faculté d'arrêter le mobilier avant la délivrance des legs; dans cette position, si l'exécuteur testamentaire avait dû se contenter d'une somme déterminée, la moindre créance inconnue à laquelle il aurait fallu satisfaire eût fait brèche à la suffisance. Du reste, la plupart des coutumes limitaient cette saisine au mobilier; quelques-unes seulement l'étendaient de plein droit aux acquêts, ou même subsidiairement sur les propres. (V. *Rev. de lég.*, t. XXX, p. 61.)

C. Avant que les coutumes n'eussent fait de cet usage une institution positive et n'eussent attribué la saisine de plein droit à l'exécuteur testamentaire, les rédacteurs des testaments s'étaient appliqués à trouver un moyen d'enlever la saisine légale aux héritiers.

Ainsi, nous voyons, par le testament de Jeanne de Châtillon, que la testatrice se constitue possesseur au nom de l'exécuteur et pour lui :

« Desquels meubles et héritages je baille la saisine à mes exécuteurs, et me établis possesseresse au nom d'aus et pour aus, et connois que celle possession comme j'en ai, ou aurai, ou sera trouvé par devers moi au temps de ma mort, que je l'ai, et aurai, et avoue à avoir en nom d'aus, et veuil qu'après ma mort la possession recours à aus.... » (V. Laur., art. 297.)

Les termes du testament de Jeanne de Sancerre (1307) sont aussi explicites et rattachent la tradition de la saisine à celle des tables du testament : « Me de meis bonis mobilibus, conquestibus et quinta totius terræ, et hereditatis meæ, in manu dictorum executorum dissaisiens, ipsosque et quemlibet ipsorum investiens, per traditionem præsentem litterarum. » (Cf. *Gr. Cout.*, II, ch. II, p. 140; ap. Laur., l. cit.)

D. *De l'obligation de faire inventaire.* — On conçoit que cette saisine, accordée à l'exécuteur testamentaire dans un intérêt qui n'était pas le sien, devait être subordonnée à certaines garanties.

L'exécuteur doit faire inventaire, et ne peut se dire saisi avant l'inventaire, dit Ricard. Ces expressions, trop absolues, signifient seulement que le défaut d'inventaire entraîne privation de la saisine, car elle appartient à l'exécuteur *a die obitus*.

« Par arrest, se aucun exécuteur de testament n'a mis à l'inventaire tous les biens qui y doivent estre mis, il doit estre privé du fait de l'exécution, et avec ce il doit amende. » (Desmares.)

Nous devons insister sur cette obligation de faire inventaire, qui est le seul contre-poids et la seule garantie d'une prérogative aussi importante que la saisine de plein droit.

L'obligation de faire inventaire, considérée dans son principe, est en général imposée à une personne dans l'intérêt d'un tiers, afin de maintenir une distinction entre ses biens personnels et d'autres biens affectés à certaines charges; et le défaut de cette garantie a pour effet d'obliger les biens de cette personne aux charges dont il s'agit. En sorte que nous pouvons dire qu'il y a alternative entre ces idées : la faculté légale de prendre possession de l'hérédité avec l'obligation de faire inventaire, ou celle d'en acquitter les charges sur ses biens personnels.

Or, si au sujet de l'exécuteur testamentaire il est question seulement de la nécessité de faire inventaire, c'est que sa qualité essentielle n'est pas d'être obligé aux charges de l'hérédité ; on ne pouvait donner aux héritiers et aux créanciers de garantie plus efficace que celle de l'inventaire.

Au contraire, celui qui profite de l'émolument de la succession comme héritier est présumé avant tout s'obliger aux dettes, et le bénéfice d'inventaire est une pure faveur. Sa qualité d'héritier est donc une suffisante garantie pour les créanciers, et il est naturel et légitime de l'autoriser à prendre possession des biens héréditaires qu'il administre pour son compte ; il n'a point, d'ailleurs, de garantie à prendre contre lui-même.

Mais, si l'on peut conclure légitimement de ce qu'une personne est obligée indéfiniment aux dettes, qu'elle jouit de la saisine de plein droit, on ne saurait conclure également de la saisine de plein droit à l'obligation aux dettes, pas plus qu'on ne devrait associer ces deux idées négatives qu'une personne n'est point obligée aux dettes, partant, qu'elle n'a pas la saisine.

E. La saisine était accordée à l'exécuteur testamentaire contre l'héritier en faveur des légataires, et l'obligation de faire inventaire lui était imposée dans l'intérêt de ces deux ordres de personnes. Les héritiers, en effet, ne cessaient pas pour cela d'être tenus indéfiniment des dettes héréditaires, et la Coutume de Paris (297) leur donnait le droit de contrôler la gestion de l'exécuteur.

Mais, comme le dit Ricard, la saisine de l'exécuteur testamentaire ne contrariait et n'excluait celle de l'héritier que dans l'intérêt et dans les limites du mandat. L'héritier pouvait donc intenter complainte pour l'universalité de la succession, sans que l'exécuteur pût s'y opposer; en dehors de l'intérêt des légataires, ce dernier possédait *nomine heredis* et représentait l'hérédité :

« Hæc consuetudo non facit quin heres sit saisitus ut dominus, sed operatur quod executor potest ipse manum ponere et apprehendere; et etiam executor non est verus possessor et nisi ut procurator tantum.

« Quidam executor contendebat se esse saisitum contra viduam, tum quia repræsentabat defunctum qui erat saisitus de communibus, tum quia debebat solvere debita in totum, saltem secundum ea quorum creditores viri fidem secuti sunt, tum quia dignior.

« Sed ego contra, quod tantum heredem vel hereditatem repræsentat; et ita judicatum *es requestes*. » (Dum., s. l'art. 95.)

LIII. De divers modes suivant lesquels le testateur pouvait détourner la saisine héréditaire.

Dans certaines coutumes du nord (Artois-Hainaut), où les formalités de saisine et de dessaisine furent toujours rigoureusement observées, nous trouvons des institutions que l'on peut rattacher à l'exécution testamentaire du droit commun, qui n'avait pour objet que la fortune mobilière. Elles avaient pour but de détourner la saisine sur les immeubles héréditaires de la voie tracée par la coutume, et de donner au disposant les moyens d'en priver ses héritiers légitimes au profit d'un étranger, directement ou indirectement.

A. *De la clause privative.* — Le testateur déclarait que si ses héritiers contrevenaient à sa volonté ou réclamaient leurs réserves coutumières, dont il disposait à leur préjudice, il les privait de tous ses biens libres en faveur du légataire (*Ch. gén. Hainaut,* art. 32; ap. Merlin, h. verbo).

L'héritier se trouvait placé dans la nécessité d'opter entre ce qui lui était laissé par testament et ce que la loi lui permettait de réclamer.

Mais on comprend que, si le mobilier du testateur ne pouvait entrer en balance avec l'immeuble dont il voulait disposer, l'héritier devait préférer opter pour ses droits coutumiers et renoncer aux meubles.

B. *De la déshéritance.* — En principe, la *déshéritance* était un acte par lequel tout propriétaire capable d'aliéner se déshéritait ou se dessaisissait d'un héritage entre les mains des juges fonciers de la situation, pour qu'il fût vendu dans l'année de son décès, à la diligence des exécuteurs testamentaires, et que le prix en fût donné à celui qu'il voulait gratifier (Merlin, v° *Cond. de manb.*, § 1, 3°).

Ainsi, ce n'était pas l'immeuble *in specie* que recueillait le donataire.

Faute par les exécuteurs d'avoir vendu l'immeuble dans l'année du décès, la déshéritance devenait caduque, et la saisine de l'héritier reprenait le dessus à l'expiration de celle des exécuteurs, à moins que ces derniers n'eussent obtenu une prolongation de délai.

C. *Des rapports à loi.* — Cette manière de disposer de ses immeubles en nature, usitée en Cambrésis, consistait dans un dessaisissement et un ensaisinement corrélatifs nécessaires pour intervertir la dévolution légitime de la saisine héréditaire.

Le disposant *rapportait* son immeuble entre les mains des juges fonciers de la situation et exprimait sa volonté par disposition testamentaire. Le destinataire devait en prendre adhéritance *en dedans l'an après le trépas des rapportants;* autrement, après ledit trépas, tels rapports cessent et ne portent plus d'effet (Merlin, v° *Rapp. à loi*, § 3).

On voit également par cette disposition que la saisine dont pouvait disposer le testateur, au préjudice de ses héritiers, ne pouvait durer plus d'un an; pour acquérir un droit incommutable, le destinataire devait recourir aux formes *des devoirs de loi.*

Du reste, pendant l'année du décès, la saisine donnée par le *de cujus* avait pour effet de donner au destinataire un droit aux fruits de l'immeuble (cod., §6); et, s'il mourait dans le même délai, ses propres successibles jouissaient des mêmes droits que lui et se trouvaient soumis à la même déchéance.

D. *Condition de manbournie.* — On entendait par ces mots, dans la Coutume du chef-lieu de Mons, un acte par lequel un propriétaire capable de disposer se déshéritait de son héritage de *main ferme* entre les mains des majeurs et échevins de la seigneurie dont il était tenu, et en faisait adhériter une espèce de gardien que l'on nommait *manbour*, à l'effet que cet héritage suivît, soit en succession, soit en disposition, des conditions ou règles différentes de celles qui étaient prescrites par la loi (Merlin, v° *C. de m.*, § 1, 4°).

Dans la combinaison de cet usage avec l'Ordonnance de 1731, on avait distingué la disposition proprement dite qui devait résulter d'un testament, du transfert par déshéritance et adhéritance.

Mais il paraît que, dans le chef-lieu de Mons, on ne pouvait conditionner un héritage pour appartenir, après le décès du disposant, à celui qu'il nommerait par son testament ou codicille : il fallait désigner nommément, dans les devoirs de loi, la personne au profit de qui se faisait la condition de manbournie (Merlin, h. v°).

On peut dire que le manbour était, par rapport aux immeubles, ce qu'était l'exécuteur testamentaire pour les meubles, c'est-à-dire l'intermédiaire nécessaire, sur lequel devait reposer la saisine dont le testateur voulait dépouiller son héritier.

LIV. Corrélation de la saisine et de l'obligation de payer les dettes.

Ces rapports, que nous avons déjà signalés à l'occasion de l'exécuteur testamentaire, peuvent servir à expliquer les différences existantes entre le droit coutumier et le droit écrit sur les obligations des héritiers institués.

D'après le droit coutumier, l'étendue du titre héréditaire proprement dit donne la mesure des obligations du successeur, indépendamment de la quotité des biens relative qu'il pourra recueillir en définitive. Ainsi, la présence d'un légataire universel ou à titre universel, à qui l'héritier devait remettre une quote-part de l'actif, n'empêchait pas que ce dernier ne fût tenu des dettes héréditaires, à l'égard des créanciers, pour la part dont les droits du sang le faisaient héritier. Il n'avait qu'un droit de recours à exercer contre le légataire, qui devait en définitive supporter sa quote-part des charges. L'héritier était saisi *a die mortis* activement et passivement, et la délivrance qu'il faisait du legs ne le *désobligeait* pas à l'égard des créanciers.

De même, sous l'empire de la Coutume de Nivernais (Coquille, q. 287), comme les ascendants du *de cujus* qui ne laissait pas d'enfants succédaient aux meubles et acquêts et en avaient la saisine, ils étaient tenus des dettes envers les créanciers, bien qu'ils eussent un recours contre les véritables héritiers.

La conséquence naturelle de ces principes, c'est que le légataire devait demander la délivrance de son legs à l'héritier du sang, seul véritable représentant du défunt, seul saisi du patrimoine.

Ainsi, dans les coutumes où l'aîné est seul chargé des dettes (Bret., 563, n. c.), nous voyons qu'il était seul saisi et que les puînés devaient lui demander la délivrance.

Ricard décidait, dans le même esprit :

Que le testateur ne pouvait saisir le légataire universel par une disposition de sa volonté ;

Que la possession de fait dont se trouvait saisi le légataire ne le dispensait pas de demander la délivrance, et que l'héritier du sang pouvait être ressaisi dans l'an et jour, quand même cette délivrance eût été accordée du consentement de l'exécuteur testamentaire (suiv. Masuer, *De possessorio*);

Enfin, que le cohéritier n'était pas saisi du prélegs fait en sa faveur outre sa part héréditaire (Ricard, p. II, sect. II).

Ainsi « testator jus non dividit, sed bona, et quando ex certis bonis sunt instituti heredes, tamen omnes æqualiter heredes sunt. »

En effet, l'héritier du sang avait toute la responsabilité, était tenu de toutes les charges qui devaient être acquittées avant les legs. Rien de plus naturel qu'on lui donnât tous les moyens de satisfaire à ses obligations, notamment en lui accordant la saisine de chacun des effets de la succession contre un légataire irresponsable, et en l'autorisant à les faire rentrer au besoin sous sa surveillance. Et, en tous cas, il avait toujours le droit de retenir, sur le montant du legs universel, ce qui était nécessaire pour acquitter la portion des dettes correspondante à l'émolument.

Quand on admettrait, avec Ricard, que les légataires et donataires universels pouvaient être actionnés directement par les créanciers pour le paiement de leur quote-part dans les dettes, le principe ne serait pas ébranlé; car ils seraient seulement tenus comme détenteurs d'une certaine portion de biens, jusqu'à concurrence de l'émolument, obligation limitée qui n'eût pas été suffisante pour leur faire accorder la saisine parallèlement à l'héritier du sang, dont la responsabilité était illimitée (Ricard, p. III, ch. xi, n°⁸ 1513, 1516).

Le premier arrêt qui donna aux créanciers une action directe contre le légataire universel est l'arrêt dit *des Boulards*, de 1562, qui, avec celui de 1564, servit à la réformation de la Coutume de Paris, en 1580. L'art. 334 de cette coutume était d'ailleurs conforme au principe général, en vertu duquel on regardait les dettes comme charge spéciale des meubles et acquêts. Mais l'intérêt du légataire n'était jamais que secondaire à l'égard de celui de l'héritier. Celui-ci avait spécialement intérêt à être ressaisi en cas d'acceptation bénéficiaire, soit lorsqu'il y avait dans la succession des dettes qui devaient réduire les legs, soit lorsque le testateur avait excédé dans sa disposition le quint des propres.

LV. Saisine de l'héritier testamentaire du droit écrit.

Les observations précédentes suffisent pour expliquer comment la saisine de plein droit fut accordée à l'héritier institué dans les provinces de droit écrit.

Dans ces provinces, l'héritier institué était subrogé au lieu de l'héritier *ab intestat*, et le testament était une loi particulière substituée à la règle coutumière. Dès lors, plus de différence entre les deux qualités, et l'héritier institué était tenu des dettes indéfiniment comme l'héritier coutumier : comme ce dernier, il devait donc avoir la saisine exclusivement.

Aussi, les droits des légitimaires et des réservataires, qui, dans les principes coutumiers, entraînaient à eux la saisine de la succession, parce qu'ils constituaient essentiellement des droits héréditaires, n'avaient plus le même caractère dans les provinces de droit écrit.

Comme l'institution d'héritier y était aussi exclusive contre toute personne non instituée que la qualité d'héritier du sang des coutumes, il en résultait que la légitime passait seulement pour une charge de la succession.

Ainsi, le légitimaire ne pouvait être tenu du paiement des legs, non plus que des dettes, soit envers les créanciers, soit envers ses cohéritiers ; en un mot, la légitime n'était pas *portio hereditatis*, mais une portion des biens, les dettes déduites (Merlin, v° *Légitime*).

Un arrêt de Toulouse, du 10 février 1596, jugea en conséquence que l'institution (le legs) en cinq sols était valable en faveur de l'héritier du sang, et que la légitime lui était censée léguée, puisqu'il pouvait en demander le supplément par voie d'action.

LVI. Connexion des qualités d'héritier saisi et d'héritier légitimaire.

A. Dans cet ordre d'idées, le raisonnement de Merlin est juste, quand il déclare impossible que l'ayant droit réclame son supplément de légitime en qualité d'héritier. Mais il va trop loin, quand il généralise cette doctrine.

Comme, d'après le droit coutumier, l'institution d'héritier faisait tout au plus un légataire, il était de toute nécessité que la saisine passât au légitimaire chargé de la délivrance des legs, et qui, les dettes payées, devait retenir sa légitime en vertu de sa saisine et de sa qualité d'enfant. Il était donc à la fois légitimaire et héritier, tenu indéfiniment des dettes, à moins qu'il ne renonçât, auquel cas il ne pouvait plus être question pour lui de légitime ou de saisine.

Le droit coutumier différait, d'ailleurs, essentiellement du droit écrit, en ce que le premier avait rejeté la plainte d'inofficiosité et maintenu le testament inofficieux, dont les dispositions devaient être réduites au taux de la quotité disponible. On considérait donc avant tout que le légitimaire était héritier : chargé de délivrer les legs, comme saisi, il demeurait tel, quelle que fût la volonté du *de cujus*.

Il faut donc attacher peu d'importance aux textes du président Favre et de Furgole, qui regardent le légitimaire comme un légataire, non plus qu'aux dispositions des Coutumes de Berry et de Bourgogne, empreintes de l'esprit du droit romain. Encore, cette Coutume de Berry, tout en attribuant la saisine à l'héritier institué, pour éviter circuit, fait la part de l'héritier du sang, qu'elle déclare saisi de la moitié des biens du défunt (ch. XVIII, art. v), en qualité d'héritier *ab intestat*. Telle était l'opinion de Dumoulin, de Papon, dont Merlin donne des citations, et celle de Coquille : « L'enfant peut et doit demander sa légitime comme héritier, et, outre l'honneur qui y est, le profit y est, à cause du droit d'accroissement et des remèdes et provisions possessoires introduites par nos coutumes en faveur des héritiers..... Donques l'enfant qui n'a pas sa légitime prendra la qualité d'héritier en sa légitime, et requerra être maintenu et gardé en possession d'icelle et à fin de recréance. »

B. Quant à la question de savoir dans quel cas la légitime saisit, et dans quel cas elle ne donne qu'une action, il faut distinguer si elle a pour objet de réduire les dispositions testamentaires, ou bien de faire révoquer des donations entre vifs.

Au premier cas, la légitime est un droit résultant de la qualité d'héritier qui porte sur des biens de la succession; le légitimaire en a la saisine contre ses cohéritiers ou les légataires, dont la vocation serait réductible.

Cette proposition ressort nettement de l'hypothèse où l'on suppose que le cohéritier du légitimaire aurait aliéné les biens à lui légués, sujets à réduction : dans ce cas, le légitimaire est-il obligé de discuter ceux qui restent dans la succession (aux termes de l'art. 34 de l'ord. de 1731), avant de se pourvoir contre les tiers acquéreurs? Lebrun tient pour la négative, parce que, *a die mortis*, le légitimaire a acquis un droit réel sur tous les biens existants dans la succession : il a droit au partage par le sort; c'est donc un véritable héritier qui peut faire valoir sa saisine sur tous les biens héréditaires *in specie*. (Sic Merlin, v° *Lég.*, sect. VIII, § II, a. 1.)

Mais, lorsque la réduction doit porter sur des biens

donnés entre vifs par le *de cujus*, le légitimaire évidemment ne peut se dire saisi.

Encore, dans ce cas, la Coutume de Senlis (art. 161) donnait aux légitimaires sur les biens donnés une hypothèque qui n'est pas tout à fait étrangère à l'idée de saisine.

LVII. Des substitutions au point de vue de la saisine.

La différence entre le droit français et le droit romain était que, dans le premier, les substitutions avaient plutôt le caractère de fidéicommis, dans l'intérêt de la conservation des biens au profit des lignagers, que celui d'une substitution vulgaire.

Dans cette situation, la question de saisine devait s'élever entre les substitués et les héritiers légitimes du premier institué, qui se prétendaient saisis légalement de ce dont leur auteur était mort saisi et tenant.

Comme il était de l'essence du fidéicommis qu'il fût fourni de la main de l'héritier de l'institué, et qu'il devait être demandé par le fidéicommissaire, pour qu'il acquît un droit aux fruits, l'opinion générale des auteurs les plus accrédités du parlement de Toulouse était que le fidéicommissaire ne pouvait intenter d'actions contre les tiers, qu'après avoir obtenu la reconnaissance de son droit au moyen d'une action en délivrance.

En effet, la délivrance consistait simplement dans la reconnaissance du droit obtenue des grevés, et embrassait dès lors la masse des biens substitués, sans qu'une prise de possession effective fût nécessaire de la part des fidéicommissaires, pour la rendre complète à l'égard des tiers : cette condition remplie, ils pouvaient se dire saisis envers et contre tous, au possessoire comme au pétitoire.

La mort du grevé n'avait d'autre effet que d'ouvrir le droit du substitué, et de le mettre à même de réaliser sa vocation par l'acceptation et par une demande en délivrance : mais l'ouverture du droit en sa personne le rendait transmissible à ses propres héritiers, avant qu'il l'eût réalisé.

Tels étaient les vrais principes, aux termes desquels les héritiers du grevé avaient la saisine provisoire des biens substitués et en conservaient la jouissance durant la liquidation provisoire des droits des fidéicommissaires.

Cependant, un arrêt de 1586, rapporté par Louet (S, n° 9), avait maintenu les substitués dans la possession qu'ils avaient prise, de leur propre autorité, des biens objet de la substitution, au préjudice de tiers détenteurs qui les avaient acquis du grevé. De même, l'arrêt de Lavalette, 1848.

La doctrine exorbitante de ces arrêts était même consacrée par l'ordonnance d'Espagne, qui attribuait aux aînés la possession des biens substitués, *etiamsi ab aliis occupata fuerint* (Legrand, s. *Troyes*, art. 90, n° 55).

Mais l'ordonnance de 1747 avait rétabli les véritables principes, suivant lesquels l'ouverture du fidéicommis ne rendait le substitué ni propriétaire, ni possesseur, ni habile à prétendre les fruits (Merlin, v° *Substit.*).

LVIII. De l'inventaire et du droit de délibérer.

A. A côté de la maxime coutumière, on avait admis un autre principe qui en restreignait la portée : *Il n'est héritier qui ne veut.* On permit donc au successible d'opter entre l'acceptation et la renonciation de la succession, de fixer irrévocablement par son acceptation tous les effets de la saisine, ou de les faire cesser par sa renonciation; et, pour s'éclairer sur les avantages de l'un ou de l'autre parti, on lui accorda un certain délai, que l'ordonnance de 1667 fixa à trois mois pour faire inventaire, et à 40 jours pour délibérer.

Pendant ce délai, la saisine héréditaire avait pour effet d'autoriser le successible à se mettre en possession des biens de la succession, sans que l'on pût induire de ce fait une acceptation définitive.

On ne lui impose aucune obligation, car il jouit de la saisine sans condition, et sa qualité d'héritier lui permet de s'engager indéfiniment.

Au contraire, nous avons vu que l'exécuteur testamentaire n'obtient la saisine que sous la condition de faire inventaire, parce qu'il ne possède pas pour lui-même. (V. supra, *Des exécuteurs testamentaires.*)

Nous pouvons tout d'abord conclure de ce rapprochement que l'héritier qui ne faisait pas inventaire dans le délai fixé se trouvait obligé indéfiniment à toutes les dettes de la succession; car, encore une fois, il était saisi sous cette alternative de présenter un inventaire où d'obliger ses biens personnels; dès lors on voit que l'inventaire n'est pas exclusif de la saisine, mais qu'il en est seulement la garantie; et nous sommes à même de résoudre cette question : Si la saisine héréditaire compète à l'héritier bénéficiaire comme à l'héritier pur et simple.

B. Les auteurs qui soulevaient cette question prétendaient en effet que l'héritier bénéficiaire n'était point un véritable héritier, mais seulement un administrateur, comme le curateur aux biens vacants ou le séquestre.

Mais cette doctrine était insoutenable, car l'héritier bénéficiaire pouvait être poursuivi personnellement et hypothécairement : il pouvait faire respecter sa saisine par les légataires.

Le droit d'invoquer ce bénéfice résultait soit de la loi municipale, comme dans les pays de droit écrit, où les délais accordés étaient de 30 jours pour l'inventaire et 60 jours pour délibérer; soit des lettres du prince, dans les pays de coutume, où le successible pouvait faire inventaire tant qu'il n'avait pas disposé des biens héréditaires.

C. Dans l'intervalle de temps entre l'ouverture de la succession et la prise de qualité, la saisine possessoire appartient au successible provisoirement, et, à proprement parler, en sa qualité d'habile à succéder délibérant.

Sa seule vocation lui donne le droit de délibérer, avec la saisine qui se distingue nettement du titre d'héritier ou du *dominium heredis titulo*.

Faute d'avoir fait cette distinction de qualités qui nous semble bien fondée, la doctrine des arrêtistes a toujours été très-flottante à l'égard des actes passés par l'héritier, dès qu'il s'agit de savoir s'ils constituent des actes d'immixtion *animo heredis* ou des actes d'urgence et d'administration.

Il était aussi difficile de prouver une immixtion caractérisée que de s'en défendre, en présence de l'article 317 de la Coutume de Paris, qui qualifiait acte d'héritier l'appréhension des biens du défunt; et cette autre formule : ***S'il prend de son autorité, il fait acte d'héritier***, est incompatible avec l'esprit de l'ordonnance qui lui permettait de faire inventaire et de délibérer pendant un délai total de plus de quatre mois. (V., au *Jour. du Palais*, un exposé des difficultés de la matière, t. 1, p. 570.)

En un mot, c'était lui accorder la saisine nominalement et lui interdire de profiter des prérogatives qu'elle comportait.

LIX. Conflit entre l'héritier bénéficiaire et ses cosuccessibles.

Ce qui pouvait faire penser que l'héritier bénéficiaire n'avait pas la saisine, c'est que la plupart des coutumes permettaient aux successibles du même degré, et quelquefois aux successibles des degrés plus éloignés, de se porter héritiers purs et simples, et d'exclure l'héritier bénéficiaire.

La Coutume de Paris n'accordait cette faculté que dans la ligne collatérale, et permettait au successible plus éloigné de se porter héritier pur et simple dans l'année de l'entérinement des lettres, à moins que, dans un autre délai de quarante jours à partir de la signification faite par ce prétendant, l'héritier bénéficiaire ne préférât renoncer au bénéfice d'inventaire. Sous la Coutume d'Orléans, la déchéance de ce bénéfice devait en outre être prononcée par une sentence (Pothier, s. *Orl.*, art. 341).

Il était constant sans doute que le nouveau venu était censé avoir eu la saisine du jour du décès, parce que le bénéficiaire était censé lui-même n'avoir jamais été héritier. Mais il n'en était pas moins vrai que, durant un certain laps de temps, le bénéficiaire avait fait des actes valables en conséquence de sa saisine de plein droit; que, pendant les quarante jours qui lui étaient accordés pour renoncer au bénéfice d'inventaire, il avait pu être maintenu en possession contre celui qui prétendait l'exclure. Et il a toujours été reconnu que deux saisines différentes ne pouvaient coëxister sur un même objet, au profit de deux personnes, dans un intérêt distinct.

D'ailleurs, la qualité de bénéficiaire n'était point par elle-même incompatible avec l'idée de saisine, puisque, dans le ressort de la cour de Toulouse, l'héritier bénéficiaire ne pouvait être exclu, et que, dans la plupart des coutumes, il ne pouvait l'être en ligne directe. Pothier et D'Argentré regardaient cet usage comme peu fondé en raison; aussi ne peut-on l'expliquer que comme l'effet naturel d'une clause de style ajoutée dans les lettres de chancellerie, qui accordaient le bénéfice d'inventaire sous la condition qu'il ne se présenterait pas d'héritier pur et simple.

Lebrun va donc beaucoup trop loin, quand il donne la saisine au successible plus éloigné contre l'héritier bénéficiaire, prétendant que ce dernier pourrait être regardé comme un successible de degré plus éloigné qui se serait emparé des biens de la succession, et contre lequel le plus proche intenterait complainte (liv. III, ch. 1).

Cette dernière erreur se rattache à cette opinion assez commune qui considère la saisine comme la faculté d'accepter la succession, et qui ne lui donne pas un sens suffisamment déterminé.

On a été frappé, en effet, de la différence entre les principes du droit romain et des conséquences des règles coutumières, au sujet de la transmission du droit d'accepter ou de renoncer; on a remarqué que, suivant le droit romain, *hereditas non adita non transmittitur*, au lieu que l'héritier coutumier transmettait en mourant à ses propres successibles le droit d'option qu'il avait sur une succession ouverte à son profit. C'est là un des effets particuliers de la règle coutumière, ou plutôt du principe de la copropriété de famille, mais non pas la saisine elle-même.

On a été induit facilement à voir dans celle-ci le caractère différentiel des héritiers coutumiers comparés aux héritiers romains, et par suite à décider que le successible plus éloigné, ayant la faculté d'accepter la succession à l'exclusion du bénéficiaire, jouissait également contre lui de la saisine héréditaire.

Si on eût accordé la saisine à cet héritier pur et simple, il aurait fallu l'autoriser, avec Lebrun, à former complainte contre l'héritier bénéficiaire; or, cette complainte eût été singulièrement paralysée par l'exception dilatoire de l'héritier bénéficiaire, qui pendant quarante jours pouvait se faire maintenir en possession. Ils ne pouvaient avoir la saisine concurremment, et l'héritier pur et simple l'acquérait seulement alors que l'héritier bénéficiaire avait encouru la déchéance. De même le légataire universel avait le droit d'accepter ou de répudier son legs : il transmettait cette option à ses successibles, mais il n'avait certainement pas la saisine contre l'héritier du sang tant qu'il n'avait pas obtenu la délivrance.

Enfin, il faut considérer que l'héritier bénéficiaire ne saurait être placé dans une position plus défavorable que l'indigne, contre lequel on pouvait faire valoir un droit d'exclusion beaucoup plus juridique; or, Lebrun lui-même accorde et maintient la saisine de ce dernier, tant qu'il n'a pas été dépouillé par une décision judiciaire.

LX. Rapport de la saisine avec le droit d'acceptation et de renonciation.

On a dit avec raison que l'hérédité coutumière était déférée au successible et venait au-devant de lui, en quelque sorte, au lieu que l'hérédité romaine appelait à elle le successible et lui demeurait étrangère, tant qu'il n'avait pas fait la démarche de l'adition. De sorte que l'héritier romain était héritier sous la condition suspensive de l'acceptation, au lieu que chez nous l'héritier reste tel sous la condition résolutoire de la renonciation. Cette distinction, élégante dans les termes, ne doit cependant pas être suivie rigoureusement dans toutes ses conséquences. Il en résulterait que l'héritier qui serait resté pendant trente ans dans l'inaction aurait laissé prescrire la faculté de renoncer, et se trouverait incommutablement héritier.

A. Sans rien préjuger sur l'esprit du Code civil à cet égard, nous devons convenir que les textes de l'ancienne jurisprudence accordaient une grande portée à cette maxime protectrice : *N'est héritier qui ne veut*, en conséquence de laquelle le successible en ligne directe ou collatérale qui s'était abstenu de la succession y demeurait étranger.

Ainsi Lebrun disait : « On n'a pas droit de dire contre un fils : *Filius, ergo heres*; ni conclure qu'il est héritier parce qu'il n'a pas renoncé. Encore un coup, c'est un abus que cela, qui n'a jamais eu cours que chez ceux qui ignoraient les véritables principes de notre jurisprudence, qui sont qu'il faut avoir accepté ou s'être immiscé pour être déclaré héritier, et qu'autrement le simple défaut d'une renonciation ne fait point un héritier en quelque ligne que ce soit... Il n'y a qu'une ou deux coutumes qui soient contraires à cela. » (Auv., ch. 32, art. 54.)

Les autres coutumes posent indéfiniment la maxime n'est héritier qui ne veut, « et n'est tenu de renoncer, ni faire aucune déclaration, s'il n'était ajourné pour déclarer s'il se veut porter héritier ou non, auquel

cas sera tenu d'accepter ou de répudier l'hérédité. »
(Poitou, 278.) En un mot, toute la jurisprudence semblait donner à une renonciation tacite les mêmes effets qu'à une renonciation expresse (Denizart, v° *Renonciation*).

D'Argentré oblige les créanciers qui prétendent que l'héritier s'est immiscé à en faire la preuve : « Nemo invitus hereditatem capit, ut nec bonorum possessionem; ideoque nec actio creditorum procedit, nisi doceant de acceptatione aut immixtione ejus qui in gradu est. » (Art. 515, *Anc. Cout.*, gl. IV, n° 3.)

Un acte de notoriété du Châtelet, du 24 juillet 1706, avait introduit une distinction très-arbitraire entre les héritiers en ligne directe et les héritiers en ligne collatérale : le défaut de renonciation de la part des premiers aurait emporté présomption d'acceptation; l'abstention des héritiers en collatérale aurait eu pour effet de les rendre étrangers à la succession.

Mais les anciens jurisconsultes, Bartole, Dinus, Tiraqueau, n'ont jamais dévié des vrais principes : « In filiis non est necessaria verbalis hereditatis paternæ repudiatio.... Cette maxime : *Filius, ergo heres*, intelligitur quantum ad nomen, non quantum ad commodum vel incommodum. » (V. Le Prestre, *De gestione pro herede*, I cent., ch. xi.)

Cet auteur rapporte un arrêt de la cinquième chambre des enquêtes, du 8 février 1590, suivant lequel il n'y aurait pas de temps certain pour renoncer à une succession; le successible qui n'aurait point fait acte d'immixtion pourrait toujours s'abstenir. Dans l'espèce, la demanderesse avait renoncé trente-cinq ans après la mort de son père; et, ce qui aurait dû rendre sa cause défavorable, elle ne présentait point d'inventaire.

B. En un mot, la maxime : *N'est héritier qui ne veut*, avait pour objet d'empêcher que l'on ne rétorquât contre le successible le principe de la saisine; mais on reconnaissait toujours que l'hérédité était déférée *ipso jure*, et que le successible, par sa renonciation ou son abstention, se dépouillait d'un droit; aussi, la jurisprudence n'a jamais hésité à autoriser les créanciers du successible qui répudiait en fraude de leurs droits à faire rescinder sa renonciation dans leur intérêt, et à recueillir la succession en son nom, en lui donnant caution de le garantir contre l'action des créanciers héréditaires (Louet, R, somm. 20).

Ces divers principes avaient été ainsi combinés par la jurisprudence du parlement de Bordeaux, attestée par Brillon (v^{ls} *Renonc.*, 21; *Acte d'héritier*, 7; *Hérit.*, 5) :

1° C'était un ancien usage dans ce ressort que l'héritier pouvait, dans les trente ans de l'ouverture de la succession, la répudier en rapportant un inventaire; passé ce délai, il était tenu pour acceptant;

2° Quand même il eût fait acte d'héritier, il pouvait répudier dans le même délai (Merlin, *Q. de dr.*, v° *Hérit.*, § 2);

3° Réciproquement, les enfants qui avaient répudié la succession de leur père étai... reçus à la reprendre pendant trente ans, soit purement et simplement, soit sous bénéfice d'inventaire, à moins qu'elle n'eût été acceptée par un successible du degré subséquent.

Ces maximes, sauf la deuxième, ont passé dans notre Code civil, et donnent matière à d'amples discussions, que nous trouverons en leur lieu.

Nous conclurons seulement ici que la saisine héréditaire ne doit pas se confondre avec le droit d'accepter et de répudier la succession. En effet, il faut bien admettre, d'après ces décisions, que le successible, par sa renonciation, a laissé la saisine vacante et montré suffisamment l'intention d'abdiquer; et, cependant, il peut encore accepter la succession dans les trente ans.

D'un autre côté, le successible du degré subséquent a le même droit, et peut prendre la saisine demeurée vacante par cette renonciation; ils ont donc tous deux, concurremment, le droit d'accepter la succession; et, pourtant, il est reconnu impossible qu'ils aient tous deux la saisine à la fois : donc la saisine se distingue du droit d'accepter la succession.

C. *De la suité romaine.* — On a voulu, d'ailleurs, rattacher la saisine héréditaire à la *suité* romaine, et les anciens auteurs coutumiers ne manquent pas de rapprocher la position du *suus heres* de celle de l'héritier saisi.

Mais cette comparaison doit être rejetée. Merlin distingue deux effets de la suité romaine (v° *Hérit.*, II, § II, n° 3) :

1° Elle imposait au *suus heres* l'obligation de prouver son abstention ;

2° Elle lui permettait de revenir sur son abstention dans les trois ans : « Si quis suus heres postea quam se abstinuerit, tunc petat tempus ad deliberandum, videamus an impetrare debeat, cum bona nondum venerint. »

En effet, le *suus heres* ne cessant pas d'être héritier, suivant le Droit civil, il n'y avait rien que d'équitable à ce que l'autorité du préteur, d'où dérivait le droit d'abstention, permît également au fils de varier, s'il trouvait plus avantageux d'invoquer la qualité d'héritier.

Mais ce serait une vision de croire que là où la puissance paternelle n'existe pas, il puisse être question de suité ou d'héritiers nécessaires, comme le montre fort bien Laurière (art. 307, *Cout. Paris*, in fine).

Ces deux principes, résultant de la suité romaine, reçus en pays de droit écrit, étaient ou rejetés ou fort controversés en pays coutumier, nonobstant la maxime : *Le mort saisit le vif.*

LXI. De la saisine résultant des démissions de biens.

A. La transmission du patrimoine pouvait se réaliser au moment du décès, en vertu de la disposition faite entre vifs par anticipation de succession, au profit des héritiers présomptifs du *de cujus*. Tel était le caractère de la *démission de biens* qui se formait par le concours de la volonté du disposant et de celle de ses héritiers présomptifs. Les démissionnaires recueillaient donc le patrimoine, en la même qualité et sous les mêmes conditions que s'ils succédaient *ab intestat* :

Condition de survie, obligation de rapport, droit d'accroissement.

La démission de biens dépouillait le *de cujus*, de son vivant, de la propriété et de la possession, mais sous une condition résolutoire dépendante de sa volonté (Cf. d'Argentré, *Dém. de B.*, ch. IV).

Par conséquent, son décès ne saisissait pas les démissionnaires, mais rendait impossible cette condition résolutoire.

Néanmoins, ils n'étaient pas héritiers nécessaires, car ils pouvaient accepter la succession sous bénéfice d'inventaire ou la répudier; l'acceptation qu'ils avaient faite de la démission entre vifs n'emportait pas acceptation de la succession. Mais, d'un autre côté, comme ils étaient démissionnaires en qualité d'héritiers présomptifs, ils ne pouvaient en conserver l'émolument qu'en qualité d'héritiers acceptants (Pothier).

La position des démissionnaires était donc la même que celle des héritiers présomptifs du droit commun, au moment de l'ouverture de la succession; en sorte que l'on peut dire que la saisine de plein droit opère en faveur de ces derniers, de la même manière que le dessaisissement fait entre vifs opérait au profit des premiers, sans préjuger rien de plus à l'égard de l'acceptation ou de la renonciation.

B. *Des effets de l'affiliation.* — L'*affiliation*, sous certaines coutumes (Bourbonnais, Nivernais, Saintonge), était un contrat en vertu duquel on faisait entrer dans sa famille l'affilié, qui, en cette qualité, acquérait des droits plus ou moins étendus sur la succession de l'adoptant.

Les simples affiliés n'étant point héritiers proprement

dits, ne jouissaient pas de la saisine, sauf dans la Coutume de Saintes, qui leur donnait un droit de succession.

Mais, aux termes des Coutumes de Bourbonnais (265) et de Nivernais (XXIII, 25), l'affiliation par échange donnait à l'enfant affilié, par suite d'un double mariage, tous les droits que son coéchangiste avait en qualité d'héritier, sur la succession des ascendants près desquels il se trouvait subrogé. Il jouissait, comme héritier, des réserves coutumières, du droit de retrait et de la saisine héréditaire.

LXII. De la saisine résultant des droits successifs attribués aux ascendants.

A. D'après la Coutume de Paris, les ascendants avaient divers droits de succession sur les biens laissés par leurs descendants morts sans postérité.

Ils succédaient, avant tous autres collatéraux, aux meubles et acquêts de la succession de leurs enfants (art. 311); de même, le survivant de deux conjoints succédait aux conquêts de la communauté qui avait existé entre lui et son conjoint prédécédé, conquêts devenus propres naissants dans le patrimoine et dans la succession du *de cujus*, son descendant (art. 314).

Aux termes de l'art. 330, l'ascendant recueillait ces biens en qualité d'héritier et sous l'obligation de payer les dettes, au *prorata* de son émolument, et en conséquence devait être considéré comme saisi de plein droit.

B. *Succession anomale de l'ascendant.* — Bien que le droit en vertu duquel l'ascendant était appelé à prendre l'héritage par lui donné dans la succession de son descendant mort sans postérité eût quelque analogie avec un droit de réversion, cependant on doit reconnaître qu'il tenait plus encore du droit de succession, et, par conséquent, qu'il devait être attributif de la saisine au profit de l'ascendant.

1° La Coutume de Bourgogne (art. 6, *Des success.*) paraît d'abord attribuer à l'ascendant la saisine de l'héritage donné, en comprenant dans un même article ce droit de réversion avec la succession des meubles et des acquêts.

2° L'ascendant qui en profitait était tenu des dettes au *prorata* de l'émolument, et jusqu'à due concurrence.

3° Il devait supporter les charges créées par le donataire.

Il y avait d'ailleurs d'autant moins d'inconvénients à lui accorder la saisine, que la nature de son droit, qui avait pour objet un immeuble, donnait à ses cohéritiers une garantie semblable à celle que leur donnait l'inventaire fait par l'exécuteur testamentaire saisi des meubles.

C. *Du droit de retour conventionnel.* — D'après les véritables principes observés dans les pays de droit écrit, le droit de retour conventionnel était étranger à l'idée de succession, et faisait rentrer l'immeuble qui en était l'objet, franc et quitte de toutes charges créées par le donataire, dans le patrimoine de l'ascendant donateur.

Cependant, dans les pays coutumiers, on était habitué à considérer le père donateur comme un véritable héritier. Basnage décidait que les biens donnés étaient affectés aux dettes du *de cujus*, et Renusson regardait le père qui profitait du droit de retour, comme obligé personnellement envers les créanciers.

A ce dernier point de vue, on ne pouvait guère lui refuser la saisine.

LXIII. De la saisine du baillitre ou gardien.

Nous avons rattaché le droit de bail ou de garde aux institutions du droit germanique; nous avons cherché à faire voir comment la saisine du patrimoine se rattachait à l'idée de protection sur les personnes.

Nous nous bornerons ici à constater la tradition des mêmes principes dans la jurisprudence coutumière proprement dite.

Nous trouvons d'abord dans d'Argentré la véritable origine du droit de bail, telle que nous l'avons déjà exposée, avec les avantages tout personnels que ce droit avait pour objet de conférer au gardien. Il dérivait directement des conditions du contrat féodal; en sorte que, le contrat connu, on peut prévoir dans quels rapports se trouvent le seigneur et le mineur.

A. « Bail nostrates appellant, quum mortuo vassalo hac ballii lege feudum tenente, relicto herede ætate minori, dominus superioris fundi aperto serviente feudo fruitur, donec heres justam viginti annorum ætatem impleverit. » (D'Argentré, s. l'art. 74.)

Le duc Jean-le-Roux avait eu pour baillitre Pierre Mauclerc, son père, dont l'administration avait été si odieuse, qu'en 1275 le duc Jean convertit ce droit de bail en un droit de rachat équivalent à la jouissance d'une année.

Ainsi, le seigneur jouissait du fief par faute d'homme, à raison de l'incapacité du mineur, de même qu'il en jouissait au cas où le successeur au fief négligeait de faire ses devoirs ; de même que l'on disait : Le seigneur est saisi avant son vassal, nous disons ici : Le seigneur est et demeure saisi durant l'incapacité de son vassal (1). Dans l'un et l'autre cas, il s'agit d'un véritable droit de saisine, non pas seulement au point de vue de son acquisition de plein droit, circonstance au fond indifférente, mais surtout si on la considère dans son caractère intrinsèque, en la rapprochant de plusieurs autres dispositions coutumières.

B. Le bail déféré en France *jure sanguinis*, était déféré en Bretagne *lege feudali*. En tous cas, « hoc omnibus æque commune, quod qui jus ballii habet, fructus feudi suos facit, nec subjicitur rationum redditioni, sed suo jure fruitur. » (D'Arg., 74, n° 1, n° 3.)

---

(1) « Ce droit de garde est pour le regard des droits de fief, estant certain que les seigneurs de fiefs qui ne sont servis par leurs vassaux peuvent saisir et prendre les fruits du fief à leur profit ; et parce que les mineurs ne pouvoient servir leurs seigneurs de fiefs, ils perdoient leurs fruits, et ainsi n'avoient moyen de vivre. » (Charondas, liv. IX, resp. IV.)

Ce droit de jouissance, il importe d'insister sur ce point, n'était pas attaché à la qualité de gardien ou de tuteur de la personne, puisqu'en Bretagne le bail était séparé de la garde de la personne, et que d'ailleurs l'obligation de rendre compte dérive essentiellement de la qualité de tuteur. Le droit de bail, au contraire, comportait nécessairement la jouissance personnelle de la terre et résultait de la qualité d'héritier présomptif du mineur ou de seigneur féodal, auquel retournait le fief jacent à défaut d'homme. C'était un droit exclusif sur le fief, opposable aux tiers, puisque, dans la pureté des principes, il y avait autant d'*avouries que d'escheoites;* c'est-à-dire que le plus proche lignager du côté paternel avait le bail ou l'avouerie du fief du côté paternel, et le plus proche lignager du côté maternel le bail du fief maternel. (*Ass. Romanie*, CVIII, CIX.)

Le bail était établi dans l'intérêt exclusif du baillitre, puisque, d'une part, le seigneur baillitre en Bretagne n'était pas tenu de payer les dettes, et que, d'autre part, le baillitre *jure sanguinis*, dans les autres coutumes, devait un droit de relief personnel pour sa jouissance, sinon en ligne directe, du moins en ligne collatérale.

« Garde doibt rachapt et finance, tant que touche le fief dont il fait les fruits siens. » (*Gr. coustumier*, liv. II, p. 212.)

En un mot, il y avait mutation de la possession lucrative, de la personne du *de cujus* en celle du gardien.

De plus, si l'origine toute féodale du bail, en Bretagne, dispensait le seigneur du paiement des dettes, il n'en était pas de même du plus proche lignager baillitre, pour qui le bail était un droit de succession dans lequel tombait le mobilier héréditaire : il était donc tenu des dettes, même *ultra vires.* (V. *Gr. coutum.,* liv. II, ch. XLI; *Olim,* t. II, p. 95, n° XXIX.) Or, comme cette obligation de payer les dettes *ultra vires* prenait naissance dès l'ouverture du bail, il en résultait que la mort subséquente du baillitre opérait transmission de cette obligation, dans sa propre succession, à ses héritiers; on ne saurait donc douter qu'il n'eût la saisine de plein droit de tout ce qui tombait dans le bail. (V. *Olim,* II, p. 364, n° XIX.)

C. On peut juger maintenant du caractère général et particulier de la saisine.

C'est un caractère particulier de la saisine d'être dévolue de plein droit à l'héritier du sang habile à succéder, indifférent jusqu'à un certain point à l'idée de la saisine en général; mais son caractère général, c'est de conférer un droit de jouissance sur la chose qui en est l'objet, sans aucune obligation de rendre compte.

Elle est acquise de plein droit quand la notoriété, quand la date du titre d'acquisition remontent à une époque antérieure à l'ouverture de la succession, comme est celui de l'héritier attaché à la qualité de parent. Tel était également le titre de la douairière qui remontait au jour de la célébration du mariage.

Mais, dans la personne de l'héritier, la saisine se confond avec la propriété dès qu'il a fait acceptation de la succession; en sorte qu'il n'y a plus, à proprement parler, d'hérédité, le patrimoine du défunt et celui de l'héritier ne formant plus qu'une seule masse. La saisine héréditaire ne paraît plus que comme synonyme de l'acquisition de plein droit de l'hérédité. C'est dans la personne du baillitre et dans celle de la douairière que la saisine prend un caractère plus déterminé, parce qu'elle est là séparée de la pleine propriété.

LXIV. Effets généraux de la dissolution du mariage sur la dévolution de la saisine.

A. Nous avons vu comment le premier effet du mariage était de faire passer la femme avec tous ses biens dans la saisine du mari; la dissolution du mariage rend libre la saisine de la femme sur ses biens personnels, en faisant cesser la saisine du mari soit au profit de la veuve elle-même, soit au profit de ses héritiers (Bret., 444);

La veuve est en outre saisie des *assignaux* à elle faits par son mari pour les deniers de sa dot; et semblablement en sont saisis ses héritiers (Bourg., art. 17, *Des dr. app. à g. mar.*);

Elle a de plus la saisine de sa part dans la communauté;

Quelques coutumes lui accordent la saisine du don mutuel (Bourbonnais, 247; *contra*, Paris, 284);

Enfin, c'est une maxime générale que *le douaire saisit*.

Il est facile de voir que la saisine de plein droit était acquise à la femme sur ces objets, parce que le décès de son mari ne faisait que réaliser la condition sous laquelle devait s'ouvrir, à son profit, l'exercice de droits dont l'acquisition était antérieure à cette époque.

Ainsi, soit que la communauté commençât du jour de la célébration du mariage, suivant le droit général; soit seulement après l'an et jour, suivant quelques coutumes, c'était en vertu d'un droit antérieur qu'elle recueillait sa part dans les meubles et acquêts.

Quant au douaire, sa constitution originaire avait lieu à la porte de l'église ; et, de plus, le caractère d'inaliénabilité des biens qui en étaient l'objet, leur nature d'immeubles, étaient autant de motifs pour qu'on en accordât à la veuve la saisine de plein droit.

A l'égard des biens dotaux, « après la mort du mari, la femme demeure de fait saisie et en possession du bien dotal, et ne lui est plus besoin de prendre possession... car la possession civile que la femme a sur le bien dotal repose sur la possession naturelle du mari, tout ainsi que le maître possède par le moyen de son esclave. » (Masuer.) Quant aux héritiers de la femme prédécédée, ils étaient saisis en vertu de la règle : *Le mort saisit le vif.* (Guyot, v° *Dot.*, 469.)

Dans le ressort du parlement de Bordeaux, on stipulait assez ordinairement, et la Coutume d'Ax (IV, 5) en avait une disposition expresse, que le survivant des conjoints qui apportait dot ou donation pour noces, tenait et possédait tout et un chacun des biens du défunt, jusqu'à entière solution et restitution dudit dot ou donation pour noces, portant les charges comme le défunt faisait en son vivant, et faisait les fruits siens en baillant cautions idoines de rendre lesdits biens non détériorés, quand ledit dot ou donation lui serait payé.

Le don mutuel était considéré comme remplaçant pour le donataire son droit de communauté; d'où la conséquence que les dettes devaient en être déduites. Le don mutuel comprenait en effet les meubles et conquêts.

Sous l'empire de la Coutume de Paris, le don mutuel ne consistait qu'en un usufruit; d'où l'obligation d'en demander les fruits aux héritiers, celle de donner caution et de rendre compte à ceux qui succédaient à la propriété; enfin la jouissance ne commençait que du jour que la caution avait été donnée (Paris, 285).

Sans doute, les dettes de la communauté pesaient sur le don mutuel; mais le donataire n'en était pas personnellement tenu, et elles diminuaient son usufruit en même temps que la propriété. Il était donc impossible que la saisine de plein droit appartînt au donataire *irresponsable*; et le donateur aurait vainement essayé de se constituer possesseur au nom de ce dernier par une clause spéciale : elle n'aurait aucun effet à cause de la nature indéterminée de son objet, dont la quantité ne pouvait être fixée que par la mort du donateur.

Les coutumes qui saisissaient le donataire lui imposaient la condition de faire inventaire ou de donner caution, deux obligations dont nous avons déjà noté la corrélation avec la saisine de plein droit, quand elle n'est pas accompagnée de l'obligation de payer les dettes *ultra vires*. (V. Troyes, 85; Melun, 227; Montfort, 150.)

B. Dans ces divers cas, où la saisine est transférée

ipso jure, il faut distinguer ceux où la femme recouvre plutôt une saisine ancienne qu'elle n'en acquiert une nouvelle, savoir : la reprise de ses propres, le prélèvement des assignaux de sa dot ; car il ne s'agit point là d'une saisine *universitatis*, mais d'une saisine individuelle sur certains biens, qui ne saurait emporter l'obligation de payer les dettes ; en outre, la saisine n'est pas là distincte de la propriété : elle s'y rattache bien plutôt *a die obitus*, et le droit de jouissance, attribué en général à la saisine individuelle, est renfermé dans la pleine propriété.

Dans ce sens plus restreint, la saisine comporte simplement le droit pour la femme de se mettre spontanément en possession des biens qui en sont l'objet.

C. Dans les autres cas, le baillitre, la douairière, la veuve commune ou donataire mutuelle trouvent d'abord, dans la nature de leur titre, un droit de jouissance qui, par lui-même, pourrait être opposé aux tiers ; mais il ne suffirait pas pour leur attribuer le droit de percevoir les fruits *a die obitus*, indépendamment de toute prise de possession de fait ou demande en délivrance, si la saisine de plein droit ne venait leur donner cette prérogative. Or, la saisine de plein droit leur est spécialement accordée, à raison de la date de leur titre, sur les choses qui en sont l'objet et dont le *de cujus* est mort saisi et tenant : son effet spécial nous paraît être de les autoriser à percevoir les fruits échus à partir du jour du décès et à en profiter, quand bien même l'éviction de ces choses aurait lieu par la suite.

Telle nous paraît être la portée du texte suivant de

Beaumanoir : « L'on doit savoir que chil qui sont en saizine de héritages, par cause de bonne foi, ne sont pas tenus à rendre les levées, tout soit-il ainssint que ils perdent puis l'héritage par jugement; si come se j'ai acheté l'héritage et sui en saizine de seigneur, et après aucun vient avant qui monstre par bone raison que chil n'avoit pas droit en l'héritage qui le vendi, si que la vente est de nule valeur; en tel cas je ne suis pas tenu à rendre les arriérages que ai levés devant che que li héritage me issi de la main; et aussint, si je tien l'hiretage par cause de don ou de testament, ou d'engaigement, ou de douaire, ou de chelui de qui hoir je estois; en tous tels cas ne suis-je pas tenu à rendre les levées des hiretages... » (Ch. XX, § 2.)

C'est à raison de cet effet général de la saisine que la femme ou ses héritiers avaient droit aux fruits des assignaux particuliers de sa dot, du jour de la dissolution du mariage, sans être tenus de les imputer au sort principal (Nivernais, *Du dr. des gens mar.*, art. 13; Bourg., cod. tit., art. 17).

C'est ainsi que le fils aîné, en Normandie (art. 237), en Bretagne (art. 546 Anc. C.), ne restituait rien des fruits par lui perçus à raison de sa première saisine, jusqu'au jour du partage.

LXV. Saisine de la communauté en particulier.

A. D'après l'art. 444 de la Coutume de Bretagne, la femme avait la saisine de la moitié des conquêts, à condition qu'elle consentît à payer la moitié des dettes.

De plus, les termes de l'art. 415 (Anc. Cout.) lui attribuaient une saisine provisoire de plein droit sur les biens du mari, consistant dans un droit d'habitation et celui de se nourrir, elle et ses serviteurs, sur les provisions du ménage ; elle pouvait exercer ce droit sans autorisation de justice et sans que l'on pût en induire acceptation de la communauté.

Cette sorte de jouissance n'avait d'autre terme que l'assignation du douaire que devait faire à la veuve l'héritier du *de cujus*, et paraît être la conséquence de la saisine que la coutume lui attribuait sur le douaire ; car, l'assignation une fois faite, cette dépense domestique était remboursée sur les fruits du douaire. Cette jouissance cessait également lorsque, sur la demande de l'héritier, la veuve avait accepté la communauté.

Mais, lors de la révision de la coutume, on sentit combien cette saisine indéterminée était embarrassante pour les héritiers du *de cujus*, obligés de leur côté de répondre pour le tout aux créanciers de leur auteur, dans l'incertitude où ils étaient de la future décision de la femme ou de ses héritiers. Dans l'art. 432 on fixa à la femme un délai de trente jours, passé lequel elle devait prendre qualité ; sinon, l'héritier pouvait la faire tenir pour acceptante ou pour renonçante, suivant son intérêt.

Ici nous trouvons encore cette alternative qui paraît être l'attribut inséparable de la saisine de plein droit, savoir : l'obligation de payer les dettes *ultra vires*, ou celle de présenter un inventaire.

Ainsi, la veuve saisie se trouvait par là même soumise à l'action des créanciers de la communauté, pour la part qu'elle devait supporter dans les dettes; si elle présentait un inventaire, elle conservait la faculté de renoncer ou de limiter ses obligations à son émolument; sinon, son immixtion avait pour effet de l'obliger indéfiniment.

La saisine de plein droit faisait d'ailleurs présumer qu'elle s'était immiscée, car elle ne pouvait s'affranchir de ces obligations qu'au moyen d'un dessaisissement solennel, d'une renonciation qui, primitivement, devait être faite dans un court délai et suivant des formes assez publiques. (V. la *Conf. sur l'art.* 237, Paris.)

B. *De la communauté continuée.* — Le défaut d'inventaire avait en outre de graves conséquences, dans le cas où il existait des enfants mineurs du mariage, quel que fût d'ailleurs celui des conjoints qui survivait.

Laurière (sur l'art. 240) fait remarquer d'abord que, au temps où les enfants étaient en puissance de père et de mère, sous l'Ancienne Coutume de Paris, le défaut d'inventaire n'avait aucune influence sur les rapports des enfants avec le survivant, à qui tous les biens des enfants appartenaient indistinctement. Le survivant, par la mort de son conjoint, demeurait saisi de toute la communauté, tant pour sa part que pour celle du prédécédé. La saisine du mainbour, sur cette portion, résultait de son droit de puissance.

« Il fut répondu, registré, témoigné et accordé de ceux que les enfans demeurans avec le père ou avec la mère, se ils font aucuns acquêts, ils sont ceux au père où à la mère, sans contredire par la Coutume de Paris, ne ils ne font point de compagnie. » (*Anc. acte du parlouer aux bourgeois de* 1293.)

Beaumanoir (ch. XXI) remarque qu'entre nobles le résultat était analogue dans la même hypothèse; car les enfants étaient en la garde du survivant, qui jouissait non-seulement des héritages, mais qui gagnait les meubles.

Mais quand plus tard le droit de puissance fut aboli, les droits des enfants se distinguèrent de ceux des parents, et on dut leur assurer des garanties. La mort du père ou de la mère saisit dès lors son enfant mineur d'une part dans la communauté, part distincte de celle du survivant, juridiquement parlant. Mais ces deux parts ne pouvaient être effectivement délimitées que par le partage et au moyen d'un inventaire exact qui devait donner une base certaine à cette opération. Or, le défaut d'inventaire fait par le survivant rendait impossible la détermination de la part afférente de l'enfant dans la communauté dissoute. Il continuait donc d'être saisi indivisément avec son ascendant survivant de tous les biens qu'elle comprenait. Dans cette situation, l'enfant et le survivant se trouvaient sous l'empire d'une règle générale du droit coutumier qui établissait une communauté taisible entre toutes personnes demeurant ensemble conjointement pendant l'an et jour.

« Compaignie se fait, suivant nostre coustume, pour seulement manoir ensemble à un pain et à un pot un an et un jour, puisque li muebles de l'un et de l'autre sont meslés ensemble. » (Beaumanoir, ch. XXI.)

C'était une nouvelle société qui commençait par le mélange des biens; et, comme elle succédait à la première, à laquelle elle se rattachait dans un instant indivisible rétroactivement, elle fut appelée communauté continuée.

Saisis collectivement du chef du prédécédé d'une moitié dans la première communauté, les enfants avaient également une saisine collective pour une moitié dans la communauté continuée, qui se trouvait souvent augmentée des conquêts faits par leur ascendant depuis la dissolution de la première. Mais, comme cette continuation de communauté avait été établie en leur faveur et qu'il pouvait arriver qu'ils eussent un avantage à réclamer leurs droits dans la première communauté, ils avaient la faculté de renoncer à la communauté continuée et de demander leur part dans la première, dont la consistance était alors établie par commune renommée.

LXVI. De la saisine résultant des substitutions.

A. Conventions de succéder, testaments irrévocables, suivant Laurière, les institutions contractuelles participant de la faveur du contrat de mariage, faisaient un héritier comme le testament romain. Aussi, l'institution ne cédait qu'à la légitime des enfants et n'était pas diminuée par la réserve des quatre-quints des propres établie au profit du lignager. (V. Laur., IV, n° 24; Pothier, *Intr. au tit. XVII*, 18.)

« L'hoir conventionnel est réputé comme affilié et adopté à l'égard des biens et successions de celui qui lui accorde l'hoirie. » (Ragneau.)

L'institution contractuelle participait, d'ailleurs, de

l'hérédité, en ce que l'émolument n'en était assuré qu'au moment du décès du *de cujus*, et ne pouvait être recueilli qu'à cette époque par l'institué ou les descendants issus du mariage, qui étaient censés tacitement substitués ; enfin, l'institution emportait obligation de payer les dettes.

En conséquence, le décès du *de cujus* saisissait l'institué contre les héritiers du sang, sous cette alternative de présenter un inventaire ou d'être tenu *ultra vires* (Laur., 131; V. Merlin).

« Notre coutume donne le privilége de saisine à tels héritiers institués, comme elle donne aux héritiers *ab intestat ;* et, si les deux sortes d'héritiers se trouvent concurrents, l'héritier institué sera préféré tant au plein possessoire qu'en la recréance. » (Coquille, Q. 172.)

Sous la Coutume de Paris, où le don mutuel ne saisissait pas, il en était différemment s'il était fait par contrat de mariage.

Mais il importe de remarquer que cette saisine n'avait son effet qu'au jour du décès; en conséquence, Laurière décidait avec raison que la veuve du fils marié, comme héritier principal, ne pouvait réclamer son douaire sur les biens du donateur qui avait survécu, parce que l'institution n'avait pas été ouverte.

De même encore, si l'institué venait à mourir avant le donateur, sans laisser d'enfants du mariage en faveur duquel avait eu lieu l'institution, comme celle-ci n'avait jamais saisi l'institué, les enfants qu'il avait d'un autre mariage ne pouvaient y rien prétendre.

B. Une autre disposition du droit coutumier, le *rappel*, avait pour objet de donner à la personne rappelée sur les biens du *de cujus* les mêmes droits que lui eût donnés la coutume, si elle se fût trouvée dans les termes de la représentation. On distinguait si le rappel avait lieu par testament, auquel cas il ne faisait qu'un légataire; ou s'il avait lieu par contrat de mariage, et alors il faisait un héritier saisi, comme l'institution contractuelle.

Le rappel fait *intra terminos juris* et par contrat de mariage produisait également son effet, bien qu'il eût lieu dans l'intérêt d'un successible jouissant du droit de succession *ab intestat;* car, comme le dit Laurière, ce n'était pas une *simple désignation du doigt.* Si l'on supposait, en effet, que la personne rappelée vînt à décéder avant le donateur, son descendant, en qualité de substitué, aurait pu profiter du rappel et invoquer la saisine héréditaire; au lieu que, si son auteur n'avait pu invoquer que ses droits *ab intestat* sur le patrimoine du donateur, son descendant, dans la même hypothèse, se serait trouvé n'avoir aucun titre à la succession du *de cujus,* sous l'empire des coutumes où la représentation n'avait point de lieu au-delà des neveux. (V. Laurière.)

CHAPITRE VI.

De la saisine dans les successions irrégulières.

LXVII. Principes généraux de la matière.

A. Cette classe à part de successions comprend en général les cas suivants :

1° Ceux où le *de cujus* avait été retranché de la société par la mort civile ;

2° Celui où, à raison de sa naissance, il était incapable de transmettre ;

3° Ceux, enfin, où il ne laissait point de parents habiles à succéder.

1° Le mort civilement, par suite d'une condamnation capitale, n'avait pas, à proprement parler, de succession ; ses biens étaient acquis au seigneur haut justicier, ou au roi.

Le religieux n'avait point d'autre héritier que son monastère.

2° L'aubain décédé *ab intestat* laissait sa succession au

roi quand il n'avait pas d'enfants nés et demeurant dans le royaume, ou d'autres parents naturalisés et y demeurant (Loysel, I, 1, § 2).

« Au roi appartient la succession de tous bastards, clercs ou laiz. » Telle était la maxime générale, attestée par un arrêt de 1260. Il paraît, toutefois, que les seigneurs usurpaient ce droit; mais ils n'en jouissaient que sous trois conditions : que le bâtard fût né, domicilié et décédé sur leur territoire.

« Par la commune usance et pratique de France, le seigneur peut faire procéder par saisie de biens et par voie de scellés sur iceux, » ainsi que J. Faber écrit. En ce cas, le roi ni les seigneurs hauts justiciers ne sont héritiers ni successeurs aux biens, tellement que chacun prend ce qui est en son territoire, ainsi qu'il a été jugé par arrêt du 20 mars 1343, au profit des religieux, abbé et couvent de Saint-Germain-des-Prés contre le procureur du roi.

Anciennement, la mère du bâtard était préférée au seigneur haut justicier, à quoi se rapporte cet adage de Boutellier : *Nul n'est bastard de par sa mère* (Guenois, p. 53, n° 1, *De la Conférence*).

3° Les biens de celui qui ne laissait point de parents habiles à lui succéder tombaient en déshérence au profit du seigneur.

4° Les biens du main-mortable, dans le cas d'échûte, retournaient au seigneur par suite de la non réalisation de la condition sous laquelle le main-mortable pouvait transmettre.

B. Dans ces divers cas, Merlin admet que la saisine

de la succession passait de plein droit aux personnes appelées à recueillir le patrimoine du *de cujus*.

Quant aux droits de déshérence, d'aubaine, de bâtardise et de confiscation, les coutumes emploient généralement le mot de *succession*. (V. *Berry*, XIX, 29.)

Quant au religieux, on disait : « Possessio monachi est possessio abbatis; sicut possessio servi est possessio domini. »

La succession des main-mortables est très-intéressante à étudier, à raison des conflits, où la saisine jouait un rôle fort important.

LXVIII. De la succession des main-mortables.

A. La condition des biens de main-morte, à l'extrémité inférieure de l'échelle sociale, semblait devoir étouffer, comme les principes féodaux, les effets de la maxime coutumière.

Le droit de main-morte a son origine dans les servitudes personnelles. Cette origine se manifeste encore, sous la diversité des coutumes, dans leurs dispositions sur les hommes de corps, de poursuite et de for-mariage.

Il est constant qu'à l'époque où la servitude était personnelle, l'esclave établi sur un fonds de terre le cultivait exclusivement dans l'intérêt de son maître; qu'il ne pouvait avoir le droit de succession, n'ayant point de droit de propriété; et que, à la mort du serf, il ne pouvait y avoir de doute sur la dévolution de ses biens.

Néanmoins, l'établissement des familles sur les fonds

de terre divisés par manses devint de très-bonne heure viager; la personnalité de la servitude n'apparaissant qu'à la mort du tenancier, son obligation, durant sa vie, consistait à payer au maître un canon périodique; il n'avait même avec le maître que des rapports fort indirects, par l'entremise du *villicus*.

Dans les domaines très-étendus, comme ceux de l'abbaye de Saint-Germain-des-Prés, la répartition des familles agricoles sur les manses ne pouvait être l'objet d'un remaniement général à la mort de chaque tenancier; il était nécessaire qu'on laissât les enfants succéder à la culture et aux obligations de leur père.

Suivant M. Guérard, d'après le *Polyptique d'Irminon* (p. 306), le fils du serf, pour conserver le manse de son père, devait payer une redevance avant et après la mort de celui-ci. Il y avait loin de là à un droit de succession proprement dit; mais, en fait, le droit de conservation du manse dans la famille, qui donnait une sorte de droit de préférence sur le fonds aux enfants du serf, ressemble déjà à la saisine.

B. Nous lisons dans Potgiesser (*De statu servorum*, II, II, 53) que les maîtres affranchirent de bonne heure les esclaves, en assurant à leur postérité la succession de leurs tenures, soit par humanité, soit pour attacher les cultivateurs au sol en leur donnant quelque sécurité. Les seigneurs se réservèrent seulement un droit de *mortaille* à prélever au moment de la mort de leur tenancier : ce prélèvement consistait soit dans la totalité, soit dans le tiers des meubles, soit dans la meilleure tête de bétail ou le meilleur meuble; c'était le droit de meilleur catel.

Mais il est certain qu'alors le droit des enfants était un véritable droit de succession (1).

On conçoit, enfin, qu'avec le temps, certains colons mourant sans postérité, les maîtres leur substituaient d'autres familles vivant sur le même fonds, de sorte que la condition des personnes habituellement établies sur certains domaines devint celle de la terre elle-même.

C. *Du droit de main-morte en France.* — En France, dans les provinces de Bourgogne, de Nivernais, de Bourbonnais et de Champagne, le droit du seigneur n'avait pas le caractère d'un abonnement plus ou moins restreint; il avait toute l'étendue d'un droit général qui ne cédait qu'à la vocation des parents du serf, dans des cas exceptionnels, et réapparaissait avec toute sa rigueur, quand les conditions de successibilité servile venaient à manquer.

« Dominus non tam alienas res invadit, dit le président Favre, quam suas res proprias, id est a se suisve majoribus, certa lege et conditione profectas. »

Beaumanoir nous donne la même théorie (ch. XLV): « Quant ils se muerent, quanques ils ont eschiet à leur seigneur, muebles et heritages; il n'a nul hoir fors son seigneur, ne li enfans du s.. n'en ont rien, se ils ne le rachaptent au seigneur. »

---

(1) Potgiesser [§ 34] cite une donation de Gertrude, sœur de Charlemagne, de l'an 812 : « Si autem vir mortuus fuerit, gemina pars substantiæ ejus in usus Ecclesiæ veniat, tertia parte uxori et liberis remanente. »

[§ 40.] « Qui in huba mortuus fuerit, optimum jumentum cum vestitu superiori ecclesia habebit, et filius ejus heres hubæ erit. »

En conséquence, les serfs ne pouvaient disposer par testament soit absolument, soit de plus de cinq sols.

Mais, quand on distingua les main-mortables de meubles de ceux d'héritages, c'est-à-dire ceux dont les meubles seulement et ceux dont les héritages pourraient appartenir au seigneur à titre de mortaille, on admit nécessairement que le serf main-mortable de meubles pourrait disposer de ses héritages, et que le main-mortable d'héritages pourrait disposer de ses meubles.

LXIX. De la succession entre serfs communs en biens.

A. En général, en vue de la prospérité du domaine, les seigneurs avaient accordé les avantages de la successibilité aux familles qui se perpétuaient sur le sol sans se disperser.

La condition, pour que le droit de succession s'ouvrît entre main-mortables, était que le *de cujus* laissât des parents communs en biens et en habitation.

Cette double condition était plus ou moins sévèrement interprétée, suivant les diverses coutumes.

Quelques interprètes autorisaient les successibles en ligne directe à succéder, bien qu'il y eût séparation d'habitation (Loysel, 1, I, 74).

En Bourgogne, la communion tacite n'avait lieu qu'entre le père et les enfants de même condition, entre les enfants de l'un des communiers décédé et les autres communiers survivants (Bouhier, t. II, LXIX, 22, 23).

C'était une faveur accordée aux mineurs incapables

de faire une convention; car, suivant Coquille, la rigueur de la Coutume, prise à la lettre, tendait à exclure les enfants nés dans la famille : « et si elle n'estoit tempérée..., il n'y auroit maison de village qui, une fois en dix ans, ne fût renversée et ruinée. »

Entre toutes autres personnes, la communauté ne pouvait prendre naissance que par suite d'une convention.

Ainsi, en Bourgogne, à la différence de la Coutume de Nivernais, le gendre n'acquérait pas communauté en demeurant pendant l'an et jour chez ses beau-père et belle-mère. La convention de communauté devait être expresse et résultait, en général, du contrat de mariage.

B. De même, les Coutumes étaient plus ou moins rigoureuses dans leurs dispositions au sujet de la dissolution de la communauté, qui anéantissait le droit du successible.

En Bourgogne, la séparation d'habitation qui avait persisté pendant l'an et jour emportait émancipation tacite (*Nivernais*, VIII, 14).

De même, le partage des biens anéantissait la communauté, bien qu'il n'y eût pas séparation d'habitation. C'est dans ce sens qu'il faut entendre cette règle de Loysel : « Le feu, le sel et le pain partent l'homme mortemain » (1).

De même, suivant une doctrine plus rigoureuse, la

---

(1) « Mais, dit Laurière sur Loysel, il faut bien se souvenir que les serfs communs ne sont pas divisés de même manière par le feu, le sel et le pain, dans tous les pays de servitudes. » (I, 1, 76.)

La Coutume de Nivernais était la plus rigoureuse : par la division du *chanteau*, les serfs devenaient incapables de succéder entre eux pour simple demande de partage les faisait réputer *partis* (*Niv.*, ch. VIII, 9).

En sorte que la séparation complète, suivant le président Bouhier, consistait en trois choses : le partage de tous biens, la séparation d'un feu et d'un pain, l'habitation séparée.

L'une de ces trois conditions se réalisant, anéantissait le droit de succession et ouvrait le droit d'échûte au profit du seigneur.

C. *Des conditions de parenté.* — Enfin, la communauté une fois établie entre gens de main-morte, les Coutumes différaient encore au sujet des qualités personnelles que devait réunir le successible.

Suffisait-il partout que le main-mortable commun fût parent du *de cujus*, comme en Nivernais ?

La Coutume de Bourgogne était plus rigoureuse. Outre que le plus proche était préféré aux autres communs (nonobstant la jurisprudence de plusieurs arrêts), l'existence d'un parent commun ne rappelait pas à la succession le plus prochain non commun : ainsi, le droit du seigneur était ouvert quand le parent le plus proche n'était pas habile à succéder (Bouhier, II, LXX, §§ 20, 47).

On n'admettait donc pas dans cette province la maxime générale : *Le plus éloigné requeut le plus prochain.*

On admettait seulement que « le même degré en celle requeut la main-morte. » (*Cout. Chaumont*, 91.)

---

les meubles et pour les immeubles; et ces malheureux ne pouvaient plus, sans le consentement de leur seigneur, se rendre communs, à l'effet de se succéder.

La Coutume de La Marche était moins exigeante.

Et cette maxime, en Bourgogne, s'appliquait aux héritiers en même degré, appelés chacun à une classe de biens différente; en sorte que le successible commun aux biens meubles rappelait le successible aux immeubles non communs.

Enfin, le président Bouhier conclut de l'article 145 de l'ancienne Coutume, que les collatéraux ne succédaient jamais au préjudice du seigneur, et qu'ils ne furent admis que lors de la réformation de la Coutume, par une faveur spéciale.

D. *Caractère de la communauté.* — Ainsi, la condition fixe et générale de successibilité entre main-mortables, et sans laquelle les autres n'avaient aucun effet, c'était la persistance de la communauté entre le *de cujus* et son successible.

« Pource que la vraie et certaine ruine de ces maisons de village est quand elles se partagent et séparent, par les anciennes lois de ce pays, tant ès mesnages et familles de gens serfs, qu'ès mesnages dont les héritages sont tenus à bourdelage, a été constitué, pour les retenir en communauté, que ceux qui ne seraient en la communauté, ne succéderaient aux autres, et on ne leur succéderait aussi. » (Coquille.)

La communauté formait donc une personne morale qui se perpétuait; elle avait la saisine indivisible des biens main-mortables : un parent commun venant à décéder, la saisine subsistait au profit de son successible commun. Ce dernier devait donc jouir des mêmes avantages que l'héritier du droit commun à l'égard de la saisine héréditaire. L'héritier du droit commun était saisi comme membre d'une famille jouissant d'un patrimoine indépendant ; la mort du *de cujus* subrogeait cet héritier dans la possession d'un patrimoine qui, par le droit de nature, était réputé commun entre les membres de la famille, et auquel ce successible avait droit en sa simple qualité de parent.

Le successible en main-morte ne trouvait aucun droit d'hérédité, pour ainsi dire, dans cette qualité nue, puisqu'en principe le bien de main-morte appartenait au seigneur. Mais ces biens étant soumis à un régime exceptionnel, résultant d'une convention expresse ou tacite intervenue entre le seigneur et le tenancier, toutes les fois que cette convention pouvait avoir ses effets le droit primitif qui appelait le seigneur était suspendu. Ce régime était celui de la communauté, en vertu duquel le parent commun du *de cujus* était déclaré habile à succéder ; ce parent trouvait donc, dans son droit de copropriété conventionnelle, les prérogatives que l'héritier proprement dit trouvait dans sa simple qualité de parent et de membre de l'association familiale ; tous deux avaient donc la saisine de plein droit à titre de copropriétaires, *ex diversa causa*. La parenté, dans le successible mainmortable, ne servait qu'à régler l'ordre de la dévolution.

Ainsi, suivant l'opinion de Coquille (qui rappelait le plus proche non commun par l'entremise du moins proche commun), la persistance de la communauté, dans celui-ci, excluait le seigneur ; et la proximité du premier l'appelait avant le parent commun. Suivant la doctrine du président Bouhier, le parent commun ne rappelait que le parent non commun en même degré : mais dans ces deux cas, la saisine n'était acquise qu'au titre de parent commun. Quand même celui-ci renoncerait, le parent départi jouirait de la saisine : « Et bene, dit Dumoulin, quia ab initio mortis est quæsitum jus parentibus ejusdem gradus, et fuerunt saisiti. Ideo non potest eis auferri, imo accrescit. »

La femme du *de cujus* main-mortable n'avait, par elle-même, aucun droit au douaire ; il ne lui était acquis que sous la condition de l'existence d'un parent commun excluant le seigneur. Si le *de cujus* laissait un héritier, le douaire était aussitôt acquis à la veuve (Coquille, *Des Bourdelages*, 29).

E. *Des cas d'échûte au profit du seigneur.* (V. Bouhier, ch. LXXI.) — Dans le cas où le *de cujus* ne laissait point de successible capable, le droit d'échûte était ouvert ; et, bien qu'il n'y eût pas alors de véritable succession à la personne, le seigneur était saisi des biens auxquels il était appelé. En conséquence, il était immédiatement subrogé aux droits du *de cujus* ; il les transmettait à ses propres successibles et pouvait former complainte contre les tiers détenteurs. Cette saisine compétait à chacun des seigneurs au profit desquels s'ouvrait le droit, sur les biens qu'il devait recueillir.

A cet égard, le seigneur de l'origine était de préférence considéré comme successeur universel ; car son droit s'étendait non-seulement sur les biens compris dans sa seigneurie, mais sur les biens possédés par son main-mortable en franc-lieu. Il n'était tenu des dettes que dans le cas où il recueillait ces derniers biens, ainsi que les meubles existants, sur son domaine.

Le seigneur étant saisi et possesseur de bonne foi, tant qu'un héritier ne se présentait pas, faisait les fruits siens, jusqu'à la demande formée par cet héritier.

Mais, à l'inverse, le successible de bonne foi qui se serait mis en possession des biens ferait les fruits siens, jusqu'à l'interpellation du seigneur. Il pouvait ainsi s'élever un conflit, au sujet de la saisine, entre le successible *jure sanguinis* et le seigneur.

Beaucoup d'auteurs autorisaient le seigneur à se mettre spontanément en possession des biens de main-morte. Mais il résultait de l'article 309 des cahiers de réformation de la Coutume de Bourgogne, qu'il ne pouvait le faire qu'avec l'autorisation de justice, dans le cas où il avait un contradicteur.

Le dernier arrêt sur ce conflit remonte à 1644; il adjugea la possession provisoire de la succession à l'héritier du sang, sous bonne caution. On reconnaissait donc qu'il était saisi avant le seigneur.

Mais, un arrêt de 1570, cité par Pithou et par Charondas, sur la Coutume de Troyes, établissait, en sens contraire, que le seigneur était premier saisi et pouvait intenter complainte contre l'héritier.

CHAPITRE VII.

Effets de la saisine.

LXX. Spécialité des effets de la saisine.

A. La saisine héréditaire ayant pour objet, dans la personne de l'héritier, l'universalité du patrimoine; et l'héritier coutumier ayant en outre, à la différence de l'*heres romanus*, la faculté de transmettre cette succession à ses propres successibles, avant de l'avoir acceptée, on en a conclu que cette différence tenait à la saisine, et qu'elle avait pour effet la transmission instantanée du patrimoine sur la tête du successible, et sa subrogation immédiate dans tous les droits du *de cujus;* tel serait le sens de Pothier, si l'on s'arrêtait aux premiers termes qu'il emploie :

« ..... Une succession est acquise à l'héritier que la loi y appelle, dès l'instant même qu'elle lui est déférée et avant qu'il en ait encore la moindre connaissance; c'est-à-dire dès l'instant de la mort naturelle ou civile du défunt qui a donné ouverture à la succession. C'est ce que signifie cette règle de notre droit français..... » (Pothier, ch. III, sect. II, in fine, *Des success.*)

Mais ce jurisconsulte, immédiatement après ces derniers mots, traite de la transmission de la possession du défunt à l'héritier, et rentre ainsi dans les vrais principes de la saisine.

Tel n'est pas, à notre point de vue, le véritable effet de la saisine. Les effets généraux exposés par Pothier résultent simplement de la qualité d'héritier du sang, que la coutume désignait à l'avance et avec certitude comme appelé à recueillir une notable portion du patrimoine de la famille, portion qu'on ne pouvait lui enlever par testament. La coutume le désignait également aux créanciers du *de cujus* comme son seul représentant, seul tenu indéfiniment des dettes héréditaires. S'il transmet à ses propres successibles son droit aux biens, ce privilége n'est pas exclusivement attaché à sa qualité; en effet, le légataire universel qui ne jouissait jamais de la saisine transmettait son droit au legs à ses propres successibles, avant de l'avoir accepté.

Nous croyons avoir prouvé également que la saisine n'est pas davantage synonyme du droit d'accepter ou de répudier la succession, bien que, presque toujours, la saisine et le droit d'option se rencontrent, et par là même paraissent inséparables. Car ce droit d'option, outre qu'il appartient au légataire non saisi, est encore attribué, suivant le Code civil moderne, aux successibles irréguliers. La saisine, au contraire, se révèle comme bien différente de l'acquisition du droit réel au fond, dans les rapports entre l'héritier et le légataire, celui-ci ayant, dès la mort du *de cujus*, un droit acquis et se trouvant néanmoins obligé de demander la délivrance, c'est-à-dire la saisine à l'héritier saisi qui n'est plus propriétaire de l'objet légué. A l'inverse, la saisine bien comprise ne préjuge en rien la fixation incommutable du droit, puisque l'héritier peut à volonté accepter la succession ou la répudier. Nous avons même vu que, sous l'ancienne jurisprudence, on ne présumait pas l'acceptation dans la personne de l'héritier qui s'était abstenu pendant trente ans.

Nous avons également fait ressortir l'effet spécial de la saisine, en l'étudiant dans la personne de l'exécuteur testamentaire, dont le titre même répugnait à la qualité de propriétaire : pour lui, la saisine consiste dans le droit de se mettre en possession des effets héréditaires qui tombent dans l'exécution testamentaire, de les administrer pendant un certain temps et d'exécuter les dernières volontés du testateur, en faisant délivrance des legs aux légataires.

B. Or, dans la personne de l'héritier lui-même, la saisine ne saurait avoir d'autres caractères. Le successible trouve la saisine dans sa simple qualité et sans avoir besoin d'invoquer le titre d'héritier ; elle a quelque chose de provisoire.

Provisoirement, avant qu'il ait opté, le successible est désigné, par sa seule qualité, aux créanciers héréditaires, qui peuvent valablement former une demande contre lui comme saisi, sauf à en voir l'effet suspendu par l'exception dilatoire résultant du droit de délibérer.

Provisoirement, le successible administre les effets héréditaires à ses risques et périls, et fait les actes conservatoires, sauf à répudier par la suite, si ces actes n'ont pas excédé les pouvoirs d'héritier apparent habile à succéder.

Provisoirement, avant une interprétation plus favorable, le seigneur féodal jouissait de la saisine de plein droit contre l'héritier, tant que ce dernier n'avait pas porté les devoirs féodaux.

Provisoirement, l'exhérédé, trouvant la saisine dans sa qualité d'habile à succéder, était saisi de sa part héréditaire, jusqu'à ce que l'exhérédation fût confirmée (*Berry*, XVIII, 4).

C. Remarquons même que l'idée de saisine devient tout-à-fait superflue, dès qu'on s'occupe de l'héritier qui jouit de toutes les prérogatives de son titre et qui s'est mis en possession du patrimoine. Il est *paterfamilias* alors, et la saisine disparaît dans la plénitude de son droit. Elle n'est réellement intéressante que dans la personne du successible dont le droit sur le patrimoine n'est pas encore irrévocablement fixé, bien que sa qualité d'héritier et son aptitude ne soient pas contestées. Dans cette situation, la saisine apparaît avec ses effets propres : elle donne au successible le droit de former complainte au possessoire. C'est à ce point de vue que la définition que nous avons donnée de la saisine en général est applicable à celle de l'héritier.

Nous avons déjà vu que la qualité d'héritier apparent et délibérant nous paraissait être spécialement corrélative de l'idée de saisine, avant que l'acceptation n'ait opéré la confusion des patrimoines.

La solution que la jurisprudence donnait à la question suivante fortifie encore cette doctrine.

Si l'on se demande en effet quelle était, à l'égard des tiers, la position du successible après l'expiration des délais pour faire inventaire et délibérer, s'il pouvait contester des prétentions étrangères sur la succession sans prendre d'autre titre que celui d'héritier apparent et délibérant, on rencontre un arrêt définitif du parlement de Flandre, de 1766, qui décida la négative. Un curateur à la succession vacante fut établi, et l'arrêt lui donna pouvoir de représenter la succession (Merlin, v° *Success.*, sect. I, § v, n° 3).

Il en résulte que l'on considérait la saisine comme un attribut de la faculté de délibérer ; que, l'une et l'autre venant à cesser, le successible n'avait d'autre faculté que celle de se porter héritier, s'il voulait continuer de représenter la succession.

D. La qualité d'héritier *putatif* résultant de la simple qualité de parent du *de cujus* donnait également la saisine de droit sur la masse héréditaire, à l'encontre de toute personne autre qu'un successible plus proche.

D'Argentré disait d'ailleurs : « Agenti pro rebus hereditariis sufficit probare se esse in gradu succedendi ; nec necesse habet probare alium non esse propinquiorem se. » (Art. 511, *Anc. C.*, gl. 3, n° 6.)

« ... Je conclus qu'il suffit au demandeur en matière de succession, de prouver d'être en degré de succéder au défunt, articulant et vérifiant son degré, sans qu'il soit requis de prouver d'être le plus prochain, ou bien qu'il n'y ait point d'autre devant le demandeur. » (*Du partage des nobles*, q. IV; sic, Merlin, v° *Success.*)

Mais il est constant que cette saisine de l'héritier apparent ne lui donnait pas un droit opposable à celui du véritable, qui plus tard pouvait revenir contre le possesseur, tant au possessoire qu'au pétitoire, pourvu qu'il fût en temps utile, pour profiter des avantages possessoires.

Nous devons insister davantage sur ces données, que nous résumons dans les trois propositions suivantes :

A. La saisine héréditaire est bien distincte du droit incommutable à l'hérédité, puisqu'elle peut s'en trouver provisoirement séparée de fait;

B. La vraie saisine l'emportera toujours sur cette saisine de fait, tant que celui qui en est investi pourra l'invoquer; et, d'un autre côté, cette saisine de droit est essentiellement soumise à une péremption résultant du laps de temps;

C. Jamais cette saisine de droit ne peut appartenir à deux personnes différentes sur les mêmes objets.

LXXI. De la saisine de fait de l'héritier apparent.

A. La saisine de fait sur les effets héréditaires est jacente tant que le véritable ayant droit ne se présente pas. Si un successible plus éloigné l'appréhende, en cas d'abstention du premier, il est de fait *loco heredis* à l'égard des tiers; car, pour ces derniers, il a la saisine de fait avec la qualité d'habile à succéder, deux circonstances qui le constituent seigneur et maître de l'universalité du patrimoine.

En conséquence, les aliénations consenties par l'héritier putatif sont parfaitement valables à l'égard des tiers, pourvu qu'elles aient eu lieu de bonne foi et que la condition de garantie n'ait pas été omise. Telle était la doctrine de Merlin, appuyée sur les arrêts de l'ancienne jurisprudence (*Q. de D.*, v° *Hérit.*, § III).

Il n'en est pas de même ici que de l'acquéreur de bonne foi de la chose d'autrui, qui demeure soumis à l'éviction. Tel serait le tiers acquéreur à qui l'héritier véritable vendrait un bien possédé par son auteur, et dont le véritable propriétaire se présenterait plus tard. Ce dernier ne peut être repoussé que par un juste titre appuyé de l'usucapion. Mais il en est tout autrement de l'acquéreur qui a traité avec un successible qui lui a prouvé, 1° le droit de son auteur sur la chose, 2° son droit personnel de successibilité. Le tiers acquéreur opposera au successible véritable qu'il a valablement traité avec un représentant légal de l'hérédité (1).

C'est par la même raison que l'on admettait généra-

---

(1) Merlin s'appuie en outre sur une décision d'Ulpien (fr. 25, § 17, D., *De petit. hered.*) pour exiger, dans la même hypothèse, quelque chose de plus que la bonne foi du tiers acquéreur, savoir : la bonne foi du successible. Mais les motifs qui, en droit romain, garantissaient à l'héritier apparent et de bonne foi qu'il ne serait pas ruiné par la survenance de l'héritier plus proche, ne nous paraissent pas admissibles chez nous. Ainsi, le sénatus-consulte rendu sous Adrien portait : «... Eos autem qui justas causas habuissent, quare bona ad se pertinere existimassent, usque eo duntaxat quo locupletiores ex ea re facti essent. » (L. cit., § 11.)

lement que la chose jugée avec l'héritier putatif, l'était à l'égard de la succession et de l'héritier véritable.

B. Mais, pour que la saisine passe du mort au vif, il faut que le *de cujus* soit mort saisi et vêtu, sinon matériellement, en ce sens du moins que si un tiers s'est mis de fait en possession contre lui, l'année pendant laquelle le *de cujus* était recevable à intenter l'action possessoire ne soit pas encore écoulée; car, pendant l'année, en vertu de ce principe : *Qui actionem habet ad rem recuperandam, ipsam rem habere videtur,* le *de cujus* est censé conserver la saisine de la chose ; s'il est mort avant ce délai, il a transmis la saisine de droit à son héritier, qui peut recouvrer la saisine de fait par la voie possessoire.

Que si le *de cujus* a perdu à la fois la saisine de droit avec la saisine de fait, par le laps d'une année, l'héritier succède sans doute *in universum jus defuncti,* mais il n'a pas la saisine à proprement parler ; il ne trouve plus dans la succession le droit d'intenter l'action possessoire : il y trouve seulement l'action pétitoire.

A l'inverse, l'héritier a le droit de se faire maintenir en saisine des choses dont il trouve son auteur saisi et vêtu : « Omnis cujuscumque qualitatis heres qui auctorem suum in possessione aut vero detentione actuali reperit, sine distinctione fundatus est ad apprehendendam realem possessionem facti, si non habet; aut si habet, ad intendendum interdictum... Quod si possessionem actualem non habeat talis heres, libet realem possessionem volenti apprehendere, intra annum quidem a morte defuncti, et in ea tuendus est. » (D'Argentré, Q. VII, n° 6.)... « Quod si toto anno a die delatæ hereditatis heres alium esse in possessione rei hereditariæ passus sit, hoc casu omnibus remediis possessoriis excidit, et petitorium solum restat, quia nemo, jure consuetudinario, post annum ad interdicta admittitur. »

Dans cette dernière hypothèse, le successible a perdu la saisine de droit. Mais on conçoit facilement qu'il n'y a d'intérêt à distinguer la saisine de fait de celle de droit, que dans le cas où une contestation s'élève entre le successible et un adversaire quelconque qui s'est mis en possession de fait.

Ce qu'il est important, d'ailleurs, de remarquer, c'est que le délai d'an et jour se calcule contre le successible ; c'est-à-dire que son adversaire, à quelqu'époque de l'année qu'il ait pris possession de fait, peut lui opposer cette déchéance de la saisine de droit, dès que le délai s'est écoulé. C'est à ce point de vue que l'auteur du Grand Coutumier (p. 140) disait : « Le successeur est tout saisi de droit, et de son autorité se peut de fait ensaisiner, et à lui est nécessaire ceste appréhension de fait, avant qu'il se puisse dire avoir entière saisine. » Il résulte du même passage, combiné avec les expressions de la page 141, que l'héritier, par la prise de possession de fait des biens non féodaux, régularise sa position comme il le ferait à l'égard des biens féodaux, par la prestation de ses devoirs ; « et semble encore, selon la commune opinion, qu'à plus proprement parler l'on peut dire que, par la mort du vassal, le fief chest et gist par telle manière qu'il ne peut estre possédé ne par le seigneur ne par l'héritier, fors quand il est relevé par le seigneur direct. »

Ainsi, tant que l'héritier n'a pas pris possession de fait des biens non féodaux, on peut dire que la saisine *chest et gist* par son abstention.

S'il en est ainsi à l'égard d'un bien particulier, il faut dire également que la saisine de la masse héréditaire appartient à l'héritier, sous la condition qu'il en prendra possession de fait dans l'année; et qu'il perd la saisine de droit si, ce délai écoulé, un étranger se trouve en possession du patrimoine. Dans ce dernier cas, le successible aura perdu, avec la vraie saisine, le droit d'intenter l'action possessoire contre le détenteur : il ne lui restera plus que l'action en pétition d'hérédité. Car la saisine en principe a la même étendue que le titre d'héritier ou que l'action en pétition d'hérédité, mais elle se distingue en même temps de cette action comme le possessoire du pétitoire.

En conséquence, l'année étant écoulée sans que le successible ait appréhendé l'hérédité, on peut dire que la saisine de droit, comme celle de fait, est vacante; car le premier qui en appréhendera soit la totalité, soit une quote-part, soit un bien particulier, pourra opposer à l'héritier cette déchéance de la saisine de droit. L'héritier ne jouit donc de la saisine que pendant une année.

Ce principe est fécond en conséquences, même dans notre droit moderne, et il importe de bien le déterminer.

Sans rappeler ici le droit primitif des Assises de Jérusalem et des Chartes de Pontoise et de Saint-Quentin, qui déclarent déchu de tout droit au fond celui qui a perdu la possession annale, il suffit de jeter les yeux sur la conférence des coutumes, pour reconnaître que l'effet essentiel de la saisine est de donner le droit de former complainte. Les principes exposés ci-dessus sont réunis dans l'art. 272 de la Coutume d'Anjou :

« ....., Est saisi chacun de son droit et portion de la succession dudit mort, sans appréhension de fait, au-dedans de l'an et jour du décès d'iceluy mort. Car si lesdits successeurs ou aucuns d'eux laissent passer l'an et le jour après le décès, sans appréhension de fait et détention de leurs portions, ou sans soy complaindre ou appléger, et en souffrent autre possesseur par ledit temps, ils ne seraient plus saisis, mais conviendrait qu'ils y vinssent par action. »

Telle était aussi l'Ancienne Coutume de Bourgogne du 15° siècle (art. 310, tit. XXVIII) : « Li homs mort, combien qu'il tiegne à sa vie, se li hoir ne prend possession des biens du mort entièrement dedans an et jour, ou se on lui met empeschement et il ne fait convenir l'empescheur dedans ledict an et jour, il ne se pourra dire possesseur après l'an révolu. »

Les difficultés qui peuvent s'élever au sujet de la saisine ont toujours pour origine un conflit entre deux personnes qui prétendent, chacune de son côté, être exclusivement maintenues ou réintégrées dans la possession, sans préjudice de la propriété. Mais, quand on a voulu faire de la saisine le droit d'hérédité lui-même, l'attacher à la qualité d'héritier comme un attribut inséparable, en faire une des conditions de la faculté d'accepter ou de répudier la succession, et un droit de transmission, on y a mis le germe de difficultés inextricables.

C. *La saisine est exclusivement attribuée à une seule personne.* — Toutes les fois qu'on se demande si quelqu'un a la saisine d'une chose, il faut considérer cette saisine non pas à l'égard de toutes personnes indifféremment, mais à l'égard de celle qui a spécialement le droit de la lui contester. C'est pour n'avoir pas restreint suffisamment cette question que M. Renaud accorde la saisine à tous les successibles de tous les degrés simultanément.

La question se présente notamment entre l'exécuteur testamentaire et l'héritier.

L'auteur du Grand Coutumier et Imbert ont parfaitement limité leurs attributions respectives quant à la saisine :

L'exécuteur testamentaire a la première saisine des meubles. Il en résulte que l'héritier ne peut former complainte pour l'universalité des meubles attribués pendant l'an et jour à l'exécuteur testamentaire; et, comme nous l'avons déjà remarqué, il ne peut, à moins de dispense expresse de la Coutume, obtenir la possession des meubles en donnant caution pour l'exécution du testament.

« Lucii Titii herede et ejus testamenti curatore certantibus, Martem varium et communem varia et communis sequuta est victoria. Indicatum est heredem interdicto retinendæ possessionis agentem, quantum ad mobilia pertineret, non esse ferendum : ea enim ad annum a morte testatoris in mancipio curatoris esse... » (Duluc, arrêt de 1377, liv. IX, tit. vii.)

« Nous tenons bien communément en pratique que l'exécuteur testamentaire peut former complainte pour raison des meubles; » vainement l'héritier voudrait recouvrer la saisine des meubles dont le légataire a reçu la délivrance de l'exécuteur. (V. Imbert, v° *Exécut. test.;* sic Dum., art. 95, *Anc. C.*)

Pour ce qui est des immeubles, la Coutume de Poitou (273) décide « qu'on ne puisse faire par testament ne autre disposition quelconque, que la première possession des biens demeurez du testateur ne vienne aux héritiers; ce qui ne serait, si l'exécuteur pouvait faire au légataire délivrance des choses immobilières léguées. Pourquoi il ne faut pas estimer que la coutume ait baillié audit exécuteur la première possession des immeubles demeurés du testateur, si non au cas qu'elle exprime, savoir est quand l'héritier ne voudrait bailler deniers pour exécuter le testament, et que l'exécuteur voudrait vendre le fonds du défunt, et que l'héritier voulut l'empescher. »

« Car, dit l'auteur du Grand Coutumier, deux personnes, chacune pour le tout, ne peut être tenue saisie d'une chose universelle. »

Mais, pour ce qui est des tiers détenteurs, Imbert incline à décider que l'exécuteur serait recevable à former complainte pour l'exécution des legs. Et l'on eût décidé sans doute de même en faveur de l'héritier qui formerait complainte pour l'universalité des meubles contre les mêmes adversaires. Cependant ce serait improprement parler, que de déclarer l'héritier saisi concurremment avec l'exécuteur testamentaire, puisque ces deux saisines s'excluent : à moins que l'on ne dise que, l'héritier étant saisi, l'exécuteur a la possession en son nom. (V. Dum., art. 95.)

Dans cette hypothèse, l'exécuteur testamentaire n'agirait pas régulièrement par voie de complainte contre l'héritier qui refuserait d'exécuter le testament, parce que la complainte n'est donnée qu'au vrai possesseur. Mais l'exécuteur peut encore plus promptement que par voie de complainte parvenir à ses fins, en requérant provision en faveur du testament (Ricard, *Des don.*, IIe part., ch. II, gl. II, n° 73.)

Ce raisonnement prouve une fois de plus que deux personnes ne pouvaient avoir simultanément la saisine.

De même, il pouvait arriver que l'on reconnût au fidéicommissaire le droit de former complainte contre les tiers détenteurs, alors qu'il n'y avait point de contestation entre lui et le grevé. Mais il ne s'ensuivait pas que la saisine appartînt à tous deux concurremment : ici le grevé était censé abdiquer tacitement la saisine au fidéicommissaire, comme il l'aurait pu faire sur l'action en délivrance. Mais, s'il y avait contestation, il n'y avait pas de doute que la saisine n'appartînt au grevé et qu'à l'exclusion de tous autres il n'eût la possession provisoire.

LXXII. **Conflit entre l'héritier saisi, le légataire et la douairière.**

A. Nous retrouvons ici les principes coutumiers avec toute leur faveur pour l'héritier du sang. L'obligation de demander la délivrance est imposée au légataire universel indistinctement. Sans doute, dans le dernier état de la jurisprudence romaine, comme sous les principes coutumiers, on reconnaissait que la propriété des choses léguées était acquise de plein droit au légataire du jour de l'ouverture de la succession ; mais les dispositions de ces deux législations s'accordaient pour interdire au légataire de se saisir spontanément de son legs, et pour donner à l'héritier un moyen légal de se faire réintégrer promptement dans la possession indûment usurpée par le légataire. Nous avons déjà donné les motifs de cette prérogative, dont on peut étudier dans Merlin les principaux effets (v° *Testament*, sect. III). Elle était consacrée d'ailleurs dans l'ordonnance de 1735, art. 73. Il ne pouvait y avoir aucun doute sur l'efficacité de ce droit, quand l'héritier avait intérêt à s'en prévaloir ; ainsi Charondas cite, entre autres, un arrêt du parlement de Paris, du 30 avril 1579, qui attribue à l'héritier la saisine de l'universalité du patrimoine, et refuse toute audience à la veuve du *de cujus* avant qu'elle ait ressaisi ledit héritier ; elle doit lui demander délivrance de ses legs et conventions matrimoniales. On peut en outre remarquer que, dans ce cas particulier, il s'agissait d'un héritier bénéficiaire.

Le légataire, soit universel soit particulier, n'avait droit aux fruits que du jour de la demande en délivrance ; et il fut même jugé, par arrêt du 16 mars 1717, que le légataire universel qui s'était mis en possession sans interpeller l'héritier devrait restituer les fruits perçus jusqu'à la demande en délivrance régulièrement formée (Merlin, v° *Légat.*, § v).

Il fallait cependant excepter le legs fait à l'héritier en ligne directe, soit à titre de légitime, soit à titre de portion héréditaire : les fruits étaient dus de plein droit.

B. *De la saisine de la douairière.* — L'indivisibilité de la saisine n'est pas compromise par la règle coutumière qui saisit la veuve de son douaire *a die mortis.* Mais l'héritier, dont la saisine collective embrasse tous les effets héréditaires, ne semble-t-il pas avoir la prélation possessoire antérieurement même à la douairière? D'Argentré analyse ce conflit et en écarte toutes les difficultés par une distinction à la fois pratique et conforme aux principes (Art. 445, *Anc. C.*, gl. 4).

Le douaire consistant dans une quote-part indivise des biens du mari, avant que la délivrance ou une assignation ait fixé sur des corps certains l'étendue de la saisine, la femme a plutôt une possession de droit qu'une possession de fait, sa saisine étant encore indéterminée. C'est pourquoi elle ne peut empêcher que la possession coutumière ne passe tout d'abord intégralement en la personne de l'héritier, ou invoquer contre lui une saisine générique et incertaine *ratione loci.* Elle ne peut se dire saisie à son égard *actualiter et localiter*, à l'effet d'occuper spontanément aucun corps héréditaire, ou d'en percevoir les fruits à l'exclusion de l'héritier : en un mot, la possession sur chaque effet héréditaire ne peut appartenir concurremment à l'héritier et à la douairière.

« Combien que la femme ait droit d'avoir son douaire, toutefois l'héritier vient à la succession du tout de la terre et doit faire les hommages, et s'en peut appléger de nouvelle succession, et complaindre en cas de saisine et de nouvelleté, contre un tiers autre que la douairière, pour la portion de son douaire, en levant le tout, ou autrement elle s'en peut pourvoir contre lui. » (*Poitou*, 264; Cf. 253, 254.)

En conséquence, la douairière peut se dire saisie, et former complainte contre l'héritier pour la quote-part indivise qui lui est assignée par la coutume, mais non pour les corps héréditaires ; car, pour ceux-ci, elle n'en aura la possession de fait que par la délivrance. En vertu de sa saisine indivise, elle pourra s'opposer à toute aliénation que voudrait faire l'héritier, et le procès possessoire devra être promptement vidé par un jugement provisionnel, *ne diutina mora jus viduæ protrahatur, et interim egeat.*

C. Cette indivisibilité de la saisine des biens héréditaires était tellement essentielle, que les puînés nobles en Bretagne, ainsi que nous l'avons déjà vu, étaient exclus de la saisine par leur aîné, qui seul était compétent pour recevoir l'action des créanciers héréditaires et actionner les débiteurs. Cependant le droit des puînés était préférable en principe à celui des légataires ordinaires, bien qu'il ne constituât pas un droit d'hérédité proprement dit, sous l'ancienne Coutume de Bretagne. Il était important que l'aîné, chargé de la délivrance, fût maître du gouvernement héréditaire jusqu'au partage. C'est pourquoi toute provision était refusée aux puînés qui auraient occupé spontanément des effets héréditaires, tant qu'ils n'avaient pas ressaisi leur aîné. Et, dans les procès sur les actions héréditaires, les puînés avaient tout au plus qualité d'intervenir *ne colluderetur,* au préjudice de leurs intérêts. Ce qui était jugé contre l'aîné tenait contre ses puînés absolument. L'aîné gagnait les fruits jusqu'au partage; et c'était une question fort douteuse de savoir si, en cas de difficulté, provision devait être adjugée aux puînés en deniers ou en corps héréditaires; si un puîné qui se mettait en possession d'une maison héréditaire pouvait y être maintenu pour des raisons d'humanité, ou bien si l'on devait suivre la Coutume à la lettre, et le réduire à demander son pain à la porte. (V. quest. V et VI, *Sur les partages.*)

CHAPITRE VIII.

Des voies de droit ouvertes à l'héritier contre les tiers.

LXXIII. Diverses qualités de la saisine en général.

En traitant de la saisine en général (chapitre préliminaire), nous avons indiqué deux points de vue sous lesquels on pouvait envisager la saisine. Nous l'avons définie d'abord d'après son idée primitive, et, laissant de côté l'analyse de ses effets pratiques, nous en avons dit seulement quelques mots indispensables à l'intelligence de la saisine héréditaire et de son importance. C'est ici le lieu de revenir sur cette partie intéressante de la matière, et d'insister sur la saisine au point de vue de la garantie, sans laquelle la saisine héréditaire, comme la possession en général, n'offrirait qu'un intérêt théorique.

Pour mériter de la part du juge des garanties quelconques, la possession, qui par elle-même n'est qu'un simple fait, doit avoir des qualités spéciales afin de passer à l'état de présomption de droit. C'est pourquoi les translations de propriété, dans le droit barbare comme dans le droit coutumier, devaient être notoires et solennelles. La faveur du titre héréditaire et la notoriété de la qualité de parent avaient fait attribuer à l'héritier tous les avantages attachés à un titre d'acquisition solennelle.

Si l'on suppose que ces conditions sont accomplies entre personnes capables d'acquérir et de transmettre, il semble que le titre de l'acquéreur est inattaquable, puisqu'il a la propriété et la saisine. Cependant il peut se faire qu'une tierce personne se trouve avoir la détention de cette même chose depuis un temps plus ou moins long, détention hostile aux intérêts du véritable propriétaire et qu'il doit avoir le désir de faire cesser.

Le débat qui va s'élever ne peut être vidé que par l'autorité judiciaire; en effet, quelque légitime que soit la prétention de celui qui veut rentrer en possession, s'il tente de la recouvrer par violence, outre que son adversaire peut repousser son agression par la force, il donne contre lui-même ouverture à l'action de nouvelle dessaisine pour force; et le possesseur sera, avant tout examen de leurs droits respectifs, rétabli dans sa possession de fait : *spoliatus ante omnia restituendus* (Beaumanoir, ch. 32; ap. Klimrath, II, p. 374).

Ainsi : 1° la simple possession donne droit d'abord à cette garantie; elle ne peut être attaquée que par la voie judiciaire; elle a le caractère d'une simple saisine de fait;

2° Dès que la justice a rétabli le détenteur contre une spoliation violente, sa possession prend le caractère d'une simple saisine de droit, et sera maintenue tant qu'une saisine supérieure ne sera pas reconnue.

En outre, la possession comme simple saisine de fait se présente avec un caractère favorable, car : 1° la preuve en est aisée; elle est moins longue à produire que celle du titre de propriété; 2° si elle se prolonge pendant un certain temps, comme fait notoire et sans trouble, elle donne à présumer qu'elle est fondée en droit et qu'elle est reconnue par tous; 3° dans tout débat judiciaire, il est important de connaître sur quelle partie tombe le fardeau de la preuve la plus épineuse.

On comprend dès lors l'importance d'une première décision qui dispense de cette preuve l'une des parties, c'est-à-dire qui lui assure un jugement favorable, un titre inattaquable dans le cas où son adversaire n'établit pas suffisamment ses prétentions.

De plus, cette décision assurera souvent à la partie la possession provisoire de la chose litigieuse.

Telle est l'importance et le but du débat possessoire qui s'élèvera sur le point de savoir à laquelle des deux parties doivent être attribuées ces prérogatives. Or, c'est là précisément l'effet de la saisine en général; c'est pourquoi Loysel disait, en vue de ces avantages : « En toutes saisines, le possesseur est de meilleure condition; et pour ce, *qui possidet et contendit, Deum tentat et offendit*. »

Tel est le principe général : « En toutes saisines, le possesseur est de meilleure condition, car jaçoit ce qu'il soit moins fondé suivant le droit; ou qu'il n'ait que possession telle qu'elle; toutefois, si le demandeur son adversaire ne prouve son droit, la saisine sera adjugée au possesseur. » (*Gr. Coutum.*, II, ch. 21.)

La généralité de ces expressions se justifie dans les conflits qui s'élèvent entre les diverses saisines de fait et de droit.

Nous pouvons déjà établir un conflit entre un simple détenteur qui a été dépouillé violemment et le spoliateur que nous supposerons avoir un droit manifeste au pétitoire et au possessoire, droit qu'il n'a pas eu la patience de produire en justice. Par l'effet de la maxime : *Spoliatus ante omnia restituendus*, une première décision interviendra en faveur du spolié, et nécessitera son ressaisissement sur la simple preuve de la possession de fait et de la violence de son adversaire. Il sera dès lors constitué défendeur à l'action que l'autre partie intentera contre lui, soit au possessoire, soit au pétitoire. Cette dernière se trouve contrainte de fournir une preuve de ses droits, plus difficile à faire que les preuves de fait qui ont suffi au spolié pour se faire réintégrer. Ainsi, chaque saisine comporte une prérogative de ce genre. Plus la saisine est favorable, plus est difficile la preuve à la charge de la partie qui veut la contester.

LXXIV. Effets de la saisine par an et jour.

La possession prend le caractère le plus favorable quand elle a été continuée pendant l'an et jour, publiquement, sans violence et sans précarité. C'est ce qui ressort de la définition de la saisine par excellence donnée par le *Livre de Justice et de Plet*, cité par Klimrath (p. 356) : « Et emporte cette saisine grand effet, car si je m'allègue saisi par an et jor, si mon adversaire n'allègue saisine contraire, l'on présumera pour moi et non pour lui. »

Dans le droit coutumier, où l'on distinguait le possessoire du pétitoire, la partie qui pouvait invoquer cette vraie saisine d'an et jour ne pouvait être dessaisie que par une décision intervenue au profit de son adversaire au pétitoire. Mais, quels que fussent au fond les droits de ce dernier, le saisi demeurait défendeur au pétitoire.

Nous avons déjà vu, d'après les Assises de la haute cour de Jérusalem, quelle difficulté le dessaisi éprouvait à faire valoir son droit au fond, quand il s'agissait par exemple de recouvrer la saisine d'un fief dont l'héritier apparent avait été constitué possesseur.

Telle eût été la position d'un acquéreur qui aurait négligé de prendre saisine de l'héritage dont le vendeur fût demeuré saisi :

« Nota, qu'il a esté tenu en tourbe que si aucun homme donne ou vend une chose réelle à un autre sans soy dessaisir, par l'usage et coutume de cour laye, si celuy qui a vendu ou donné jouit toujours de l'héritage après sa mort, la saisine va à ses hoirs. »

Ces derniers seraient maintenus au possessoire contre les acquéreurs : « Mais si celuy à qui l'on a vendu ou donné appréhende la saisine de fait, et jouist par an et jour, en ce cas la saisine ne va pas aux hoirs. » (*Gr. Coutum.*, II, ch. 37.)

On peut conclure de ce texte que celui qui à la saisine de droit réunit la saisine par an et jour, est inattaquable en fait et en droit, au possessoire comme au pétitoire.

Il faut observer en général que, pour savoir à qui appartient la vraie saisine et à qui elle doit être maintenue, on doit se demander qui a été en possession pendant la dernière année ; car celui qui prouve avoir été en saisine pendant la dernière année, prouve par cela même que celle de son adversaire a été interrompue pendant plus d'un an, et qu'elle a perdu le caractère de vraie saisine.

Par conséquent, si celui qui réunissait la vraie saisine d'an et jour à celle de droit, et de même, à plus forte raison, si celui qui avait seulement la saisine par an et jour s'est laissé dépouiller d'une façon quelconque, même par violence, dès que l'an et jour s'est écoulé au profit du spoliateur, ce dernier se trouve à son tour avoir acquis la vraie saisine.

De même, à l'inverse, si le spoliateur qui a été obligé de ressaisir son adversaire le laisse posséder pendant l'an et jour, il arrivera que ce dernier, à la saisine de droit acquise par jugement réunira une vraie saisine, et se trouvera par conséquent dans une position inattaquable. Mais, avant l'an et jour, l'autre partie aurait pu faire valoir ses droits non-seulement au pétitoire, mais encore au possessoire, suivant les cas : « Quant plès de nouvelle dessaisine est faillis, chil qui pert sa sezine puet faire reajourner seur la propriété cheli qui emporte la sesine. Mes que ce soit dedans l'an et le jour que la sezine li fu baillée ; et se il lesse passer l'an et le jour, il a renoncié à la propriété et ne l'en puet jamais rien demander. » (Beaumanoir, ch. 32.)

On pourrait croire, d'après cela, que la saisine de droit acquise en vertu d'un juste titre n'était jamais d'aucune utilité, tant qu'il s'agissait seulement d'une instance possessoire, puisque la vraie saisine acquise par an et jour était par elle-même une juste cause qui assurait le gain du procès possessoire. Cependant le possesseur avait grand intérêt à invoquer même au possessoire la saisine de droit résultant d'un juste titre; car lorsqu'il n'avait pas possédé par lui-même pendant l'an et jour, il pouvait parfaire ce délai en ajoutant au temps de sa possession celui de son auteur : telle était notamment la position de l'héritier, *quia saisina defuncti descendit in vivum* (Klimrath, p. 367).

A l'inverse, la saisine d'an et jour dispense la plupart du temps le propriétaire de faire preuve de son droit au fond, et de remonter plus ou moins facilement jusqu'à la garantie de son auteur. Au moyen de l'action ou de l'exception possessoire, il se retranchera dans une position inattaquable et attendra que son adversaire fasse contre lui la preuve d'un droit préférable au sien, preuve impossible dans notre hypothèse.

C'est ce qui faisait dire à Jean Faure : « Hæc materia est tota practicabilis, maxime in curia Franciæ, ubi quasi omnes causæ sunt in casu novitatis, quod est fere uti possidetis. »

Avant de rendre ces observations palpables en les montrant, pour ainsi dire, en action dans les praticiens des 14° et 15° siècles, il importe de nous arrêter à une époque moins savante, où les garanties étaient plus uniformes, où la possession annale constituait par elle-même un titre inattaquable, et où par conséquent les deux instances au possessoire et au pétitoire n'étaient pas distinctes.

LXXV. Effets de la saisine en droit germanique.

A. Nous avons déjà trouvé, dans le livre d'Ibelin, le délai d'an et jour comme péremptoire contre l'héritier qui ne se présentait pas pour porter les devoirs.

De même, dans le droit germanique, conservé dans le Miroir de Saxe, on fait la plus large part à cette possession annale.

Le principe le plus général qui ressort des textes que nous allons citer, c'est que le juste titre fortifié de la possession annale assurait au possesseur une position inattaquable.

Haubold, qui a commenté le Miroir de Saxe au point de vue qui nous occupe, en donne l'esprit dans le même sens :

« Qui prædium, sive feudale, sive allodiale, consensu judicis alienavit, post annum et diem (*un an et six semaines*) evictionis nomine non amplius tenetur ; quum, e contrario, pro fundo allodiali privatim vendito, tamdiu respondere obligatus sit donec emptori eumdem in judicio tradiderit. » (*Op. min. Jur.*, t. II, p. 89.)

Cependant il y a toujours exception en faveur de l'absent et du mineur.

Le même auteur observe, en outre, qu'au moyen-âge c'était au défendeur à prouver d'abord la cause de sa possession; les preuves étant difficiles, on ne pouvait exiger un titre du demandeur, à l'entrée du débat. Quand le possesseur ne pouvait justifier sa saisine, il était déchu, pourvu que le demandeur affirmât qu'il avait été indûment dépouillé. Dans ce cas, on n'avait pas à s'occuper davantage du fond du procès. Mais le défendeur qui pouvait opposer une juste exception obligeait le demandeur à entamer le débat au fond et gardait la possession, en attendant les preuves de son adversaire.

Or, le défendeur se mettait suffisamment en règle en produisant un garant, ou en prouvant qu'il avait possédé paisiblement pendant l'année et les six semaines.

D'une part, en effet, nous lisons dans le Miroir de Saxe : « Quicumque bona aliqua per annum et diem absque justa contradictione possederit, eorumdem verus efficitur possessor. » (II, ch. 44.)

D'autre part, Haubold écrit (p. 66) : « *Rechte gewere* (*droite saisine*) nihil aliud est quam possessio justi tituli præsomptione munita, quæ utique in turbulentis istis temporibus, quum jus fere omne in armis positum esset, magni momenti esse debuit. »

B. Ces propositions se vérifient par leurs effets. Ainsi, reportons-nous aux §§ 1 et 2 du ch. 42, liv. II, du *Spec. sax.* :

On y suppose deux circonstances : 1° ni le possesseur ni le demandeur ne peuvent invoquer la saisine par an et jour; 2° le demandeur produit un garant, c'est-à-dire un juste titre.

Dans cette hypothèse, le défendeur qui ne peut amener de garant perd sa cause. Mais, s'il oppose que son garant est absent, il ne perdra que la possession, sauf à faire valoir plus tard son droit, à l'aide de son garant.

Si, au contraire, le défendeur a la vraie saisine par an et jour, on maintient sa possession, nonobstant le titre du demandeur, en attendant qu'il puisse faire venir son garant : *propter vigorem suœ possessionis.*

Il résulte du premier cas *a contrario* que le possesseur qui n'a pas la saisine par an et jour, mais qui peut produire un garant, serait maintenu dans sa possession au moins pendant le litige, ou jusqu'à ce que le demandeur ait fait la preuve d'un droit supérieur au fond.

Ainsi la production d'un juste titre apparent, aussi bien que la vraie saisine par an et jour, donnaient au défendeur l'avantage au possessoire et obligeaient son adversaire à plaider au fond.

Appliquons ces principes aux cas où, soit le défendeur, soit le demandeur, allègue un titre héréditaire.

Le demandeur prétend « quod bona illa sua vera hereditas sit, ex parente ad eum devoluta, quodque ille bona hujusmodi cum injuria sibi detinet et usurpat. »

Si le défendeur ne peut s'appuyer ni sur la possession annale ni sur un juste titre, le demandeur est cru sur son serment, ainsi que nous l'avons vu, et gagne sa cause au fond.

Mais si le défendeur nomme son garant, sans pouvoir le produire, il perdra la possession, sauf à faire valoir plus tard ses titres au fond.

S'il établit qu'il a la saisine d'an et jour seulement, il oblige le demandeur à prouver sa qualité de parent de celui dont il se prétend héritier. Mais, sur cette preuve, le possesseur sera déchu de tout droit, parce qu'elle établit au profit de son adversaire un droit au fond, une saisine de droit résultant de la qualité d'héritier.

Le défendeur succomberait de même sur une demande appuyée d'un titre d'acquisition établi par garant.

Que si le défendeur, outre sa saisine, nomme son garant, il est obligé de le produire au premier plaid. Il est donc obligé, pour conserver sa possession, de prouver à la fois sa vraie saisine et son juste titre d'acquisition.

« Is vero contra quem querela proposita sit, comparet et dicat justo esse suum prædium censuale, habereque defensorem bonorum illorum, quæ et possedit anno et die sine contradictione et justa allocutione : ipsum oportet suum nominare evictorem, eumdemque statuere ad judicium determinatum proximum ; et ut sic obtinebit bona illa censualia possessa, si, ut juris est, per evictorem id probaverit : sed si in evictore defectum patiatur, actor conservat suam proprietatem in eisdem bonis ut juris est. » (*Jus prov. Magdeb.*, § 1.)

La faveur du titre héréditaire est, en effet, très-grande : « Quivis enim homo suam innatam hereditatem facilius conservat quam alter emptam aut obligatam, aut prædium censuale posset, cum et impossibile est aliquem naturali defraudari portione. » (Eod., § 2.)

Si le défendeur allègue lui-même qu'il est l'héritier

du dernier possesseur du bien, il est probable qu'il a les mêmes avantages que l'acheteur (au cas précédent); dès lors il oblige immédiatement le demandeur à prouver qu'il est plus proche héritier. Si de plus le défendeur prouvait qu'il a possédé pendant l'an et jour, il exclurait au fond les prétentions du demandeur.

C. Ainsi, le détenteur qui a titre héréditaire est dans une position très-favorable : sur la première demande, si, indépendamment de toute possession d'an et jour, il prouve qu'il est parent du dernier possesseur, il oblige incontinent son adversaire à entamer la question du fond, à produire ses garants, et à prouver à la fois qu'il a juste titre d'acquisition et qu'il a perdu la possession depuis moins d'un an.

Si d'autres textes du *Speculum saxonicum* font doute sur ce point et paraissent exiger en général la possession de trente ans pour exclure toute revendication, il faut observer avec Haubold (pp. 66, 68) qu'il semble être de règle que le possesseur qui prouve sa vraie saisine peut exclure toute prétention par son serment; que, d'après le *Jus provinciale Madgeburgense*, l'héritier apparent prescrit par an et jour; enfin, que le *Jus provinciale Silesicum* ne parle de l'usucapion de trente ans que pour protéger les absents (p. 91, n°).

« Possessor vero si hereditarium quid in hujusmodi rebus competere sibi monstraverit,...... cum juramento duorum obtinebit. » (*Sp. sax.*, XV, § 2.)

LXXVI. Opinion de M. Renaud, de Berne, sur les effets de la vraie saisine.

A. C'est à cette époque où l'instance possessoire n'est pas bien distincte du pétitoire que M. Renaud, de Berne, aurait dû rapporter ce principe : Que la saisine de fait du défunt se transforme en saisine de droit au profit de son héritier.

« L'héritier devait être mis en saisine sans plaid faire, du moment qu'il avait justifié de sa qualité d'héritier et prouvé que l'héritage en question se trouvait pendant la dernière année en la possession de son auteur..... Cette règle s'appliquait non-seulement aux immeubles dont le défunt avait la saisine de droit, mais encore à ceux dont il n'avait que la saisine de fait. » (*Rev. législ.*, t. XXIX, pp. 83, 84.)

Il résulte de cette décision que l'héritier avait plus de droits que son auteur; car, dans la même hypothèse, le défunt, s'il eût survécu, s'il n'avait pu se prévaloir de la vraie saisine par an et jour, aurait été dessaisi sans plaid faire; au lieu que son héritier ne pouvait être dessaisi que sur l'action pétitoire, ou du moins sur la preuve que le demandeur faisait de son droit au fond.

De plus, si le défunt avait eu la vraie saisine par an et jour, la position de son héritier se trouvait inattaquable. Dans ce cas encore, ce dernier avait plus de droits que son auteur, puisque de son vivant la vraie saisine n'aurait pu suppléer au défaut de titre.

Tels étaient, suivant M. Renaud, les effets de la saisine de droit résultant du titre héréditaire. Un jugement d'échevins, cité par cet auteur, décide d'ailleurs expressément que la qualité de parent du *de cujus* se prouvait par serment, — ainsi que nous l'avons vu, d'ailleurs, dans le *Speculum saxonicum*.

B. Mais il faut limiter expressément ces décisions, et leur refuser toute influence dans le système du droit coutumier qui suivit.

Il fut en effet reconnu de bonne heure que : « Pétition de hérédité ne peut être prescrite *par mens de trente ans*, et convient que le prescrivant ait bonne foi et juste titre. » (*Cout. du Châtelet*, n° 294, ap. Brodeau.)

Il serait dangereux d'appliquer à l'héritier coutumier ces expressions trop favorables, que l'héritier doit être ressaisi *sans plaid faire;* que l'héritier pouvait de sa propre autorité se mettre en possession des immeubles de la succession, et, s'il en était empêché, s'y faire mettre par le juge sur sa seule requête (*Rev. de lég.*, loc. cit., p. 91). Klimrath, notamment, regarde comme un attribut de la saisine héréditaire cette faculté de procéder contre les opposants par exécution ou appréhension, tant que le délai d'an et jour n'était pas expiré; il oppose cette voie sommaire par laquelle l'héritier pouvait être, suivant lui, ressaisi sans plaid faire, à la voie d'action qui lui restait ouverte après l'an et jour (p. 383).

Il nous semble que les expressions trahissent la pensée de l'auteur, ou bien qu'il ne s'est pas suffisamment rendu compte des distinctions très-nettes qui existent non-seulement entre le pétitoire et le possessoire, mais encore entre les différents chefs de l'action possessoire. (V. infra.)

Cette distinction n'est pas incompatible avec le principe suivant, proclamé par la plupart des Coutumes et par Beaumanoir : « (L'héritier) puet entrer en la chose dont drois ou coustume li donne la saisine, sans parler à seigneur. » Mais Beaumanoir y met une restriction « ... se aucuns ne li empesche sesine... »

LXXVII. Procédure française sur les instances possessoires.

Le principe général en cette matière nous est donné par Rebuffe (*De materia poss. præfatio*, n° 30) : « La possession s'acquiert par les actes civils et par voie de fiction ; et néanmoins la possession ainsi acquise est une vraie possession. En effet, la fiction doit avoir, dans sa sphère, le même effet que la réalité dans la sienne. Or, un fait réel et naturel engendre une véritable possession ; donc un acte fictif a le même résultat. »

Ces termes sont spécialement applicables à la possession de l'héritier, résultant de la fiction d'une transmission opérée du mort au vif. Toutes les garanties juridiques que le défunt pouvait invoquer pour protéger sa possession véritable sont à la disposition de l'héritier, avant qu'il ait pris en réalité saisine des biens héréditaires. *Quamcumque possessionem habet defunctus, procul dubio transfert.*

Et, de plus, la saisine héréditaire est par elle-même essentiellement favorable ; de sorte que, jusqu'à un certain point, le successeur a plus de droits que son auteur. Mais il faut bien se garder de défigurer ce caractère de la saisine héréditaire en l'exagérant. L'étude approfondie de la procédure peut seule en bien déterminer la portée.

Leur effet le plus général est de donner à la partie qui l'emporte le bénéfice d'une position favorable, dans l'instance plus compliquée, où ses droits sur la chose litigieuse seront de nouveau discutés à un autre point de vue par le même adversaire.

Celui-ci, au contraire, devra faire tous les frais de la preuve, sous peine de succomber encore.

LXXVIII. De la réintégrande.

Une action possessoire spéciale est d'abord donnée à tout possesseur qui est dépouillé par violence de sa saisine : c'est l'action en réintégrande ; elle peut être invoquée par le successible.

« Si l'en déforce à aucun l'héritage à son encessor, il se porra plaindre dedans l'an de l'esforcement, et se il est dedans aage, il s'en porra plaindre quand il oncques voudra jusqu'à tant que il ait accompli XXI ans, et avoir cest brief. » (Marnier, *De brief d'efforcement, Etabl. norm.*)

« Nus n'ost devestir home d'aucune chose fors par l'ordre des jugements ; il sera donc requeneu par le serment de XII homes del visné, liquies en ot la sezine el derrnier aost : et si li dui ou li troi se font non sachant de la vérité de la chose, elle soit terminée par les neuf, se ils en sevent la vérité. » (*De desvestement faict sans jugement*, op. cit.)

A. C'est sur ce point que M. Alauzet cherche à établir une théorie particulière différente de tous les systèmes qui l'ont précédé. (V. *Histoire de la possession et des actions possessoires.*)

Nous reconnaissons avec M. Alauzet qu'à une époque contemporaine des textes publiés par M. Marnier (13e et 14e siècles), les voies judiciaires pouvaient être peu en usage pour recouvrer la possession enlevée par force, et que les contestations de ce genre étaient vidées par les armes (p. 146).

Mais, suivant le même auteur, lorsqu'on eut introduit le cas de dessaisine, on ne distinguait pas si la dépossession avait eu lieu avec ou sans force, ou du moins l'instance était la même dans l'un comme dans l'autre cas (p. 150).

Il soutient donc :

1° Que l'action en réintégrande n'était pas connue ;

2° Que l'action pour force pouvait être intentée seulement par le possesseur qui pouvait invoquer la saisine par an et jour ;

3° En un mot, que les textes de Beaumanoir prouvent qu'il ne distinguait pas le cas de force de ceux de nouvelle dessaisine et de nouveau trouble (pp. 152, 153).

Au § 4 du ch. XXXII, Beaumanoir traite exclusivement de la nouvelle dessaisine et du nouveau trouble ; il ne traite du cas de force que pour le faire rentrer dans celui de nouvelle dessaisine.

Au § 9, il ne rapproche ces divers cas que pour leur appliquer une prescription semblable d'un an.

Nous convenons que les textes des §§ 15, 22 et suivants s'occupent de meubles et de récoltes. Mais le passage le plus décisif est omis par M. Alauzet, et se trouve rapporté dans le livre de M. Henrion de Pansey, *Sur les justices de paix*, p. 506.

Le même auteur regarde comme exorbitant que l'on admette deux actions possessoires successives pour le même objet et entre les mêmes personnes.

Enfin, il explique ce texte des Etablissements de saint Louis : *Nul ne doit, en nulle cour, plaider dessaisi*, comme applicable uniquement à l'instance sur la propriété.

B. D'abord Beaumanoir (ch. XXXII, § 1) distingue dans ses expressions trois cas différents : « Cil en effet de quoi nos volons traitier sunt devizé en trois manières, c'est à savoir : force, novele dessaisine et novel trouble. »

Il s'agit d'établir qu'il y avait réellement avantage pour le dessaisi à mettre *la force dans son claim*, plutôt que d'alléguer simplement qu'il avait été dessaisi sans droit. Voici d'abord quelle était la procédure ordinaire.

En cas de nouvelle dessaisine, le demandeur s'avouait dessaisi, et ne pouvait obtenir le ressaisissement par jugement qu'en prouvant qu'il avait possédé par an et jour. De plus, cette procédure entraînait des longueurs. « ... Quant li claim est fes, li quens doit contraindre le partie a connoistre ou à nier. Mes tant y a délai, que, s'il veut, il ara jor de veue ; et au jor de veue, li quens doit envoier, et s'il treuve le lieu dessaizi, il le doit faire resaizir tout à plain avant qu'il en oie nules deffenses des deffendeurs, et, le lui ressaisi, il doit tenir les chozes en la main le conte et puis connoistre le novele dessaizine après le jor de veue. » (§ 4.)

§ 5. « Se cil qui dist pot metre en voir qu'il avoit esté an et jor pesivlement par le connissance de son adversaire, ou par proeves... il doit estre ressaisis tout à plain ; et cil qui le dessaisi le doit amender au conte de soixante sous. »

Si, d'ailleurs, on se reporte à la procédure indiquée par les Établissements, qui offrent la plus grande analogie avec les Coutumes anciennes d'Anjou, on trouve mises en pratique les formalités d'applégement et contre-applégement.

Le dessaisi avait intérêt à ce que la chose fût mise en main de cour pendant l'instance possessoire, et, pour arriver à ce but, il devait donner *plèges* ou caution de dédommager son adversaire, si la demande n'était pas vérifiée. Faute de *plèges*, le défendeur demeurait saisi. Si le demandeur s'*applégeait* sans que le défendeur se *contre-applégeât*, le demandeur dont le droit offrait quelque apparence était ressaisi provisoirement, et le défendeur plaidait dessaisi.

Si le défendeur se contre-applégeait, il empêchait que la saisine provisoire ou la *recréance* ne fût donnée à son adversaire, « et lors la chose doit demeurer en main de cour jusqu'à la fin du procès, s'il n'apparoist à justice clairement et évidemment par titres possessoires et saisine de l'un ou l'autre défendeur....., auquel cas justice lui pourroit baillier la recréance et saisine de ladite chose à exploiter en main de cour, le procès de ladite saisine pendant. »

Quand la chose contentieuse était ainsi mise en main de cour, on examinait laquelle des deux parties avait joui pendant an et jour, et celle des deux qui prouvait la dernière jouissance pendant ce délai était maintenue dans sa possession et saisine. (Cf. *Glossaire du dr. fr.*, v° *Applégement.*)

C. Mais, lorsqu'il y avait eu dessaisine par force, les choses se passaient différemment. Le dessaisi devait-il prouver sa saisine d'an et jour, comme le prétend M. Alauzet?

Jusqu'ici on avait entendu dans un sens très-général les termes dont se sert Beaumanoir, § 15, ch. XXXII, où il traite seulement du dessaisissement par force à l'égard des meubles. (V. Henrion de Pansey, ch. 34 et 52.) On avait posé en principe :

« Nul ne doit en nule court pleder dessaisi; mes il deit demander sesine avant tout œuvres, ou doit savoir se il le doit avoir, et n'est mie tenus de respondre dessesi ne despouillé. » (*Etabliss.*, liv. II, vi.)

« De quelque chozé je soie en saisine et que le sezine soit bone ou malvese, *et de quelque temps que ce soit*, grand ou petit, qui m'oste de cele saisine sans jugement ou sans justice, je doi estre ressaizi avant toute œuvre, si je le requier. » (Beaum., XXXII, 23.)

Sans doute, ces dernières expressions viennent à la suite d'un jugement qui avait pour objet la récolte d'un champ ; mais elles résument l'esprit du débat et posent une règle générale.

Les termes des Etablissements sont également généraux. Or, d'après ce recueil, où la procédure des applégements était en vigueur, il y avait intérêt pour la partie à ne pas plaider dessaisie, non-seulement au pétitoire, mais encore au possessoire, contrairement à l'opinion de M. Alauzet.

Avant tout jugement au possessoire, avant que l'une ou l'autre partie eût fait la moindre preuve de la saisine d'an et jour, il y avait dessaisissement et ressaisissement provisoire : dessaisissement du défendeur, si, sur l'applégement de son adversaire, il ne se contre-applégeait pas ; et, au contraire, maintenue de la possession du défendeur, si le demandeur ne s'applégeait pas (*Etabl.*, I, ch. 65).

Or, au cas où le détenteur avait dessaisi l'autre par violence, comment aurait-il trouvé caution pour indemniser l'autre de son dommage et pour répondre de l'amende de 60 livres à laquelle s'exposait la partie qui perdait sa cause, lorsqu'il s'agissait de dessaisine par force ?

Tout autre argument nous manquerait, que nous pourrions déjà dire quel intérêt avait le demandeur à mettre le fait de force dans son claim. Mais un autre texte de Beaumanoir pose en termes formels la règle générale. (V. H. de Pansey, op. cit., p. 506.)

« ..... Si est establissement tel, que si je me dueille de chose que l'on ma tollue, et je le requerre par force de celui qui ce mal a fait, je suis tenu de le ressaisir par la raison de la contre-prise, et lui rendre son dommage que je lui aurois fait en le contre-prenant, et en l'amende le roi... »

Que faut-il conclure de cette citation ?

Ou bien que, dans cette hypothèse, la procédure assez longue des applégements suivait son cours, et que, le fait de violence une fois établi, le demandeur était ressaisi, sans qu'on s'occupât de sa possession d'an et jour, et que la question du plein possessoire devait faire l'objet d'une autre instance où le spoliateur plaidait dessaisi ;

Ou bien que, sans avoir besoin de s'appléger, le demandeur avait la facilité de faire établir sommairement le fait de violence, et était provisoirement ressaisi par recréance : après quoi il était défendeur à l'action sur le plein possessoire que le spoliateur pouvait former.

Dans un temps où la recréance était en grand usage, il ne faut pas s'étonner que l'action de dessaisine pour force eût cette issue, et que deux actions possessoires pussent avoir lieu successivement sur une même chose.

C'est du reste ce que nous paraissent indiquer clairement les derniers mots du § 23, ch. XXXII, de Beaumanoir, cités par M. Alauzet lui-même, qui suppose, il est vrai, qu'ils se réfèrent à une instance mobilière. Enfin, dans le système de M. Alauzet, il est impossible d'expliquer pourquoi Beaumanoir aurait soigneusement distingué le cas de force des cas de nouvelle dessaisine ou de nouveau trouble (§§ 1, 4, 9, 11).

LXXIX. De la réintégrande à partir du xive siècle.

Plus tard, le même principe est reconnu, bien que, dans la pratique, le terme de dessaisine ait été remplacé par celui de complainte.

Papon (liv. VIII, p. 591, 2e note) donne le vrai caractère de l'action en réintégrande : « Le vray cas de réintégrande donques est quand aucun est dejeté et dessaisi de sa possession par force et malgré luy. Sera la pratique de cest interdict de faire par autorité du juge, à qui aura esté à ceste fin présentée requeste, informer sur les excès et sur la force, et s'adresser après contre les spoliateurs ou bien leurs héritiers, en ce qu'ils s'en seront prévalus, ou bien contre tous successeurs particuliers de ce dont aura esté le demandeur spolié. »

M. Alauzet (p. 263) reconnaît que Imbert distinguait la réintégrande par ses effets. Le passage de Papon cité par le même auteur (p. 261) signifie très-clairement que la simple preuve faite par le demandeur qui a été dépouillé par force suffit pour qu'il soit ressaisi :

« Pour la fin de cette matière, sera noté que si, en toutes autres actions possessoires, n'est reçu faict ni exception qui seront trouvés de haute disquisition, certes en cest interdit de réintégrande n'en est point reçu du tout, et doit estre déniée au spoliateur toute audience, jusqu'à ce qu'il aura réintégré le spolié. Ne vaudra contre ce opposer par le défendeur au demandeur : Tu jouissois par force ; tu t'étois clandestinement saisi ; tu tenois de moi à titre précaire ce dont je t'ai déchassé. »

Ainsi, en pareil cas, le défendeur ne peut même opposer cette exception (qui serait péremptoire en tout autre cas), que son adversaire avait une possession vicieuse. Donc, le défendeur à l'action en réintégrande était dans une position moins favorable que le défendeur à l'action en complainte ordinaire, et c'est en quoi les deux actions diffèrent.

A ce principe se rapporte le texte du Grand Coutumier (p. 162), qui décide que, en règle générale, il suffisait au défendeur à l'action possessoire de prouver que son adversaire l'avait dépouillé par violence, pourvu toutefois que le dessaisissement ne remontât pas à plus d'une année. Dans ce passage, en effet, l'auteur veut prouver en général que les exceptions au cas de nouvelleté n'ont plus d'efficacité dès que l'an et jour est passé ; ce qui suppose que l'exception de violence serait péremptoire avant l'expiration de ce délai. Eh bien ! cette exception péremptoire n'a plus de valeur quand le demandeur prouve lui-même qu'il a été dépouillé par force ; et c'est là précisément ce qui avait lieu dans le cas de réintégrande, d'après le texte de Papon.

Enfin, un texte de Charondas, sur le Grand Coutumier (liv. II, ch. 22, p. 160), tranche tous les doutes : « En la réintégrande, cela est singulier qu'il suffit de prouver qu'on fût possesseur au temps de la spoliation, et non pas tout l'an et jour auparavant icelle. » Plus tard, l'action en réintégrande devient un des chefs de l'action possessoire en général et rentre dans la recréance.

LXXX. De la procédure par voie d'applégements appropriée à la saisine héréditaire.

A. Quand les applégements étaient en vigueur, l'héritier n'avait pas d'autre moyen de procéder contre la personne qui l'avait dessaisi depuis moins d'un an et un jour. Il s'applégeait *de nouvelle écheoite*, soit lorsqu'il s'agissait d'une succession mobilière, soit lorsqu'il s'agissait d'une succession immobilière. Tel était notamment l'usage sous la Coutume d'Angoulême.

L'héritier dessaisi se présentait au seigneur foncier, et s'applégeait de nouvelle écheoite, sur quoi le seigneur devait prendre l'écheoite en sa main et donner jour aux parties.

Lors du débat contradictoire, le demandeur alléguait alors qu'il s'était applégé avant l'expiration de l'an et jour, et qu'il avait offert ses devoirs, et demandait la saisine au seigneur. Si l'autre partie présente ne se contre-applégait pas, le seigneur donnait la saisine au demandeur.

Tels sont les principes exposés à l'occasion d'un procès qui s'éleva entre le chevalier Bertrand des Gigognes et la dame Almodie des Argences, pardevant Henri de Cousances, sénéchal du Périgord. Dans cette espèce, la défenderesse n'avait pas eu la saisine en jugement, ni en présence de la partie intéressée ; elle ne possédait que depuis dix jours et ne s'était pas contre-applégée. Le demandeur gagna sa cause. (V. *Olim*, t. I, p. 230, II, 1266.)

Ce texte confirme d'ailleurs pleinement ce que nous avons déjà dit, savoir : que la saisine héréditaire se perdait, comme toute autre possession, par le laps d'an et jour.

M. Alauzet observe sur ce passage que le délai d'an et jour n'était pas péremptoire par lui-même contre le demandeur qui se prétendait héritier ; mais que le défendeur devait, pour repousser la demande, avoir acquis la saisine pour son compte, et que si cette règle à cette époque était encore incertaine, elle s'était précisée depuis et ne pouvait être douteuse.

Nous verrons que ce principe eût été en opposition avec les formes de la complainte en cas de saisine et de nouvelleté.

B. *Exceptions opposables à l'action du demandeur.* — Le défendeur, le seigneur, par exemple, pouvait opposer à la demande des enfants du *de cujus* qu'ils étaient bâtards, et chercher, par cet incident long à vider, à entraver le cours de l'instance possessoire.

Il était de principe : « Quod querela bastardiæ quam tenens objicit, non potest durare ultra annum ; » et Chopin rapporte à ce sujet une ancienne sentence de l'assise de Falaise, de 1212, qui se trouve confirmée pleinement par un des textes publiés par M. Marnier (p. 55, *De bastardie*) :

« Il avient aucunes fois en cest cas que cil qui tient niée que li demanderes n'est mie del lignage à celui à qui il se fet hoir, et ce est esclerié par le serement as voisins ; et aucunes fois, dit-il, que bien pueit estre qu'il est del lignage à celui qui morz est, mès il est bastard et lors, se la cause de la bastardie est proposée en la cort le roi qui est recort, elle doit estre renvoyée à l'évesque del lieu... » (Cf. Chopin, *De mor. par.*, liv. III.)

Si l'instance eût duré plus d'une année, le véritable héritier aurait perdu la saisine.

LXXXI. Introduction de la complainte en cas de saisine et de nouvelleté.

Dans la procédure de dessaisine, le demandeur se disait dessaisi, parce que, en fait, il avait perdu la possession réelle, bien que l'an et jour ne fût pas écoulé. Il ne pouvait empêcher que, pendant l'instance, la possession ne demeurât au défendeur ou ne fût mise en main souveraine, à moins que l'instance n'eût lieu dans une coutume où les applégements étaient reçus ; encore, dans ces coutumes, il était tenu de trouver une caution, sinon le défendeur restait saisi. Il ne pouvait obtenir son ressaisissement pendant l'instance, qu'en montrant dès l'abord un titre apparent qui lui donnait droit à la recréance.

Il importait de trouver une procédure plus favorable à celui qui, ayant la vraie saisine, n'avait perdu que la simple possession de fait. On posa en principe que la vraie saisine se perdait seulement par la privation de la possession continuée pendant l'an et jour ; dès lors, le demandeur, quoique dépossédé de fait, pouvait durant l'année se dire saisi contre le détenteur actuel.

La rupture de sa saisine avec ou sans violence ne fut

plus dès lors considérée que comme simple trouble ou *nouvelleté;* et les deux actions pour dessaisine disparurent dans la *complainte en cas* de saisine et de nouvelleté (1).

Quelques mots de l'auteur du Grand Coutumier font présumer que messire Simon de Bucy fut l'auteur de cette innovation.

---

(1) Laurière (v° *Applégement*, Gloss.) nous indique le moment de fusion entre les deux procédures, alors qu'elles continuèrent de coexister pendant quelque temps.

« Quoique les applégements fussent proprement des complaintes intentées pour acquérir ou pour recouvrer la possession, cependant il était au choix de celui qui était saisi de renoncer à la saisine et d'agir par voie d'applégement ; car, par exemple, dans le cas de nouvelle écheoite, lorsqu'un étranger s'était mis en possession d'une succession qui ne lui appartenait pas, il était au choix du plus proche héritier de se dire saisi, suivant la règle : *Le mort saisit le vif*, et d'intenter la complainte en cas de saisine et de nouvelleté, ou de reconnaître son adversaire saisi et de s'appléger contre lui... » (Cf. le ch. XVIII de la *Tr. Anc. Cout. de Poitou.*)

La coexistence de ces deux modes de procéder paraît également dans le recueil de M. Marnier (ch. XVII de *Stile de procéder en cas hérédital*):

« 1° Celui qui se complaint de nouvele escheoite peut lever le *haro* sur celui qui l'empesche, et adonc venra la cause en viconté ; »

2° Il peut prendre le bref de nouvelle dessaisine, « et adonc vient la cause en assise. »

Au premier cas, « quant la cause de nouvele dessaisine vient en visconté par cry de haro, *chacun se dit saisy;* »

Au deuxième cas, quand elle vient en assise par brief, « le querellant se dit dessaisy par le bref. »

Pour lever le haro au premier cas, celui qui veut se complaindre peut reprendre de fait la saisine qu'il a perdue, et, si son adversaire vient pour le contredire ou l'empêcher, « qu'il lève le haro sur lui, et adonc vendra la chose en visconté. »

Nous trouvons ici en action le moyen que le dessaisi employait pour se dire saisi et se complaindre, quoique, par le fait, il n'eût jamais eu la possession.

Enfin, Ragneau notait : « Est récité en plaidant au Parlement, à

LXXXII. Avantages de la complainte.

Le demandeur se disait saisi et devait spécifier qu'il était troublé indûment et de nouvel.

« Tel demande estre gardé et maintenu en possession et saisine de la chose dont est question, et aultres possessions pertinentes, et, en cas de délay, la recréance lui soit adjugée pour jouyr de la chose contentieuse pendant le procès, par manière de provision... » (Rebuffe, *Sur l'ord. de Charles VII*, art. 70, n° 14.)

Faute par le demandeur de spécifier ainsi sa demande, le défendeur n'était pas tenu de répondre, et même il pouvait demander main-levée, et demeurait saisi (1).

Paris, le 19 juin 1377, que les cas d'applégement et la nouvelleté sont conformes. »

Cependant, il faut reconnaître que la procédure des applégements était déjà un progrès sur la procédure de dessaisine, et que la jurisprudence courante laissait prévoir la réforme à laquelle fut attaché le nom de Simon de Bucy. La complainte, d'ailleurs, avait un nom particulier en Bourgogne.

« En ressort de Dijon et de Dolle, *de tout temps* est nommée garde ce que nous disons complainte...; la complainte qu'ils nomment garde est annuelle. » (Papon, II⁰ Not., liv. VIII, p. 586.)

Puisque le demandeur devait se dire saisi par an et jour, il faut donc reconnaître, dans cet état du droit, que ce délai était péremptoire contre le dessaisi, quel que fût le temps pendant lequel son adversaire avait possédé.

D'ailleurs, les termes absolus de Masuer ne permettent pas de doute : « Faut tenir pour règle certaine que celui qui dit avoir esté troublé et empesché en la possession, doit, dedans l'an et jour, proposer la complainte en cas de nouvelleté ; car, après l'an et jour, il n'y serait reçu. » (Ch. II, n° 23.)

(1) « Si aucun est adjourné en cas de saisine et de nouvelleté et sa partie, en faisant sa demande, oublie à dire ce mot de *nouvel*, la partie n'est tenue de respondre; car le complaignant n'ensuit pas la forme de sa complainte. » (*Gr. Cout.*, p. 149.)

Sur la demande de la partie, le juge rendait une ordonnance appelée *mandement de complainte*, en vertu duquel l'examinateur, sergent ou huissier qui en était porteur convoquait les parties pardevant lui, sur le terrain contentieux ; c'était ainsi que l'on *ramenait la complainte sur le lieu*. Et, si la partie contre laquelle la complainte était dirigée ne comparaissait point, « supposé que ce soit la première contumace, et que plus n'en y ait, sy, sera la partie ressaisie et l'empeschement osté, suivant le style du Parlement. »

De même, « ....., si la partie se confesse dessaisie, ou confesse avoir mis l'empeschement, ou ne propose avoir aucun droit en la chose, ou qu'elle nie avoir mis l'empeschement, ou qu'elle ne s'oppose point, l'exécuteur ressaisira le complaignant, et en restablissant, ostera l'empeschement et assignera jour pour voir confirmer son exploit, ne depuis la partie ne sera receue à opposition..... » (*Gr. Coutum.*, p. 146.)

Ainsi l'on voit ici qu'il n'y a plus d'applégement, et que le demandeur a beaucoup de chances pour que la saisine lui soit adjugée au préalable, pendant l'instance possessoire.

En effet, pour que la chose fût mise en la main du roi, il fallait que le défendeur s'opposât formellement et directement à la demande.

C'est pourquoi « celuy qui s'oppose se doit dire saisy; autrement il ne serait mie légitime contradicteur » (p. 151, eod.) (1).

(1) L'opposant devait formellement requérir que la chose fût mise en la main du roi (1° c°). En résumé, « la défense en complainte de nouvelleté est légère chose à faire ; car, de nécessité, il faut faire tous faits contraires et conclusions contraires. » (Bouteillier, ch. XXXI.)

Ainsi le séquestre était le premier chef de la complainte. Il était de l'essence de cette action, et on l'appelait *fournissement de complainte*, « qui vaut autant que dire parachèvement ou perfection de l'exploit de complainte. » (Papon.) Et l'appel n'était pas reçu contre cette apposition de main souveraine.

Au reste, « séquestre garde et la main de justice ne dessaisit et ne préjudicie à personne. » (Loysel.)

« Depuis a esté trouvée ceste pratique injurieuse, d'autant que par icelle on dessaisissait un juste et assuré possesseur, sans l'ouyr, et a esté le tout remis pardevant le juge..... » (Papon.) « Sergents ne peuvent aujourd'hui séquestrer ; car la séquestration ne se peut faire sans connaissance de cause, ainsi qu'il fut dit par arrêt de l'an 1551. » (Guenois.)

Cette forme de procéder était du reste à la disposition de l'héritier, qui pouvait se dire saisi par le décès et former complainte, pourvu que l'année ne fût pas écoulée depuis le décès ou depuis la renouvelleté qui avait dessaisi le défunt.

LXXXIII. De la recréance.

Nous devons spécialement insister sur ce second chef de la complainte, car c'est ici que se manifeste toute la faveur du titre héréditaire. Les auteurs modernes, soit qu'ils aient négligé cette matière, soit que cette particularité leur ait échappé, n'ont guère parlé de la position de l'héritier à ce point de la procédure.

Après le séquestre, les parties étaient assignées devant le juge, et il était également de principe que, « en cas de saisine et de nouvelleté, un défaut fait perdre la saisine au défaillant..... Si le complaignant compare et l'opposant défaut en jugement, depuis que le jour leur aura esté assigné et la chose mise en la main du roi,..... le complaignant comparant sera mis en possession de la chose contentieuse, sans aucun délay, sauf à la partie la question de propriété. » (*Gr. Coust.*, p. 148.)

« En ceste cause, puisque pour le débat la chose contentieuse est mise en la main du roi pour l'opposition de la partie, la partie opposante n'a advis ne jour de conseil, ne jour de vue, pource qu'elle doit estre acertainée à quoi elle s'est opposée, et pource que l'exploit a esté faict en sa présence et sur le lieu ; autrement la partie aurait veue » (eod., p. 155). En conséquence de ces derniers termes, « quand la forme d'exécuter la complainte sur le lieu fust abolie, on put demander vue, sinon que l'action fust intentée pour hérédité et chose universelle. » (Charondas, p. 142 ; Cf. *J. Galli* quæst. 255.)

En cet état, le gain de la cause, c'est-à-dire la pleine maintenue qui terminait l'instance possessoire, dépendait nécessairement de la preuve que la partie devait faire de sa possession d'an et jour, et en principe, « n'est besoin d'alléguer titre, parce qu'il suffit d'estre possesseur. »

Cependant la partie dont le droit devait être reconnu comme préférable, en définitive, avait grand intérêt pendant l'instance à n'être pas privée de la possession de la chose contentieuse : le demandeur et le défendeur prétendaient donc d'abord à cette possession, et s'efforçaient de se faire adjuger la *recréance;* tel était le deuxième chef de l'action possessoire.

La recréance n'était pas attributive de la possession proprement dite, puisque le *recréancier* détenait toujours *sub manu regia,* comme le séquestre lui-même, et sauf le jugement de pleine maintenue. Il était d'ailleurs obligé de donner caution, de rendre et restituer le tout, le cas échéant. (Cf. Papon et Rebuffe, Ord Charles VII, art. 70.)

Lorsque le séquestre fut supprimé, la recréance devint le premier chef de l'action en complainte.

Celle des parties qui succombait sur ce chef plaidait donc dessaisie, et, pour gagner au plein possessoire, devait faire la preuve de ses droits.

« Doit estre la recréance adjugée à celui qui a son intention fondée sur la commune disposition du droit, et qui a plus clairs et évidens titres : et semblablement sera la provision adjugée au fils poursuivant la succession de son père, à la femme étant enceinte et pareillement pour la restitution de sa dot. » (Masuer, XI, 29, 31 ; Cf. *Gr. Cout.*, p. 154.)

On voit tout d'abord quel était l'avantage du titre héréditaire. Le successible qui trouvait un étranger détenteur de la chose dont son auteur avait eu la possession avait plus de droits que ce dernier, puisque, dans la même hypothèse, le *de cujus* n'aurait peut-être pas eu droit à la recréance. On voit donc que ce n'est pas sans raison que l'on attribue une saisine spéciale à l'héritier, saisine de droit de qualité supérieure à celle que lui a transmise le défunt. Cette saisine de droit avait la même efficacité que celle qui résultait d'un titre d'acquisition à titre onéreux.

C'est en ce sens que nous dirons que l'héritier devait être ressaisi *sans plaid faire*, mais en limitant cette expression au cas de la recréance qui ne préjuge rien sur le plein possessoire.

L'héritier n'avait sans doute à prouver que le fait de la simple possession de son auteur au moment du décès, et sa qualité de successible :

« Sont seulement vuydées les fins de non-recevoir qui représentent d'entrée raisons et justes causes, pour empescher le complaignant ou opposant respectivement de passer outre : comme si l'un d'eux est religieux et exclus de succéder à ce dont il est question ; s'il est illégitime et bastard, et question de succéder au père ; s'il est étranger et hors du premier degré. Ceux-là et tous autres qui de semblable sorte ne peuvent estre reçus devront estre d'entrée repoussés par ladite fin de non-recevoir qui est apparente. » (Papon, loc. cit.)

Cette saisine de droit de l'héritier lui donnait un avantage analogue, lorsque la procédure par voie d'applégement était en vigueur.

Ragneau paraît admettre que, dans tous les cas, le successible devait être maintenu en saisine, comme recréancier, quoique son adversaire offrît de s'appléger :
« Or l'héritier est tellement saisi, que l'on ne peut venir par voie d'applégement en lui empeschant la saisine de l'héritage, si ce n'est du fait d'iceluy héritier. » (T. IX, art. 28, *C. Berry.*)

« Nul ne peut venir par voie de plégement contre l'hoir du défunt, en luy empeschant la saisine de l'héritage. Car nonobstant nul débat que len y mette, s'il n'est du fait à celuy hoir ou hoirs, la court sera tenue de bailler la saisine d'iceluy héritage à celuy hoir ou hoirs.... » (*Tr. anc. Cout. de Bretagne*, ch. XXXVII.)

En se plaçant à ce point de vue, on interprète facilement les textes des *Olim* dans lesquels M. Alauzet semble trouver des anomalies.

La recréance est en effet très-ancienne ; on la trouve dans Beaumanoir. Elle était d'un fréquent usage au 13e siècle, et se rencontre toujours basée sur ce principe qu'elle doit être adjugée à celui qui a pour lui le droit commun.

Nous trouvons d'abord un arrêt de 1259 qui adjuge avant tout la saisine à l'héritier du droit commun, avant l'examen du titre d'un autre prétendant qui invoque une donation à lui faite par son épouse prédécédée. Ce dernier alléguait en outre qu'il avait possédé pendant plusieurs années depuis la mort de son épouse. L'arrêt termine l'instance possessoire et ne réserve que les droits au pétitoire. « ... Cum certum sit quod idem Imbertus sit proximior heres, ratione uxoris suæ, nonobstante excepcione quam idem Gaufridus proponit de dono sibi facto, idem Imbertus habebit saisinam, et de proprietate fiat jus coram domino feodali. » (*Olim*, I, p. 452, n° XVI.)

M. Alauzet, commentant l'arrêt entre la dame de Rolleboise et la demoiselle Ida de Mellent, ne paraît pas s'expliquer comment la demanderesse plaida dessaisie. (V. *Olim*, I, p. 398, t.)

Cette particularité de la cause se rapporte nécessairement à la recréance. La dame de Rolleboise, après la mort de son mari, était restée en possession, durant une année environ, du château de Rolleboise avec ses dépendances, pour lesquels elle et son deuxième mari avaient fait les devoirs féodaux. La demoiselle Ida, se disant héritière du défunt, dessaisit violemment ladite dame de son fief.

Il est probable que la recréance avait été adjugée au titre héréditaire apparent, pendant l'instance possessoire, car l'arrêt décide que la dame de Rolleboise sera ressaisie.

LXXXIV. De la recréance et de la pleine maintenue.

A. On voit, par la manière dont les choses se passaient, qu'en réalité l'action possessoire comportait deux instances véritables ayant pour objet la recréance d'abord, puis la pleine maintenue, dans le système de l'action en complainte. La circonstance que la dessaisine avait eu lieu par violence donnait un avantage spécial au complaignant.

C'est ce qui résulte d'un fragment du Grand Coutumier qui a pour objet une sorte de droit de suite compétent à la personne qui avait été dépouillée de son meuble. Comme, en cette matière, il ne pouvait y avoir, à proprement parler, d'action possessoire, dans ce cas la recréance était l'objet même de l'action principale.

En cas de spoliation, dit l'auteur du Grand Coutumier (l. II, ch. XVIII), « l'on ne peut faire contestation à fin de recréance qu'il ne la convienne faire au principal, tellement sont joints ensemble. Mais ès autres causes *secus, ut in interdicto uti possidetis et aliis.* »

Les derniers mots supposent qu'en cas de complainte, le chef de la recréance était indépendant d'abord des fins de l'action principale, et, de plus, qu'au cas de dessaisine par violence, la recréance était pour le dessaisi un moyen d'être remis en possession, « sans connaissance de cause et avant *litis* contestation, *scilicet in causa principali.* »

Un autre rapport intime entre la sentence de recréance accordée au spolié et celle qui était adjugée au porteur du titre le plus apparent, c'est que l'une et l'autre étaient exécutoires par provision, et que la partie n'était pas reçue à suivre l'instance au plein possessoire avant d'avoir exécuté la première sentence (Décis. du Parlement, du 2 août 1512, ap. Rebuffe, *De sent. exec.*, art. V).

Cette faveur dont jouissait le titre héréditaire était également accordée à la douairière qui réclamait son douaire contre des tiers : elle avait droit à la recréance. Ainsi, l'an 1282, la recréance du château de Milly fut adjugée provisoirement à la dame de Milly, jusqu'au jugement, sous la réserve de tous droits, au possessoire comme au pétitoire (*Olim*, II, p. 208, xvi).

D'ailleurs, « si femme demande son douaire, et elle demande provision pendant le plaid, elle l'aura tant pour ses alimens comme pour la nécessité de sa cause. »

La provision se distinguait elle-même de la recréance ; la provision était adjugée également en tout état de cause aux descendants demandant la succession de leur père, et consistait ordinairement dans le quart de l'hérédité (*Gr. Cout.*, ch. 43, l. II).

Dans les conflits entre la veuve et l'héritier, comme tous deux avaient un titre apparent fondé en droit commun, il est probable que l'on adjugeait la recréance à la veuve, lorsqu'elle prouvait d'abord que l'héritage litigieux faisait partie de son douaire. En tout cas, nous voyons dans les *Olim* que la douairière l'emportait au plein possessoire, pourvu sans doute qu'elle n'eût pas perdu la saisine d'an et jour. La saisine du château de Courtevois fut adjugée à la dame de Brancidun contre les héritiers de son mari, bien que la première saisine eût appartenu à ceux-ci (t. I, p. 234, VIII, ann. 1266).

B. Il résulte de cet exposé que les plaidoiries sur la recréance pouvaient être très-longues, et que ce chef de l'action possessoire formait en réalité une instance spéciale.

L'ordonnance de Villers-Cotterets avait pour objet la suppression de ces délais : « Nous défendons à tous nos juges de faire deux instances séparées sur la recréance et la maintenue des matières possessoires ; ainsi voulons être conduites par un seul procès et moyen, comme il est contenu ès anciennes ordonnances de nos prédécesseurs sur ce faites. » (Art. 59.)

L'art. 63 prescrit que l'instance possessoire au fond soit expédiée sommairement, et que les preuves doivent être fournies dans un seul délai.

C. *De la pleine maintenue.* — La sentence au plein possessoire avait pour objet de faire lever tous empêchements à la saisine de celui qui prouve avoir joui pendant l'an et jour qui précède la nouvelleté, et de forcer la partie adverse de rétablir les fruits qu'elle a levés. Elle est condamnée en tous frais et dommages-intérêts. (V. *Gr. Cout.*, p. 153.)

LXXXV. Du cas de simple saisine.

A. Avant que messire Simon de Bucy eût introduit des innovations en cette matière, la partie qui avait succombé en matière de dessaisine ne pouvait plus réassigner que sur la propriété. L'innovation qui fut introduite consistait à dire que celui qui perdait le procès sur la nouvelleté n'avait pas perdu la saisine entièrement, mais qu'il en était reculé ou débouté, en tant que touche cette qualité de nouvelleté seulement. On posa donc en principe : « Qui succombe en la nouvelleté, il peut intenter libelle sur simple saisine. » (Eod., p. 156.)

Messire Simon de Bucy n'admettait pas que le cas de propriété fût réservé pendant le procès sur la nouvelleté ; mais celui de *simple saisine* restait ouvert. Il ne put faire prévaloir cette opinion trop absolue ; et l'on tenait généralement qu'on pouvait négliger cette action possessoire et plaider immédiatement au pétitoire.

Cette action devait être intentée dans l'année de la première sentence, à peine de déchéance absolue (p. 162). Mais, dans cette nouvelle instance, la position du défendeur était de beaucoup plus favorable que celle du demandeur. La partie qui prouvait avoir joui de la chose contentieuse pendant la plus grande partie des dix dernières années gagnait la simple saisine ; et, dans le cas où les deux adversaires avaient possédé pendant le même temps, celui qui prouvait une possession plus ancienne l'emportait.

B. En tout cas, dans sa procédure et dans ses effets, l'action de simple saisine était différente de la complainte en cas de saisine et de nouvelleté.

Le cas de nouvelleté était exclusivement de la compétence des sénéchaux, baillis et prévôts ; le cas de simple saisine se portait indistinctement devant tous juges ordinaires.

La chose litigieuse n'était plus séquestrée ni adjugée par recréance : l'instance n'avait qu'un chef, la pleine maintenue, et le défendeur demeurait saisi jusqu'à la sentence (Loysel, V, IV, 24).

Le défendeur avait de plus délai d'avis ou jour de conseil, délai de vue et délai pour appeler garant. Le défaut après jour de vue faisait perdre la cause.

Le demandeur en cas de simple saisine devait, d'ailleurs, montrer titre « par lequel il se die avoir droit en la possession acquérir ou recouvrer. » (P. 139, *Gr. Cout.*) (1).

Sur ce point encore la position de l'héritier se trouvait

---

(1) Beaumanoir, qui précède de près d'un siècle messire Simon de Bucy, semble pressentir cette distinction entre l'instance possessoire de simple saisine et l'action pétitoire : « ... La seconde manière d'usage si est de tenir héritage par dix ans pesivlement, à le vūe et à le sūe de cix qui l'empeschement y voelent metre : tex manières d'usages valent à acquerre propriété et saisine d'héritage ; mais c'on mette avec l'usage, cause soufisant dont li héritage vint, come d'acat, ou de don, ou de laiz, ou d'esquéance. » (Ch. XXIV, 4 ; Cf. VIII, 9.)

très-favorable, puisque, souvent embarrassé de montrer les titres de son auteur, il lui suffisait de prouver sa possession ancienne et d'invoquer son titre héréditaire.

En cas de nouvelleté, celui qui succombait était condamné en tous frais et dommages-intérêts; mais en cas de simple saisine, comme le défendeur plaidait *saisi*, il ne devait rien des fruits par lui perçus, mais seulement les frais. (V. Rebuffe, sur l'article 61, gl. II de l'Ord. de 1529.)

Cette instance portait également le nom de sauvegarde. (V. Papon, p. 586.)

Le cas de simple saisine s'est perpétué longtemps en Artois, ainsi que l'atteste Merlin (v° *Compl. au P. de Flandre*). Mais, dans les autres pays coutumiers, il fut restreint de bonne heure aux troubles de servitude ou de rente. (V. Laurière, s. l'art. 98.)

LXXXVI. De la réintégrande.

L'esprit des doctrines que nous venons d'exposer sur la recréance, le séquestre et la pleine maintenue, s'est conservé jusqu'à Pothier, dont les extraits les plus intéressants sont rapportés par le président Henrion de Pansey (ch. 48, 49).

Du reste, Pothier accorde formellement l'action en réintégrande à l'héritier qui n'a jamais pris possession de l'héritage possédé par son auteur :

« Il y a lieu à la réintégrande lorsqu'un héritier est

empêché par violence de se mettre en possession d'un héritage que le défunt possédait lors de sa mort... etc. » (*De la Possession*, n° 111.)

En cherchant à établir que, sous l'empire de l'Ordonnance de 1667 et d'après Pothier, le fait de spoliation ne dispensait pas le demandeur qui voulait se faire réintégrer de prouver sa possession annale, M. Alauzet se contente (259) de citer un texte fort incomplet de Pothier, au titre *De la procédure civile* (part. II, ch. III, art. 3).

Ce jurisconsulte, au traité *De la Possession*, nos 114 et 123, indique clairement que le fait seul de la possession violente justifie la réintégrande :

« 114. Tous ceux qui ont été dépossédés d'un héritage par violence ont droit d'intenter cette action de réintégrande pour en recouvrer la possession.

« ..... Quelque vicieuse que soit la possession dont quelqu'un a été dépossédé par violence, fût-ce une possession qu'il eût lui-même acquise par violence, il est reçu à intenter l'action de réintégrande contre un tiers qui l'en a dépossédé.

« 123..... On n'examine sur l'action en réintégrande que le seul fait de la dépossession par violence ; *et, quel que puisse être le spoliateur*, il suffit qu'il soit établi qu'il a dépossédé par violence le demandeur en réintégrande, pour qu'il doive être condamné à le rétablir dans la possession de l'héritage dont il l'a dépossédé. »

Rien de plus clair que ces expressions. Si l'action en réintégrande n'était pas (ce que méconnaît M. Alauzet) beaucoup plus favorable que la complainte ordinaire,

Pothier ne dirait pas ici que le demandeur sera ressaisi *quel que soit le spoliateur, quelle que soit la possession qui a été envahie.*

Au cas de complainte ordinaire, en effet, Pothier nous dit (n° 96) que le détenteur qui ne doit cette qualité qu'à la violence n'est pas fondé à former la complainte contre celui sur qui il a usurpé ainsi la possession.

En un mot, le fait de violence constitue au profit de celui qui a été ainsi dépossédé une exception péremptoire, s'il est défendeur à l'action possessoire, ou un moyen décisif, s'il est demandeur, et son adversaire doit être condamné indistinctement, — à moins que l'année ne soit écoulée depuis la violence.

DROIT CIVIL FRANÇAIS MODERNE.

CHAPITRE Ier.

De la saisine dans les divers ordres de succession.

LXXXVII. Esprit du Code civil sur cette matière.

A. Les rédacteurs du Code civil accueillirent le principe de la saisine héréditaire comme très-favorable aux droits du sang. L'idée générale de la saisine, développée sous toutes les formes par l'ancienne jurisprudence française, et qui s'était originairement assimilé presque toutes les questions de droit privé, n'a plus laissé de traces visibles que dans cinq articles du Code civil (724, 1004, 1026, 1027, 1220).

Vix manet e tanto parva quod urna tenet.

Avant de développer la théorie qu'ils supposent, il importe de se demander quelle a été l'intention probable des législateurs, en faisant de la saisine une prérogative pour certains successibles, et quel effet principal ils lui ont attribué.

Il résulte de diverses dispositions que la saisine est regardée comme l'attribut du titre héréditaire, et spécialement de la qualité de successeur à la personne; et comme cette qualité suppose subrogation dans tous les droits actifs et passifs du *de cujus*, ce rapprochement a produit la rédaction de l'art. 724, où l'obligation personnelle d'acquitter les charges de la succession paraît être la condition essentielle et inséparable de la saisine. D'ailleurs, l'idée de succession à la personne est expressément réservée dans les sections 3, 4 et 5 du chap. III du titre *Des successions*, aux héritiers saisis, par opposition à la simple dévolution de tout ou partie du patrimoine, au profit des successeurs irréguliers soumis à l'obligation de demander la délivrance (sect. 1, 2, ch. IV).

Aussi, MM. Aubry et Rau corroborent l'une par l'autre chacune de ces trois idées : succession universelle à la personne, obligation indéfinie aux dettes, saisine de plein droit, et font dériver les deux premières de la qualité d'héritier saisi (§ 723, n° 4; — Cf. §§ 639, n° 25; 640 bis, n°ˢ 2, 3; 636, n° 4).

Tel paraît être le système du Code civil; et ce point de vue est en général très-favorable à la solution des questions qui s'élèvent au sujet de la contribution aux dettes, entre les divers successibles, et sur l'étendue de leurs obligations.

B. Mais il n'est pas invariablement applicable à toutes les hypothèses; ainsi, on explique facilement comment l'exécuteur testamentaire a la saisine du mobilier; comment la femme commune a la saisine des effets de la communauté à la mort du mari; comment la douairière était saisie du douaire autrefois, sans que l'on puisse rattacher la saisine de ces personnes, soit à la qualité de successibles obligés aux dettes indéfiniment, soit à la qualité de successibles *in universum jus defuncti*. Du reste, le droit coutumier, en faisant plusieurs héritiers d'une même personne, contredit formellement cette idée que la succession universelle soit la condition nécessaire de la saisine.

Cependant Pothier n'y a pas échappé; et cette idée vague peut se reproduire sous bien des formes:

Ainsi, l'article 788 du Code civil permet aux créanciers du successible qui renonce en fraude de leurs droits à une succession avantageuse, de faire rescinder cette renonciation; au contraire, le droit romain ne voyait pas, dans la renonciation à l'hérédité, l'abandon formel d'un droit acquis, et, par suite, ne donnait pas l'action aux créanciers. On a expliqué cette différence comme un effet de la saisine héréditaire; comme si la décision ne devait pas être la même à l'égard des créanciers du légataire qui renonce au préjudice de leurs droits; et cependant le légataire n'a pas la saisine.

Les artt. 777 et 785, qui font remonter au jour de l'ouverture de la succession les effets soit de l'acceptation, soit de la renonciation, ont été expliqués par l'idée de saisine, au lieu que ces articles sont plutôt des réminiscences du droit romain que des applications réfléchies du principe de la saisine.

Ce n'est pas ici le lieu d'énumérer toutes les fausses inductions qu'on peut tirer de la lettre du Code civil ; mais ces observations suffisent pour faire prévoir que le Code civil ne contient pas un système complet sur la saisine, ou du moins qu'il faut prendre ses dispositions dans un sens limité, *secundum subjectam materiam*. Le but des rédacteurs n'était pas de développer dans un ordre artistique des théories particulières. Chaque article est un fait, en quelque sorte, qui répond à un besoin pratique. Ce n'est donc pas sans circonspection qu'on peut en faire un corps de doctrine.

Si cependant on voulait, en simplifiant les recherches, ne demander au Code civil que ce qu'il contient sur cette matière de plus clair, on conclurait des artt. 770, 773, 1004 et 1011, comparés avec l'art. 724, que la saisine est seulement une prérogative accordée à certains successibles et qui les dispense de l'obligation de demander à personne l'envoi en possession du patrimoine du *de cujus* ; au lieu que les successibles non saisis sont tenus de demander la délivrance des biens soit aux saisis, soit à la justice.

Nous accepterons le Code civil comme ayant recueilli l'héritage du droit coutumier, et nous chercherons en quoi les articles qui supposent la donnée de la saisine sont conformes ou contraires à l'idée de la saisine que nous avons déjà puisée dans l'esprit du droit coutumier.

LXXXVIII. **Distinction entre les héritiers et les successeurs irréguliers.**

A. Le Code civil distingue deux classes de successibles : les héritiers du sang, parents du *de cujus* jusqu'au douzième degré inclusivement, et les successeurs irréguliers, qui sont les enfants naturels reconnus, le conjoint survivant et l'Etat.

Les héritiers jouissent de la prérogative de la saisine de plein droit.

Les successeurs irréguliers doivent, en principe, demander l'envoi en possession.

Cette distinction générale, qui règle l'ordre et le mode de la dévolution de la succession, se justifie spécialement au point de vue de l'acquisition du patrimoine.

La parenté est de notoriété publique, et ses droits sont évidents aux yeux de tous. Les droits des autres successeurs n'ont de valeur à l'égard des tiers qu'à défaut d'héritiers du sang ; d'ailleurs, l'enfant naturel reconnu peut avoir été clandestinement élevé.

La loi, en autorisant les héritiers du sang à se mettre spontanément en possession de l'hérédité, sanctionne ainsi l'ordre naturel qui les désignait activement et passivement comme représentants du défunt.

Les successibles irréguliers étant obligés de demander aux héritiers du sang ou à la justice l'envoi en possession, la délivrance est pour eux un titre de notoriété qui supplée au titre légitime, et leur donne à l'égard des tiers le bénéfice de la saisine que les vrais héritiers tiennent de leur qualité de parents.

B. L'institution testamentaire, revêtue des formes légales de l'acte public ou de la sanction résultant de l'ordonnance du président, aux termes de l'art. 1008, remplace, pour le légataire universel appelé à défaut du réservataire, les droits du sang des héritiers légitimes et la délivrance obtenue par les successeurs irréguliers.

Telles sont, au même point de vue, les conditions alternatives sous lesquelles les successibles des diverses classes jouissent de la saisine : la parenté légitime, la délivrance, l'institution testamentaire revêtue de certaines formes de publicité.

C. Quel est donc le vrai caractère des dispositions du Code civil qui règlent ainsi l'acquisition du patrimoine ?

Elles nous paraissent tout à fait pratiques et conçues dans l'intérêt des tiers, et en même temps elles assurent une position favorable, 1° à l'héritier du sang pour discuter les droits du successeur irrégulier ; 2° au réservataire pour discuter le titre du légataire universel ; 3° et à l'héritier testamentaire dans le cas de l'art. 1006, contre les successibles *ab intestat* et les légataires à titre universel.

En somme, ces dispositions n'ont d'autre effet que d'attribuer aux uns la saisine de plein droit, au lieu que les autres n'en jouissent que sous des conditions déterminées. Mais la saisine proprement dite, indépendante de son acquisition, reste toujours à connaître. Pour nous, une fois acquise, la saisine a les mêmes caractères au profit soit des héritiers légitimes, soit des successeurs irréguliers, soit des héritiers institués.

Les artt. 770, 773, 1004, 1011, comparés avec l'art.

724, ne donnent donc pas une théorie de la saisine proprement dite ; et l'on ferait un raisonnement bien superficiel, si l'on en concluait qu'une certaine classe de successibles jouit de la saisine héréditaire à l'exclusion des autres : ces articles ne règlent que son acquisition.

LXXXIX. De la saisine héréditaire à l'égard des successeurs irréguliers et du légataire universel.

A. Quel est l'objet des dispositions du Code civil qui obligent dans tous les cas les successeurs irréguliers à demander la délivrance ? Plaçons-nous d'abord dans l'hypothèse des artt. 767 et suivants, qui supposent que l'enfant naturel, le conjoint survivant et l'Etat sont appelés à toute la succession à défaut de successibles réguliers.

Ces articles imposent en outre à ces successeurs l'obligation de faire inventaire, de notifier au public leur envoi en possession et de donner caution suffisante pour assurer la restitution du mobilier.

Ces formalités ne sont certainement pas prescrites en haine de ces personnes et par la raison qu'elles ne sont pas héritiers légitimes ; car le légataire universel, au cas de l'art. 1006, n'y est pas soumis, bien qu'il existe des successibles *ab intestat* non réservataires ; et pourtant l'étranger institué par testament n'est pas plus digne de faveur que le conjoint survivant.

Ces précautions sont prises, en réalité, dans la prévision que des héritiers plus proches pourront survenir et réclamer la succession; car la vocation des successibles irréguliers est chose extraordinaire : on suppose difficilement que le défunt ne laisse point de parent dans le douzième degré.

Ces dispositions, conçues dans un intérêt spécial, ne préjugent donc rien sur les rapports de ces successibles avec les tiers, c'est-à-dire sur la saisine elle-même, qui reste toujours à connaître.

B. L'enfant naturel en concours avec un parent légitime du *de cujus* est dans une position exceptionnelle à l'égard de la famille; néanmoins, il s'en faut de beaucoup qu'il soit simplement créancier de la succession.

Le défaut fréquent de notoriété de sa qualité était un motif suffisamment grave pour le priver de la prérogative de la saisine de plein droit et l'astreindre à demander la délivrance.

C. Le légataire universel ou héritier institué qui se trouve en concours avec un réservataire est dans la même position que l'enfant naturel à l'égard des parents légitimes : il est soumis, par l'art. 1004, à l'obligation de demander la délivrance de son legs au réservataire, qui est le premier saisi de l'hérédité. La saisine de plein droit donne à ce dernier le rôle favorable de défendeur à l'action en délivrance, et, par suite, le droit de suspendre provisoirement les droits résultant du testament au profit de l'héritier testamentaire, s'il veut contester la validité de son titre.

En effet, les rédacteurs du Code n'ont pas déterminé sans mûre réflexion les rapports du légataire universel avec les héritiers du sang; ils ont prévu la possibilité d'un conflit, et ont résolu la première difficulté qui devait en résulter, en accordant la saisine de plein droit tantôt à l'héritier du sang, par l'art. 1004, tantôt à l'héritier institué, par l'art. 1006. MM. Malleville et Portalis prévoyaient que la première saisine accordée sans distinction à l'héritier du sang mettrait à sa merci le titre de l'héritier institué, et opinaient en conséquence pour qu'elle fût attribuée de préférence à ce dernier.

Cambacérès distingua le cas où il existait un héritier réservataire et celui où l'héritier institué était appelé à toute la succession sans aucune réserve, pour lui attribuer, dans ce dernier cas seulement, la première saisine contre les héritiers du sang, et assurer provision au titre.

Ainsi le Code civil s'accorde avec le droit coutumier pour attribuer la possession provisionnelle, comme effet de la saisine héréditaire, au titre le plus favorable.

Voilà ce que le Code civil contient de plus clair en cette matière. Mais il faut songer que ces articles ont moins pour objet de donner des définitions scientifiques que de régler des intérêts opposés.

XC. Saisine de la réserve.

A. Nous avons touché par anticipation aux rapports de l'héritier institué avec le successible réservataire, et nous avons vu que, dans l'esprit des rédacteurs du Code, la qualité de réservataire était essentiellement attributive de la saisine de plein droit; et que, d'un autre côté, la saisine attachée à l'institution testamentaire ne cédait qu'à celle du réservataire et primait toutes les autres. Le Code civil a tranché ainsi les difficultés auxquelles prêtait la nature de la légitime de l'ancien droit et fortifié le titre des plus proches héritiers.

Nous avons vu que les jurisconsultes partisans de l'influence du droit romain, et notamment Merlin, considéraient la légitime comme exclusive de l'idée de succession, en sorte que la qualité d'héritier et celle de légitimaire étaient incompatibles. La légitime étant à leurs yeux une charge des biens et non une quote-part de la succession, le légitimaire pas plus que le légataire ne pouvait se dire saisi.

« Suivant notre Code civil, dit Grenier, il n'est plus question de cette distribution faite par les lois anciennes à chaque enfant d'une portion de biens, pour tenir lieu de la légitime; ce n'est pas non plus celui en faveur duquel la disposition est faite qui est chargé de cette distribution entre les enfants.

« Le Code fixe seulement la quotité disponible, d'où il dérive une autre quotité qui est indisponible; car les biens, lorsqu'il y a des héritiers à réserve, deviennent un tout qui se divise en deux quotités. »

Sous un semblable régime, ce que nous avons dit de l'influence des principes coutumiers sur la transmission des biens est encore plus absolu. D'après ces principes, la nature de la légitime au profit des enfants était encore contestée; et, d'un autre côté, la réserve coutumière des quatre-quints des propres n'avait pour objet que cette classe spéciale de biens. Le Code civil, en étendant aux ascendants la qualité de réservataires, en frappant d'indisponibilité une certaine quotité de biens, sans distinction de leur origine ou de leur nature, assure aux réservataires, nonobstant toute volonté du défunt, cette quotité à titre de succession : ils y ont droit en qualité d'héritiers. A leur égard, il y a toujours et nécessairement délation de la succession *ab intestat*, et l'on peut dire qu'à leur égard la réserve n'est autre chose que l'hérédité elle-même diminuée de la quotité disponible.

Or, la successibilité étant un titre universel, la saisine qui y est attachée a le même caractère et la même étendue : la masse de la succession n'est diminuée que par le concours du légataire universel qui demande la délivrance de la quotité disponible; la saisine du réservataire embrasse d'abord toute l'hérédité, et, à ce point de vue, l'on peut dire que l'institution d'héritier ne fait qu'un légataire. Elle n'a pour objet, en effet, qu'un élément flottant, dépendant de la volonté du testateur, au lieu que la réserve forme un élément stable, inaltérable dans le patrimoine, qui entraîne la quotité disponible dans la saisine du réservataire, sauf la demande en délivrance du légataire universel.

A défaut de réservataire, il n'y a plus de réserve au profit du lignage, comme en droit coutumier; la volonté du testateur est sans limites : il peut faire un héritier; provision est due au titre, et la saisine légitime n'a plus un élément invariable sur lequel elle repose. Elle est donc acquise à l'héritier institué, qui recueille toute la succession.

B. Du reste, il est universellement reconnu que la

distinction entre les successibles saisis et non saisis n'établit entre les uns et les autres aucune différence quant à la transmission du droit au fond et quant à la date de cette acquisition instantanée : cette distinction n'a d'autre effet que de refuser aux successibles non saisis le bénéfice d'une présomption, et des garanties en quelque sorte provisoires qui y sont attachées.

Ainsi, toute personne appelée par la loi ou par la volonté du *de cujus* à recueillir tout ou partie du patrimoine, en qualité d'héritier, de successeur irrégulier, de légataire à titre universel ou particulier, acquiert de plein droit la propriété dès l'instant du décès du *de cujus*. (V. Zachariæ, §§ 638, 639, n° 13 ; 640 bis, texte n° 2 ; 722.)

Ainsi, l'obligation de demander la délivrance imposée à quelques-uns de ces ayant droit ne forme point une condition suspensive à l'accomplissement de laquelle soit subordonnée l'acquisition de leur droit de propriété (artt. 767, 768 ; Cf. 1002, 1014).

Ainsi, les successeurs irréguliers, les légataires, les successeurs à titre de retour successoral, par le seul fait qu'ils ont survécu au défunt, peuvent transmettre à leurs ayant cause les droits qu'ils ont recueillis au moment de l'ouverture de la succession (1).

Les uns comme les autres ont droit en principe aux

---

(1) Ce droit de transmissibilité est surtout remarquable entre successibles qui périssent ensemble dans le même accident. Les partisans de l'extension de l'interprétation de l'art. 720 entre les successibles irréguliers, entre un testateur et un légataire, ne sont pas arrêtés par cette considération, que ces successibles n'ont pas la saisine de plein droit.

fruits des choses qu'ils sont appelés à recueillir, à dater de l'ouverture de la succession, indépendamment de la demande en délivrance. Cependant les artt. 1005 et 1014 forment des exceptions au préjudice des légataires universel et particulier. L'art. 1005 ne donne au premier droit aux fruits, à compter de cette époque, que sous la condition de demander la délivrance dans l'année. Cette époque passée, le légataire universel se trouve assimilé aux légataires particuliers, qui n'acquièrent aucun droit aux fruits que par une demande en délivrance ou par le consentement des héritiers saisis.

Ainsi, nonobstant les dispositions exceptionnelles des articles précités, il faut reconnaître que la saisine héréditaire n'a aucune influence sur ce droit, puisque les successeurs irréguliers, l'enfant naturel notamment et les personnes appelées à exercer un droit de retour successoral n'ont pas la saisine, et qu'on leur accorde généralement droit aux fruits.

XCI. Saisine de l'héritier délibérant.

Le titre seul de l'héritier présomptif du *de cujus* le désigne suffisamment aux tiers comme son représentant, avant qu'il ait fait aucune démarche vers l'hérédité.

La saisine possessoire reconnue par la loi fortifie ce principe et forme une présomption qui suffit provisoirement et par elle-même pour donner à l'héritier *ab intestat* ou au légataire universel, au cas de l'art. 1006, qualité pour représenter l'hérédité activement et passivement comme héritiers délibérants.

Les articles 795 et suivants confirment sur ce point la théorie que nous avons exposée au point de vue de l'ancien droit, en donnant certains pouvoirs à l'habile à succéder.

En cette seule qualité, l'habile à succéder est légitime défendeur à l'action des créanciers héréditaires. Les demandes et les actes conservatoires faits contre lui sont valables; ils interrompent la prescription. Le délai de trois mois et quarante jours qu'il peut opposer soumet l'hérédité à un régime provisoire qui nous paraît être l'un des effets les plus notables de la saisine.

Réciproquement, l'habile à succéder peut, sans s'obliger définitivement, faire les actes conservatoires définis par l'article 796, qui s'occupe de la vente des effets susceptibles de dépérir.

La saisine de plein droit autorise ainsi le successible à se mettre spontanément en possession des effets héréditaires, sans qu'on puisse en conclure de sa part acceptation tacite de la succession.

A l'égard du successeur irrégulier appelé à défaut de parents légitimes, à l'égard du légataire universel appelé concurremment avec un réservataire, ou du légataire à titre universel en concours avec un héritier légitime, comme ils n'ont pas la saisine, il en résulte qu'ils sont comme non existants aux yeux des créanciers héréditaires, tant qu'ils ne se sont pas constitués représentants de l'hérédité par un acte spécial, dont la saisine de plein droit dispense l'héritier proprement dit.

La saisine leur est acquise par l'envoi en possession qu'ils doivent obtenir, soit du tribunal dans l'arrondissement duquel s'est ouverte la succession (770), soit de l'héritier premier saisi. C'est ainsi que le successeur irrégulier rend sa position de tout point régulière à l'égard des tiers; mais il faut reconnaître, avec les annotateurs de M. Zachariæ, que ce successible qui s'est mis de son autorité privée en possession de l'hérédité se désigne par là même comme représentant du *de cujus* et peut être actionné par les créanciers héréditaires, bien que l'envoi en possession régulier lui soit nécessaire pour actionner les débiteurs de la succession.

En outre, il y a tout lieu de croire que l'envoi en possession qu'il obtient remplace à son égard la saisine de plein droit que la loi elle-même défère aux héritiers légitimes. En remplissant cette formalité, il peut donc se placer dans une position identique à celle que la loi crée pour l'héritier légitime. Il peut demander cette possession en qualité d'habile à succéder délibérant, et obtenir de la justice tous les avantages résultant des articles 795 et suivants, c'est-à-dire la faculté de se gérer provisoirement comme représentant de l'hérédité, sans que les actes conservatoires de sa gestion puissent être considérés comme emportant de sa part acceptation irrévocable.

Il n'y a rien d'anormal dans cette situation : elle est favorable à la bonne administration de l'hérédité, puisque le successeur irrégulier gère pour son compte; si un jour il accepte l'hérédité, s'il outrepasse les pouvoirs d'une simple gestion provisoire, il s'oblige définitivement aux conséquences d'une acceptation; s'il veut répudier la succession, il ne pourra le faire qu'en représentant un inventaire et en justifiant de l'intégrité de sa gestion; et les créanciers seront à même de faire nommer un curateur à la vacance qui trouvera l'inventaire fait. Il n'y aura donc eu, dans ce cas, qu'une perte de temps nécessaire, la même tout au plus qu'eût occasionnée la présence d'un successeur régulier.

Du reste, la condition de son envoi en possession, comme habile à succéder et à prendre qualité, n'empêchera pas que l'art. 771 ne lui soit applicable. On pourrait même le soumettre aux obligations imposées par l'art. 813 au curateur à la vacance, par les articles 803 et suivants à l'héritier bénéficiaire, obligations protectrices pour les créanciers héréditaires.

Les dispositions de ces articles l'obligeraient :

1° A rendre compte dans un délai déterminé au curateur à la succession vacante, pour le cas où il répudierait définitivement ;

2° A demander l'autorisation de la justice pour vendre les effets sujets à dépérissement, conformément à l'article 796, et dans les formes prescrites par l'article 805;

3° A en verser le prix à la caisse des dépôts et consignations.

Cette doctrine nous semble admissible *rebus integris*, c'est-à-dire quand la saisine est encore vacante. Mais si la succession avait déjà été pourvue d'un curateur, il résulte de la jurisprudence ancienne et moderne que des ayant droit ne sauraient interrompre l'administration du curateur, en prenant la simple qualité d'héritier apparent et délibérant. La saisine n'est plus déférée au successible du moment où elle est légitimement occupée. Il ne la fera cesser qu'en prenant définitivement la qualité de représentant de la succession. (V. Merlin, v° *Success.*, sect. I, § 5; Cf. infra, *De la vacance.*)

Il résulte de ce rapprochement que toute question de saisine disparaît dès que la succession est acceptée. Le successible est dès lors *loco defuncti*, comme propriétaire, créancier et débiteur; la saisine ne se distingue plus de l'ensemble des droits acquis universellement.

XCII. De la saisine dans ses rapports avec le droit d'accepter et de renoncer.

A. Il est d'abord une maxime que nous avons suffisamment développée et que le Code civil a consacrée (art. 775) : c'est que nous n'avons pas d'héritiers nécessaires, et que la saisine des héritiers légitimes n'a pas pour effet de les lier malgré eux à l'hérédité; car la saisine ne les prive pas de la faculté de renoncer.

Il n'y a que l'acceptation expresse ou tacite qui rende héritier irrévocable.

Et néanmoins l'acquisition et la transmissibilité du droit héréditaire sont indépendantes de l'acceptation.

En sorte que le défaut d'acceptation de l'hérédité ne saurait emporter pour le successible perte de son droit. Un article précis du Code civil établit au contraire que la renonciation ne se présume pas (784).

L'acceptation n'est donc pas nécessaire pour que le successible conserve la saisine.

Réciproquement, la saisine ne consiste nullement dans le droit d'acceptation ou de renonciation.

En effet, le successible irrégulier a cette faculté sous la seule condition que la succession soit ouverte; et, s'il meurt avant d'avoir pu manifester sa volonté, il transmet ses droits à ses propres ayant cause. De plus, l'acceptation de la succession par ce successible n'a nullement pour effet de lui conférer la saisine : elle rend seulement sa condition irrévocable; mais les tiers pourront toujours lui contester son titre, tant qu'il n'aura pas reçu la saisine de la justice au moyen de l'envoi en possession.

En un mot, la faculté d'accepter la succession n'est pas subordonnée à la saisine, et réciproquement l'une ne supplée pas à l'autre.

B. Quant à la renonciation, il faut admettre qu'elle emporte, de la part du successible, abdication de la saisine, car il a perdu un droit, celui d'exclure le degré suivant. Et cependant l'art. 790 lui donne encore la faculté d'accepter l'hérédité, si elle ne l'a pas été par un autre ayant droit. Il résulte d'ailleurs du même article que le successible appelé à son défaut peut accepter la succession, avant que le renonçant n'ait manifesté son repentir. Que conclure de cette double disposition?

Ou bien que la saisine appartient à tous deux simultanément, puisqu'ils ont tous deux le droit d'accepter, — ce qui est inadmissible;

Ou bien que la saisine n'appartient ni à l'un ni à l'autre ; en un mot, qu'elle est indifférente à la faculté d'accepter.

C. *Interprétation de l'article* 790. — En effet, si, dans l'hypothèse de l'article 790, on admettait que la saisine de plein droit passe du degré plus proche au degré subséquent, on ne pourrait résoudre l'hypothèse suivante : Le successible qui a renoncé meurt avant que la succession ait été acceptée par le successible du second rang, les héritiers du renonçant peuvent-ils revenir sur la renonciation de leur auteur, comme ce dernier aurait pu le faire lui-même? Ils ont certainement cette faculté ; mais, pour décider l'affirmative, il faut admettre que la saisine n'a aucune influence sur la faculté d'accepter ou de renoncer, ou bien que la saisine est demeurée à l'héritier renonçant ; mais, dans cette dernière supposition, on ne pourrait expliquer comment le successible du second degré ou ses héritiers auraient le droit d'accepter, avant la nouvelle manifestation de la volonté du renonçant.

Car, s'il n'est pas nécessaire, pour que le successible ait la double faculté dont il s'agit, qu'il puisse se dire saisi, il est indispensable cependant que l'hérédité ne soit pas dans la saisine d'un autre. Nul ne peut dépouiller autrui de la saisine de droit autrement que par une saisine contraire légitimement acquise, et le renonçant serait dépouillé de sa saisine sans motif par l'acceptation du degré suivant.

MM. Aubry et Rau (§ 610, n° 4) paraissent supposer, contrairement à notre système, que le degré subséquent est saisi par la renonciation du successible qui le précédait.

Nous avons, au contraire, regardé la saisine comme jacente : dans l'hypothèse de l'article 790, la qualité d'héritier est le prix de la course, et la première manifestation de volonté, de la part de l'un ou de l'autre intéressé, relève la saisine à son profit, et en exclut irrévocablement le successible négligent.

De plus, la saisine héréditaire est si *tendre* (pour employer une expression de Britton), que la simple occupation de fait de l'hérédité par le successible irrégulier appelé à défaut d'héritier légitime forclot l'héritier renonçant. Ce successible manifeste suffisamment par là même ses intentions, bien que sa position ne soit pas régularisée par l'envoi en possession. L'héritier renonçant ne peut lui opposer le défaut d'accomplissement de cette formalité, prescrite dans son intérêt par l'art. 771. Par sa renonciation, en effet, il a levé lui-même l'obstacle en prévision duquel la loi prescrivait cette formalité : elle n'a plus d'autre objet que d'informer officiellement les tiers de la qualité du successeur irrégulier.

Par la même raison, le légataire universel se trouve dans une position identique à l'égard du réservataire renonçant, et forclot ce dernier par son acceptation ; la deuxième partie de l'art. 790 est décisive (Zachariæ, 612, n°s 11, 12).

Mais, dans la même hypothèse, on peut se demander si l'héritier qui a renoncé peut être forclos par l'acceptation d'un successible placé dans un degré quelconque. La décision affirmativement donnée par M. Zachariæ (eod., n° 15) suppose la solution de la question plus générale de savoir si l'acceptation d'un successible à qui la succession n'est pas immédiatement déférée a quelque valeur.

XCIII. Effet de l'acceptation d'un successible à qui l'hérédité n'est pas déférée.

A. MM. Toullier (316) et Zachariæ (610, n° 4) décident l'affirmative par cette raison, qu'on peut accepter en général un droit éventuel subordonné à une condition suspensive. Suivant notre théorie, on écartera les objections tirées de l'existence d'un parent plus proche saisi et délibérant : il ne s'agit pas, en effet, de décider si le successible du degré subséquent peut dépouiller de sa saisine celui qui le précède, mais simplement s'il est capable d'accepter. Or, nous avons prouvé qu'il suffisait que la succession lui fût éventuellement déférée, pour que le successible eût la faculté de l'accepter.

Mais la précédente hypothèse souffre plus de difficulté : si l'on décide que l'acceptation du troisième degré, par exemple, forclot le renonçant du premier degré, par cette raison que ce dernier ne peut se prévaloir, pour exclure le successible diligent, du droit de prévention du successible inactif du deuxième degré, il faut admettre en même temps que ce successible du deuxième degré, en faisant valoir son droit de primauté contre l'acceptant, se trouve, par le fait, profiter de la prévoyance d'un autre.

Néanmoins, cette décision nous paraît plus juridique, car le successible diligent a accepté dans la prévision que la renonciation de celui qui le précède pourrait lui déférer l'hérédité; il avait un intérêt positif. Il faut bien dès lors donner à son acceptation l'effet prévu, qui était de forclore le renonçant; celui-ci est déchu définitivement, quel que soit celui qui profitera ensuite de son exclusion.

B. Ces principes étant reconnus, nous pouvons nous élever dès à présent à l'examen des décisions importantes qui ont le plus préoccupé les premiers interprètes du Code civil. Nous venons de reconnaître : 1° que la saisine de l'héritier plus proche n'est pas un obstacle à l'acceptation du degré suivant; 2° que la renonciation du successible du premier degré rend la saisine jacente, laquelle peut cependant être relevée par les ayant droit, et par une simple manifestation de leur volonté.

Ainsi, lorsque les créanciers héréditaires demanderont la nomination d'un curateur à la vacance, après la renonciation du successible du premier degré, on ne pourra leur opposer cette fin de non-recevoir banale, que, par la renonciation du premier successible, la saisine a passé de plein droit au degré suivant, et qu'elle répugne à l'idée d'une déclaration de vacance.

XCIV. Interprétation de l'article 789.

A. L'article 789 a toujours soulevé de grandes difficultés d'application, à cause de l'antagonisme apparent des exigences de la théorie et des besoins de la pratique.

Reprenons les choses au point où nous les avons laissées. Nous avons établi :

1° Que le défaut d'acceptation par lui-même ne suffit pas pour faire perdre soit la saisine, soit le titre d'héritier, c'est-à-dire la vocation à la succession;

2° Mais que la saisine en principe ne supplée pas à l'acceptation, qui seule fixe irrévocablement le droit des successibles et forclot tous les autres, et n'est pas synonyme de la vocation à la succession proprement dite;

3° Conséquemment, à l'inverse, tant que le premier degré n'a pas accepté, les autres successibles n'ont pas perdu tout espoir d'avoir soit la saisine, soit la succession proprement dite.

B. Sans rien préjuger sur les circonstances qui font perdre la saisine seule au successible non encore acceptant, il faut admettre que cette perte est possible, et change quelque chose à sa position.

Or, cette perte peut résulter d'abord de sa renonciation, qui, d'après l'art. 790, n'empêche pas que la succession ne lui soit encore déférée. Mais si, dans un certain délai, il n'a pas manifesté l'intention de la reprendre, il perd, par prescription, la faculté de se repentir.

En quoi la perte de la saisine a-t-elle donc influé sur la position du successible? En ce que son abstention seule le forclot absolument de la succession, après un certain temps.

Que conclure *à contrario* de cet article? C'est que la seule inaction pendant un temps quelconque ne suffit pas pour faire déchoir de la faculté d'accepter le successible appelé à la succession, pourvu toutefois qu'il n'ait pas perdu la saisine; et, comme l'art. 789 décide en principe que la faculté d'accepter ou de répudier une succession se prescrit par le laps de trente ans, il en résulte que le successible qui, pendant trente ans, est demeuré dans l'inaction, sans cependant avoir perdu la saisine, a laissé prescrire la faculté de renoncer; il est donc forcément héritier.

Dès lors, comment admettre que la renonciation pure et simple du successible, c'est-à-dire la perte de la saisine non confirmée par l'acceptation d'autres ayant droit, n'influe en rien sur sa position? En présence de l'article 784, qui ne permet pas de présumer la renonciation du successible, est-il possible de décider que son abstention seule ait indistinctement pour effet de le rendre, après trente ans, étranger à la succession? Ce système, d'ailleurs, n'explique pas d'une façon satisfaisante comment la faculté de renoncer peut se trouver prescrite. On est obligé de supposer que la prescription anéantit à la fois la faculté d'accepter et celle de renoncer, sans distinction.

Mais, comme le font remarquer les annotateurs de Zachariæ, § 610, n° 5, le seul moyen d'expliquer l'art. 789, c'est d'admettre que la prescription s'applique *alternativement*, et suivant les circonstances, tantôt à la faculté d'accepter, tantôt à celle de répudier. Au bout de trente ans, le droit d'option est éteint, et par conséquent la position de l'héritier qui n'a pas pris qualité, avant l'expiration de ce délai, se trouve irrévocablement fixée soit par l'impossibilité de renoncer, soit par l'impossibilité d'accepter. Cette manière de poser la question exclut ainsi le système de Malleville, qui, adoptant les décisions de l'ancienne jurisprudence, admet à la fois que l'héritier qui ne s'est pas immiscé peut à volonté accepter la succession ou y renoncer après les trente ans.

C. Les observations de M. Blondeau sur cet article sont décisives :

Etablir une prescription, c'est donner à une présomption préexistante la force invincible d'un droit irrévocable.

Or, cette présomption résultait, dans l'hypothèse, de la qualité d'héritier saisi, présomption qui n'a été combattue par aucun acte apparent de celui-ci.

Si trente ans de silence font présumer que l'héritier dessaisi a renoncé, trente ans de silence de l'héritier saisi font présumer son acceptation.

L'héritier ne peut lutter contre cette présomption qu'en rapportant un acte de renonciation. Tel est en effet l'esprit des articles 798 et suivants : ces articles, qui ont pour objet de valider les poursuites dirigées contre lui avant son acceptation, supposent nécessairement l'existence d'une présomption que trente ans de silence confirment irrévocablement (1).

Cette théorie justifie et complète notre premier prin-

---

(1) Ainsi, le Code civil, par cet article, a rompu avec les traditions de l'ancienne jurisprudence, qui n'exigeait pas de l'héritier saisi d'autre preuve de sa renonciation que son abstention : pour faire condamner le successible en qualité d'héritier pur et simple, le créancier devait prouver qu'il s'était immiscé.

Le législateur a donc adopté quelques-unes des conséquences de la *suité* romaine. (V. Merlin, v° *Hérit.*, sect. II, § II, n° 111.)

Enfin, l'art. 790 est la reproduction de la jurisprudence du Parlement de Bordeaux, en ce qu'il admet la prescription de la faculté de renoncer, et permet au successible renonçant de revenir sur sa décision dans le délai de trente ans.

cipe, que le défaut d'acceptation ne suffit pas pour faire perdre soit la saisine, soit le titre d'héritier.

Ainsi, pour que la faculté de renoncer se trouve prescrite, l'art. 789 exige le concours des circonstances suivantes : inaction de l'héritier saisi pendant trente ans ; aucun fait n'a enlevé, avec la saisine, la présomption résultant de son titre d'héritier.

XCV. Suite.

A. La seconde hypothèse de l'art. 789 suppose l'inaction du successible non saisi pendant trente ans, et nous n'avons étudié que l'un des cas où il a perdu la saisine héréditaire par sa renonciation.

Cependant, des faits autres que la renonciation peuvent priver le successible de la saisine dont il jouissait ; ce qui peut arriver sans que son droit d'accepter ou de renoncer à la succession soit par cela seul éteint, parce que la saisine n'est pas synonyme de la qualité d'habile à succéder.

1° La saisine étant un des caractères de la possession, peut être perdue comme celle-ci, non pas sans doute par l'inaction seule du successible, mais par le fait d'un tiers qui l'acquiert contre le premier saisi.

Or, la saisine se perd, en principe, par le laps d'une année ; c'est-à-dire qu'en général le possesseur qui a laissé occuper sa chose par un étranger, et qui n'a pas fait valoir sa qualité dans l'année de la rupture de sa saisine, en est juridiquement déchu, et ne peut plus y rentrer par la voie possessoire ordinairement employée pour le recouvrement de la possession.

Qu'arrive-t-il donc quand l'héritier saisi est resté dans l'inaction pendant une année entière à compter du jour de l'ouverture de la succession? Si personne ne s'est encore mis en possession de l'hérédité, la plus simple démarche du successible le ressaisit, et, à vrai dire, il n'a jamais été dessaisi. Mais si un étranger s'est mis en possession de la chose héréditaire, l'héritier qui a laissé passer l'an et jour dans l'inaction a perdu la saisine de cette chose, et ne peut la recouvrer par les moyens possessoires. De même, si un héritier d'un degré plus éloigné, si un successible irrégulier (1) s'est mis en possession des effets héréditaires, ou a fait acceptation de l'hérédité, il s'est substitué à la saisine de droit de l'héritier premier saisi qui reste dans l'inaction; celui-ci a perdu la saisine et ne pourrait la recouvrer au possessoire. Peu importe à quel moment ce successible du deuxième degré a occupé la saisine : le délai d'an et jour constitue une déchéance contre l'héritier négligent. Il a donc perdu la vraie saisine de l'hérédité et avec elle la présomption qui le faisait considérer comme acceptant après trente ans de silence.

Par conséquent, si le successible est resté pendant trente ans dans l'inaction, il est déchu absolument du

---

(1) Nous supposons que cette prise de possession est régulière et résulte de la délivrance faite conformément à l'art. 770 : cette mesure, en effet, est prescrite dans l'intérêt des successibles réguliers et pour empêcher précisément que leur saisine ne soit indûment occupée à leur insu : un simple fait du successible irrégulier ne suffirait donc pas pour enlever la possession proprement dite à l'héritier négligent.

droit d'écarter par son acceptation les successibles qui sont en possession de l'hérédité, il est devenu complètement étranger à celle-ci, et l'on pourra dire que la prescription du droit d'accepter est acquise contre lui.

2° Le successible irrégulier n'a pas la saisine, bien qu'il ait la faculté d'accepter et de renoncer; en conséquence, son inaction, quelque longue qu'en ait été la durée, ne peut jamais dégénérer en acceptation tacite, bien que l'hérédité n'ait pas été appréhendée par d'autres (Zachariæ, § 639, texte et n° 16).

Une des difficultés soulevées contre le système que nous avons exposé sur les conséquences de l'inaction du successible saisi, c'est que le successible qui n'était pas au premier degré au moment de l'ouverture de la succession peut se trouver à son insu sous le coup de la présomption de l'art. 789, par suite des renonciations des successibles qui le précédaient. Mais, outre que l'on pourrait admettre, avec M. Zachariæ (610, n° 18), une exception en faveur du successible qui prouve son ignorance, nous croyons avoir établi que l'héritier du second degré à qui est déférée la succession, par suite de la renonciation du premier degré, n'est pas saisi, et par conséquent ne se trouve pas frappé de la présomption dont il s'agit.

Ainsi, dans ces divers cas, l'inaction des successibles pendant trente ans ne peut jamais faire prescrire contre eux la faculté de renoncer.

B. En résumé, cette prescription de trente ans, essentiellement extinctive, court dans tous les cas à partir de l'ouverture de la succession, soit contre le successible renonçant, soit contre ceux qui sont appelés à son défaut, soit contre les successeurs irréguliers, soit contre l'héritier présomptif qui est demeuré dans l'inaction pendant trente ans et qui a laissé usurper la saisine.

Elle est la conséquence immédiate de la perte de la saisine, que celle-ci résulte de la renonciation du successible ou de tout autre fait.

Il importe enfin de remarquer que cette théorie générale sur la saisine n'est pas en opposition avec le principe que l'acceptation remonte au jour de l'ouverture de la succession. Si le successible du deuxième degré qui accepte la succession, sur la renonciation du premier degré, est censé avoir été saisi du jour du décès, c'est que le renonçant est réputé lui-même n'avoir jamais été héritier. D'ailleurs, l'adition d'hérédité, en droit romain, avait un effet rétroactif analogue, et cependant on n'y admettait pas cette saisine possessoire particulière au droit français.

C. Ainsi se trouvent vérifiés nos deuxième et troisième principes posés plus haut, savoir que la saisine de plein droit ne supplée pas à l'acceptation, qui seule fixe irrévocablement le droit du successible et forclot tous les autres;

Que le défaut d'acceptation du successible du premier degré permet à ceux qui le suivent d'espérer pour l'avenir soit la succession, soit la saisine.

Telle est aussi la doctrine de M. Zachariæ et de ses annotateurs (§ 610), que nous avons voulu seulement mettre en harmonie avec un système complet sur la saisine.

D. Nous pouvons conclure de tout ceci que la saisine ne passe de plein droit qu'une fois avec tous ses attributs; les successibles autres que celui du premier degré trouvent la saisine jacente, en même temps que l'hérédité qui leur est déférée par la renonciation de celui-ci; mais la présomption liée à la saisine de plein droit ne s'attache plus à leur qualité. Et, en effet, il n'y a rien de plus rationnel que cette présomption, attribut spécial de la notoriété du titre héréditaire, soit réservée uniquement à la saisine dévolue au successible du premier degré.

Ces observations suffisent également pour faire rejeter la théorie de M. Zachariæ, suivant laquelle tous les successibles à tous les degrés auraient simultanément la saisine. Nous dirons seulement qu'ils ont une aptitude éventuelle à l'invoquer dès qu'ils font la moindre démarche vers l'hérédité, à la différence des successibles irréguliers, dont la position n'est régularisée que par l'envoi en possession.

Si tous les successibles avaient simultanément la saisine, il en résulterait que chacun pourrait se mettre en possession de son côté, provoquer celui qui le précède à prendre qualité, etc...; enfin, chacun d'eux aurait un droit exclusif de celui des autres.

XCVI. De la pétition d'hérédité.

A. Nous avons, dès à présent, suffisamment développé les principes de la saisine; nous avons interprété les articles 789 et 790 dans tous leurs développements : il reste à limiter soigneusement la portée de cette interprétation.

Nous n'avons pas voulu dire autre chose, sinon que tout successible qui n'a pas la saisine, soit pour l'avoir perdue, soit parce qu'il n'en jouissait pas *ab initio* après trente ans d'inaction à partir du décès, ne peut passer pour avoir accepté la succession ; il ne peut être, malgré lui, tenu pour héritier dans l'intérêt des créanciers.

B. Mais l'intérêt du successible lui-même commande que l'on distingue si l'hérédité a été occupée par un successible ou par un étranger, ou si elle est demeurée vacante.

Au premier cas, son titre de successible est éteint non-seulement passivement, mais encore activement : il n'a plus le droit d'écarter, par son acceptation, les successibles qui sont en possession de l'hérédité. Ainsi que nous l'avons déjà dit en d'autres termes, l'action en pétition d'hérédité est prescrite. (V. Zachariæ, § 610, texte et n° 8 ; § 616, texte et n°ˢ 25 et ss.) (1).

Au second cas, il peut arriver que, malgré le délai de trente ans écoulés *depuis l'ouverture de la succession*, l'étranger qui se trouve en possession de la succession à titre universel n'ait pas encore accompli l'usucapion à son profit ; mais la perte de la saisine qui en résulte contre le successible inactif aura toujours pour effet

---

(1) Il est bien entendu qu'il s'agit dans ces deux cas du successible qui n'a fait aucune démarche vers l'hérédité ; autrement, le successible possesseur ne pourrait prescrire contre le premier que par une possession personnelle de trente ans.

d'écarter la présomption d'acceptation. Par conséquent, ce successible ne peut plus être poursuivi comme héritier par les créanciers héréditaires. Toutefois, il pourra intenter l'action en pétition d'hérédité contre l'usurpateur étranger, tant que trente ans ne seront pas écoulés *depuis la prise de possession de ce dernier* (1).

C. Si l'hérédité est demeurée jacente pendant le même laps de temps (cette hypothèse rentre dans la précédente, au cas où l'usurpateur n'a pas occupé l'hérédité *à titre universel*), il y a eu sans doute un curateur nommé. On peut voir un exemple d'une vacance de ce genre dans Merlin (v° *Héritier*).

Dans ce cas, il n'y a pas de raison pour refuser au successible la faculté de rentrer en possession de ses droits en faisant preuve de sa qualité contre le curateur, car il n'a perdu son titre ni par la prescription accomplie au profit d'un autre successible, ni par l'usucapion complétée par un étranger.

Mais, dans cette dernière hypothèse, celle où l'hérédité est demeurée vacante en tout ou en partie, il faut distinguer entre le successible du premier degré saisi *ab initio* et le successible non saisi, à qui la succession n'est déférée que par la renonciation des plus proches.

---

(1) Il ne faut pas conclure des termes dans lesquels cette hypothèse est posée que nous admettons la possibilité de l'usucapion de l'hérédité considérée comme universalité juridique. On peut concevoir, en effet, qu'un usurpateur, se constituant adversaire *in universum* contre le successible, acquiert après l'année la saisine des choses dont il a pris possession, et qu'il ne peut plus être évincé que par voie d'action pétitoire. Or, la perte de la saisine possessoire suffit tout d'abord pour faire disparaître, dans la personne de l'héritier, la présomption d'acceptation.

Le curateur continue de posséder pour le premier, qui, par là même, n'a jamais perdu la saisine; en conséquence, le laps de trente ans l'a constitué irrévocablement héritier, bon gré mal gré.

Quant au successible non saisi *ab initio*, il dépend de sa volonté, en faisant valoir son titre d'héritier, d'en accepter toutes les conséquences activement et passivement; le curateur sera censé avoir possédé pour son compte; mais s'il trouve la position mauvaise, n'ayant jamais eu la saisine, on ne pourra pas dire que la faculté de renoncer soit prescrite contre lui.

XCVII. Nature de cette prescription.

On conçoit, d'ailleurs, pourquoi le successible qui s'abstient se trouve exclu de la pétition d'hérédité à l'égard d'un successible appelé à son défaut, par cela seul que trente ans se sont écoulés depuis l'ouverture de la succession, au lieu que l'étranger possesseur ne peut usucaper tout ou partie de l'hérédité que par le laps de trente ans écoulés depuis sa prise de possession.

M. Zachariæ donne le vrai motif de cette différence (§ 616, n° 26). Le successible, par le laps de trente ans, perd la faculté d'accepter contre l'autre successible possesseur : c'est une prescription extinctive qui rend impossible l'action en pétition d'hérédité, parce qu'elle n'a plus pour base le titre d'héritier (1). Le successible

___

(1) Les arrêts qui ont confirmé cette décision s'appuient, d'ailleurs, sur de bons motifs : les successibles qui se gèrent comme héritiers contre ceux qui les précèdent en degré sont censés avoir pris la saisine

premier appelé ne pouvait faire cesser cette déchéance que par son acceptation en temps utile, qui l'aurait mis, à l'égard du successible possesseur, dans une position identique à celle qu'il a vis-à-vis de l'usurpateur étranger. Ce dernier n'est à l'abri de toute recherche que par la prescription de l'action en pétition d'hérédité; elle ne court que du jour où cette action peut être intentée, du jour où le successible intéressé trouve un adversaire à attaquer; à l'égard de ce dernier, ce n'est pas la faculté d'accepter qui se trouve prescrite, c'est le droit de revendiquer. (V. Delv., s. l'art. 789.)

Au contraire, la prescription à fin de déchéance court contre le successible du jour où commence son intérêt à la prévenir, c'est-à-dire *à die obitus*.

Il existe enfin une autre différence entre le successible possesseur et l'étranger; car le premier trouve dans son titre une vocation éventuelle à l'universalité de la succession, et sa *gestio pro herede* le saisit, contre le successible qui le précède, de tous les biens héréditaires.

Le possesseur étranger ne prescrit que ce qu'il possède individuellement.

Remarquons que cette qualité d'usurpateur étranger s'applique aux personnes dont la vocation aux biens héréditaires n'est pas universelle : ainsi, un légataire particulier ou à titre universel ne pourrait opposer au successible la déchéance de la faculté d'accepter; mais un légataire universel et toute personne appelée à l'univer-

à die obitus; et en même temps le laps de trente ans écoulé contre ceux-ci a éteint rétroactivement leur saisine (S.-V. 1841, p. 590; Cf. p. 628).

salité du patrimoine pourrait opposer au réservataire cette déchéance résultant de son inaction pendant trente ans à compter du décès, car, à son égard, le réservataire a un droit de préférence qu'il pouvait faire valoir dès cette époque.

Dans ce cas, d'ailleurs, la saisine du réservataire ou de l'héritier saisi qui pouvait invoquer la nullité de la disposition a été brisée *universaliter*, et avec elle a cessé la présomption qui donnait aux créanciers le droit d'actionner cet héritier.

Il faut décider de même en faveur de l'enfant naturel qui gère l'hérédité comme s'il était seul appelé; tout successible du sang doit être considéré à son égard comme réservataire. Mais il est fort douteux en même temps qu'une simple prise de possession de fait suffise pour l'autoriser à opposer au successible régulier la déchéance de l'article 789. L'obligation qui lui est imposée par les articles 770 et 772 a précisément pour objet d'appeler l'attention des successibles du sang et de les engager à prescrire cette déchéance. (V. cep. Zachariæ, § 639, n° 18.)

XCVIII. Contre qui court cette déchéance ?

A. Cette question suppose des difficultés que des notions inexactes sur la saisine ont pu faire naître, mais que la pratique doit toujours écarter et dont une saine théorie supprime le principe.

Supposons qu'un successible précédé par un autre, et

notamment qu'un successible irrégulier appelé à défaut d'héritier, ait le désir d'accepter l'hérédité négligée par celui qui le précède en degré : quelle voie lui est ouverte pour s'assurer le plus tôt possible la paisible possession de l'hérédité? Quand peut-il avoir la certitude, s'il s'en est emparé ou s'il a demandé l'envoi en possession, qu'il ne sera plus inquiété?

Il ne peut obtenir des successibles préférables aucune renonciation formelle; fort de leur inaction actuelle, il se gère comme seul héritier, il administre les biens, se fait autoriser par justice à vendre le mobilier et paie les créanciers; enfin quand, après avoir liquidé une succession épineuse, il s'apprête à jouir du fruit de ses peines, le successible qui le précédait prétend l'évincer par la voie de la pétition d'hérédité, venir, comme on dit, *ad paratas epulas*. Comment peut-il, sinon lui résister, du moins prévenir ce déboire?

Ce n'est rien encore : supposons qu'il soit précédé par quatre héritiers. Sur la renonciation du premier degré, la succession demeure jacente, le successible irrégulier se gère comme héritier... Il ne pourrait, suivant quelques jurisconsultes, jouir avec sécurité qu'après un délai de 90 ans. Enfin, le successible du quatrième degré pourrait, après la renonciation du troisième degré, se trouver saisi par la prescription de la faculté de renoncer.

Telle est la difficulté soulevée par les auteurs qui admettent :

1° Que le droit d'accepter une succession ne s'ouvre pour les successibles postérieurs en degrés qu'au moment de la renonciation de ceux qui les précédaient;

2° Que, par conséquent, la prescription du droit de renoncer ne court contre eux qu'à partir de ce moment.

Si l'on supposait même l'hypothèse la plus compliquée, on arriverait à dire qu'après trois siècles la prescription ne serait pas acquise contre le successible du douzième degré.

B. Mais cette théorie tombe devant cette considération, que l'on peut accepter une succession à laquelle on est éventuellement appelé. La saisine du degré précédent n'est pas un obstacle à l'acceptation ou à la renonciation de ceux qui le suivent. Dès lors, la prescription court à partir du décès contre tous les successibles; elle court même contre le successible irrégulier, car la succession à laquelle il est éventuellement appelé reste en apparence vacante : il peut soit l'appréhender, soit se faire envoyer en possession par justice, et, à ce moyen, faire cesser la saisine des appelés contre lesquels il se pose comme contradicteur à l'action en pétition d'hérédité. Et, si trente ans s'écoulent depuis l'ouverture de la succession sans qu'aucun des intéressés ait fait aucune démarche vers l'hérédité, il a prescrit contre eux la pétition d'hérédité par cela seul qu'ils sont déchus de la faculté d'accepter.

En effet, en demandant l'envoi en possession, le successible irrégulier n'est pas tenu de justifier qu'il n'existe aucun habile à succéder qui le précède ; il suffit qu'il prouve qu'aucune de ces personnes ne réclame la succession. La seule concession qu'on puisse faire à l'influence de la saisine légale, c'est que, pendant l'année qui suit le décès, l'envoi en possession lui fût refusé, à moins qu'il ne prouvât la non-existence de successeurs réguliers ; mais, après l'année, la saisine est jacente, et la prise de possession par une personne quelconque constituera à son profit une fin de non-recevoir au possessoire contre l'héritier négligent. Ainsi, trente ans s'étant écoulés depuis l'ouverture de la succession, le successible est garanti contre toute revendication.

XCIX. Effets généraux de la possession de l'hérédité.

Cette prise de possession ou la demande en délivrance est même nécessaire pour que l'enfant naturel et le conjoint survivant, éventuellement appelés à profiter de l'hérédité, interrompent la prescription qui, par trente ans de silence de leur part, s'accomplirait au profit de l'Etat, dernier appelé.

La bonne foi existe, d'ailleurs, dans la personne du successible du degré plus éloigné qui s'est constitué régulièrement possesseur, bien qu'il connaisse l'existence de parents plus proches, pourvu qu'il n'ait point profité de leur ignorance ; et, par conséquent, s'il est actionné en pétition d'hérédité avant l'accomplissement de la prescription, il est autorisé à retenir les fruits par lui perçus (Cf. Zachariæ § 615, n° 23). Il jouit, en général, des avantages du possesseur de bonne foi, et l'héritier non présent qui, par son absence ou son abstention opiniâtre, a donné lieu de croire à la vacance de la succession, ne pourra pas dépouiller du prix de son labeur celui qui a conservé la chose. De plus, ne faudrait-il pas admettre, suivant les circonstances, que la loi 25,

De petitione hered., s'appliquerait, et que le successible possesseur qui a vendu les biens héréditaires pour faire des dépenses même voluptuaires, *lautius vivendo*, ne serait pas tenu d'en rendre le prix, parce que cette restitution ferait brèche à sa fortune personnelle ?

La théorie que nous combattons sur la transmission indéfinie de la saisine conduit en outre à une conséquence exorbitante : c'est qu'un successible très-éloigné, se trouvant saisi à son insu, serait, après trente ans écoulés depuis la renonciation de celui qui le précède immédiatement, considéré comme définitivement héritier ; cette théorie rend l'action des créanciers ambulatoire du premier degré au dernier, et tient en éveil pendant un temps indéfini tout successible qui craint de se trouver saisi à son insu par des renonciations inconnues, sans qu'il ait aucun moyen légal de posséder en sécurité.

Ces inconvénients, que tous les auteurs ont fait ressortir, ont provoqué de leur part divers systèmes, entre autres celui qui donne aux successibles des degrés subséquents une action provocatoire contre ceux qui les précèdent, action dont notre Code civil ne fait aucune mention, et qu'il repousse formellement par cela seul qu'il accorde au successible trente ans pour renoncer. Nous aurons, du reste, l'occasion de développer, au sujet du curateur à la succession vacante, un ordre d'idées qui complètera ces premières notions. (V. p. 327, § CIX.)

C. De la saisine à l'égard des créanciers.

A. Les observations qui précèdent se rattachent intimement à d'importantes questions sur les rapports de l'héritier saisi avec les créanciers; souvent même elles en supposent la solution. Quand il a été question de l'héritier délibérant, nous avons reconnu, d'après l'article 797, que, pendant le temps accordé au successible saisi pour faire inventaire et délibérer, il ne peut être contraint de prendre qualité. et, cependant, qu'il a qualité à l'égard des créanciers pour répondre aux actions héréditaires. En outre, le successible irrégulier ne devient légitime contradicteur à ces actions que par un acte ostensible de sa volonté, résultant soit d'une prise de possession spontanée, soit de la demande d'envoi en possession régulièrement formée.

Mais nous n'avons traité ces questions que subsidiairement et au point de vue du successible seulement; il est temps d'étudier quels sont les droits des créanciers, soit contre les héritiers, soit contre les successeurs irréguliers, soit contre le légataire universel ou à titre universel non saisi, et quelle est l'influence de la saisine sur la répartition des dettes entre les divers successeurs.

Nous avons décidé que tout successible était affranchi de l'action des créanciers (en ce sens que ceux-ci ne pouvaient le faire condamner en qualité d'héritier pur et simple), en cas de concours des deux circonstances suivantes :

La saisine ne lui est pas déférée; trente ans se sont

écoulés depuis l'ouverture de la succession. (V. pp. 283, 284.)

B. Cette proposition n'est pas adoptée dans sa généralité par tous les auteurs. Ainsi, M. Zachariæ décide (§ 610, n° 13) : 1° que le parent du premier degré, après trente ans d'inaction, est déchu à l'égard des créanciers héréditaires de la faculté de renoncer, quand l'hérédité n'a pas été appréhendée par d'autres successibles ; 2° que le parent du degré suivant, qui n'a pas renoncé dans le le même délai, est soumis à la même prescription ; en conséquence, que les créanciers peuvent les faire condamner en qualité d'héritiers purs et simples, quand même ces successibles auraient perdu l'action en pétition d'hérédité contre les tiers possesseurs, pour tout ou partie des biens héréditaires (n°s 14, 16).

Nous avons limité cette décision, à l'égard du successible premier saisi, au cas où les tiers possesseurs n'auraient occupé les biens héréditaires qu'à titre particulier, et où par le fait, la succession demeurant vacante, la saisine serait encore déférée au successible. Mais nous l'avons rejetée en ce qui concerne le successible premier saisi, qui a perdu la saisine occupée *universaliter* par un étranger ; et, dans tous les cas, elle nous a paru inadmissible contre les successibles des degrés subséquents.

C. Cependant la proposition générale sur laquelle s'appuie notre théorie est littéralement conforme à celle des auteurs que nous cherchons à réfuter.

« Les principes sur la déchéance de l'exception dilatoire de l'article 797 ne s'appliquent qu'à l'héritier saisi et non aux parents d'un degré ultérieur qui ne pourraient être poursuivis comme héritiers, même après l'expiration des délais pour faire inventaire et délibérer, qu'autant qu'ils auraient accepté l'hérédité soit expressément, soit tacitement. La raison en est qu'ils ne sont pas saisis de l'hérédité, et que le droit d'action compétent en pareil cas aux créanciers n'est qu'une conséquence de la saisine. » (Zachariæ, loc. cit.)

Notre point de départ étant commun, nous différons avec ces auteurs sur la question de savoir comment les successibles sont saisis passivement.

Le véritable principe nous paraît être l'article 724, qui, dans une expression indivisible, associe la transmission et la division des dettes héréditaires à celles de la saisine.

Les dettes, étant essentiellement divisibles entre les héritiers, se répartissent entre eux de plein droit, dans la même proportion que les biens dont ils sont investis par la saisine, et dans le même instant. Dès lors, ils sont désignés passivement aux créanciers comme représentants du défunt, comme ses continuateurs *pro parte*, et soumis personnellement pour leur portion aux mêmes actions que leur auteur.

La renonciation à la succession ne change rien à ce principe, puisque le successible qui renonce est censé n'avoir jamais été héritier, et n'avoir pas fait nombre pour la division des dettes *ab initio*. D'ailleurs, dans l'ordre du temps, les créanciers ont pu valablement actionner le successible saisi avant sa renonciation.

Suivant nous, cette division des dettes s'opère exclusivement :

a. Entre les personnes qui représentent universellement la personne du défunt;

b. Elle ne peut être modifiée entre elles, non plus qu'à l'égard des créanciers, par la répartition des biens dépendante soit de la volonté des cohéritiers, soit du concours d'un successeur particulier;

c. Elle n'a lieu qu'une fois de plein droit, et à l'égard seulement des successibles saisis.

Ces propositions, conformes aux traditions du droit coutumier, renferment les développements suivants :

a. Nous ne reconnaissons pour représentants du défunt que : 1° les héritiers légitimes; 2° le légataire universel appelé en l'absence d'héritiers réservataires (et dans ce cas il est en réalité héritier institué); 3° les successibles irréguliers appelés à défaut d'héritiers légitimes, et qui peuvent être considérés comme héritiers institués.

Si on admet, en effet, que les héritiers institués sont, à défaut de réservataires, les représentants du défunt, comme en même temps le défunt, qui n'a d'autres ayant droit à sa succession que des successibles irréguliers, peut faire un héritier testamentaire, il faut bien reconnaître, s'il n'use pas de cette faculté, qu'il préfère laisser son hérédité à ses successibles appelés par la loi. D'ailleurs, en les instituant eux-mêmes par son testament, le défunt pouvait en faire de véritables représentants de sa personne activement et passivement. Il nous paraît donc conforme à la raison et à l'esprit de la loi, en même temps qu'à l'intention présumée de leur auteur, de considérer ces successibles comme héritiers, en fait, à l'égard des créanciers.

S'ils sont privés de la saisine et soumis aux obligations de l'article 771, c'est que leur vocation n'est pas de droit commun, et que leur titre n'est pas notoire : la solennité d'une institution testamentaire pouvait remplacer cette notoriété ; mais le défaut d'institution n'ôte rien à la plénitude de leurs droits : ils se trouvent seulement astreints à se faire connaître aux créanciers par une démarche particulière.

En tout cas, quel que soit leur titre, nous les regardons comme obligés aux dettes indéfiniment ; ils sont soumis à la nécessité d'accepter sous bénéfice d'inventaire, s'ils veulent se soustraire aux désastres contagieux d'une hérédité mauvaise.

Il faut cependant observer, pour compléter la comparaison du successeur irrégulier avec le légataire universel, que l'enfant naturel, en concours avec un héritier légitime, n'est pas représentant du défunt; il est toujours à son égard comme le légataire en concours avec un réservataire.

b. La saisine ou plutôt la division de plein droit des dettes appelle l'action des créanciers héréditaires séparément sur chacun des représentants du *de cujus*. C'est-à-dire que les créanciers ont pour débiteurs directs ces successeurs universels, et qu'en même temps la division des dettes, concommitante à la saisine, empêche que chacun de ces successeurs ne puisse être poursuivi par action personnelle, pour une part plus forte que sa portion contributoire.

Si la volonté du testateur fait concourir avec eux des légataires à titre universel, *testator jus non divisit, sed bona*, les vrais héritiers n'en sont pas moins ses représentants à l'égard des créanciers, et ceux-ci ne sont contraints de subir la division de leurs créances que sur le nombre de ces héritiers tenus en principe indéfiniment.

Les articles 1009 et 1012, en autorisant les créanciers à actionner directement les légataires à titre universel personnellement pour leur part et portion, ne leur accordent qu'une faculté, sans leur en faire une nécessité. Le système qui diviserait de plein droit la dette entre les héritiers légitimes et les légataires à titre universel aurait pour conséquence d'obliger ces derniers *ultra vires*, au lieu que, dans l'esprit traditionnel de notre législation, ils sont tenus seulement jusqu'à concurrence de leur émolument. La même décision s'applique à l'enfant naturel appelé avec un parent du *de cujus*.

Sur ces deux points nous sommes d'accord avec la plupart des auteurs qui ont développé cette matière. (V. Duvergier, s. Toullier, § 522.)

En tout cas, l'opinion contraire ne modifierait pas notre théorie au point de vue de la saisine; il serait toujours vrai de dire que l'action des créanciers soit contre le légataire universel, soit contre l'enfant naturel, ne prendrait naissance et ne se diviserait contre eux qu'au moment où ces successibles demanderaient la délivrance de leurs droits. Tant qu'ils ne seraient pas saisis à l'égard des créanciers, l'action de ceux-ci serait limitée, par la première saisine, aux héritiers légitimes. Ainsi, soit facultativement, soit nécessairement, la division de la dette héréditaire est toujours concommitante à la saisine de plein droit ou à la saisine obtenue par l'envoi en possession.

La volonté des héritiers n'a pas plus d'influence sur la division de l'action des créanciers que la volonté du testateur (suivant notre opinion). Quelle que soit donc la répartition des biens résultant du partage, quelles que soient les conventions intervenues pour le paiement des dettes, *divisio bonorum est non juris*. L'héritier prélégataire, par exemple, peut se trouver détenteur d'une portion de biens supérieure à celle de chacun de ses cohéritiers, sans être soumis à l'action des créanciers pour une portion plus forte; l'héritier qui, par suite d'une convention de partage, a été dispensé de contribuer aux dettes, en recevant une part des biens plus faible que celle de son cohéritier, n'en est pas moins tenu *pro parte hereditaria* envers le créancier, sauf son recours contre le copartageant, à raison de son obligation particulière.

c. Enfin, si l'action des créanciers héréditaires se divise et passe avec la saisine sur le successible représentant du défunt, il suit qu'elle passe de plein droit avec la saisine de plein droit, et qu'elle passe *ex post facto* quand la saisine dépend d'un acte de la volonté du successible. Il importe de voir là plus qu'une concordance théorique : cette division de la dette est obligatoire entre les successeurs représentants du défunt et les créanciers héréditaires; et toutes les fois qu'on décidera que cette division ou ce passage de la dette sur le successible est réalisé, il faudra certainement imposer aux créanciers la nécessité de s'y conformer. Si donc on admet que le successible du deuxième degré est saisi activement et passivement par la renonciation de celui du premier degré, on force le créancier héréditaire à rechercher ce successible du deuxième degré pour exercer son action, et on déclare nulle toute autre démarche de sa part tendante aux mêmes fins.

Et cependant, on doit reconnaître en même temps que la faculté accordée aux créanciers héréditaires d'actionner le successible saisi, avant son acceptation, et de provoquer son option, est toute de faveur à leur égard. Cette simple considération ne suffit-elle pas déjà pour faire décider en principe que le successible appelé par la renonciation du premier degré n'est pas saisi passivement à l'égard des créanciers? Ne voit-on pas que fixer sur plusieurs personnes, dont la volonté est simplement présumable, cette sorte de saisine passive, c'est rendre ambulatoire pendant des années l'action des créanciers, jusqu'à ce qu'ils aient épuisé toute la série des successibles.

Enfin surgissent les questions suivantes : Si l'héritier du deuxième degré, appelé par une renonciation de celui qui le précédait, peut invoquer la prérogative de la saisine de plein droit en acceptant la succession, est-il bien vrai qu'il soit possesseur avant d'avoir fait aucune démarche? La possession qui n'est que l'apparence de la propriété a-t-elle en sa personne les caractères d'une apparence de ce genre? Sous quelle forme est-elle perceptible aux tiers? La possession se conçoit-elle indépendamment d'un possesseur de bonne volonté? Cette présomption que le successible acceptera doit-elle être reconnue plus d'une fois par les créanciers? Nous avons vu combien elle serait dangereuse contre le successible lui-même, si un laps de temps quelconque lui imposait forcément le titre d'héritier. Quels motifs peut-on donc alléguer pour maintenir un effet de la saisine aussi désastreux pour un successible, aussi gênant pour les créanciers?

Enfin, combien de temps, en principe, dure la possession avec ses conséquences légales? Si l'on reconnaît qu'elle ne dure qu'une année, avec les présomptions qui l'accompagnent, comment la saisine possessoire de l'héritier, indépendamment de toute démarche de sa part, pourrait-elle imposer aux créanciers la nécessité de s'adresser successivement à tous les parents du défunt comme légitimes contradicteurs?

Nous concluons de ces observations que le successible appelé en second ou subséquent degré doit faire adition, s'il veut jouir des prérogatives de la saisine, et que, faute par lui de se faire connaître, l'hérédité pourra avoir d'autres représentants légitimes contradicteurs des créanciers; en un mot, que la saisine héréditaire ne passe qu'une fois de plein droit, et que les dettes héréditaires ne se divisent de plein droit, à l'égard des créanciers, qu'entre les successibles premiers appelés.

CI. Conséquences de cette théorie.

Nous supposions ces principes démontrés, quand nous décidions que le successible même du premier degré qui a laissé usurper la saisine de toute la succession, et par ce seul fait que trente ans se sont écoulés depuis le décès, ne peut être considéré comme héritier pur et simple : avec la saisine a disparu la présomption d'acceptation; il est au contraire présumé renonçant (1).

Que peuvent donc faire les créanciers? Si les tiers usurpateurs n'ont pas encore prescrit l'action en pétition d'hérédité, ils feront nommer un curateur à la succession vacante, leur légitime contradicteur, qui revendiquera dans leur intérêt les biens non encore usurpés. S'ils s'adressent cependant au véritable successible inactif, ce dernier, en acceptant l'action, se reconnaît implicitement héritier; et ce qui sera jugé contre lui sera jugé contre la succession. Mais il ne peut être contraint comme héritier pur et simple, quoique peut-être il pût encore intenter l'action en pétition d'hérédité contre les tiers possesseurs. En renonçant, il s'est mis à l'abri de toutes poursuites.

Dans tous les cas, il faut bien admettre que la chose jugée contre le curateur l'est également contre la succession. (V. infra, p. 335, § CXII.)

A l'égard de tous autres successibles que ceux du premier degré, l'action des créanciers héréditaires prend

---

(1) M. Championnière regarde le saisine comme inséparable de la qualité d'habile à succéder, indépendamment de tout fait d'acceptation : elle est nécessaire, et ne disparaît que par la renonciation expresse de celui qui était saisi; et cette renonciation n'agit rétroactivement qu'au moyen d'une fiction. Cet auteur est loin, comme on voit, d'établir un rapprochement entre la saisine héréditaire et la possession ordinaire, qui se perd et s'acquiert, en général, *lapsu temporis*. La saisine est certainement pour lui synonyme de la qualité d'héritier. Pour nous, l'effet rétroactif de la saisine résultant de l'art. 786 ne lui est attribué qu'autant que cette même saisine n'a pas été perdue par le successible. (V. M. Championnière, *Rev. de législ.*, 1843, p. 238.)

naissance *pro diviso*, au moment où la saisine de la succession est acquise.

1° Les héritiers appelés par la renonciation du premier degré, se trouvent saisis par leur seule volonté de se porter héritiers, et dès ce moment l'action des créanciers se divise contre eux.

2° Les successeurs irréguliers sont saisis par leur demande d'envoi en possession, et en même temps ils acquièrent qualité pour répondre aux actions héréditaires. Que si, indépendamment de toute demande régulière, ils se mettent de fait en possession de l'hérédité, cet acte autorise les créanciers héréditaires à former leur action et à obtenir contre eux condamnation en qualité d'héritiers purs et simples; mais les créanciers ne sont tenus d'exercer leur action qu'à l'égard des successibles irréguliers saisis; et, par conséquent, si, de deux enfants naturels du défunt, un seul a obtenu l'envoi en possession, l'existence de l'autre n'est point un obstacle à ce que les créanciers obtiennent des condamnations pour le tout contre le premier saisi : ils ne sont tenus de diviser leur action que lorsque l'autre a régulièrement révélé ses intentions et sa qualité.

La solution de ces questions est d'ailleurs indépendante de la mauvaise foi des parties, qui, suivant les circonstances, pourra donner lieu à une action en dommages-intérêts. En tout cas, si l'héritier inactif prétend que les créanciers ont méconnu son existence *animo fraudandi*, et qu'ils ont contribué volontairement à le tenir dans l'ignorance de l'ouverture de la succession, pour obtenir des condamnations avantageuses contre un héritier apparent qui veut dilapider la succession, il nous paraît conforme à la doctrine qui précède d'imposer au réclamant la preuve de ses allégations.

CII. De l'héritier putatif.

A. L'inaction du véritable ayant droit peut donner lieu à un autre de se mettre en possession et de se gérer comme maître et seigneur de l'hérédité. Ce successible peut être en réalité appelé à défaut du véritable, et se trouve en tout cas saisi, à l'égard des tiers, légitime contradicteur des créanciers héréditaires.

Nous retrouvons dans notre jurisprudence les mêmes questions que soulevait dans l'ancien droit le conflit entre les tiers qui ont contracté avec l'héritier putatif et le véritable héritier. On peut voir ce que nous en avons dit d'après Merlin (supra, p. 197, § LXXI). Cependant il nous paraît inutile de distinguer, à l'égard des tiers, si l'héritier putatif est de bonne foi; la décision du droit romain était la conséquence rigoureuse des principes qui réglaient l'action de l'héritier véritable contre le possesseur de l'hérédité : on ne permettait pas au premier d'inquiéter les tiers, quand leur recours aurait pu porter préjudice au possesseur de bonne foi. Nous raisonnons au contraire au point de vue de l'intérêt des tiers acquéreurs, et nous devons être surtout guidé par les considérations d'équité. L'art. 1240, qui valide les paiements faits au possesseur de la créance par le débiteur, est un des arguments de texte que l'on emploie en faveur des tiers.

B. Sous l'empire du Code civil, outre l'hypothèse de l'un des parents du *de cujus* qui se serait établi possesseur de l'hérédité, en cas d'inaction du successible plus proche, il peut arriver que ce rôle d'héritier putatif soit pris par un successeur irrégulier. Mais, comme tous les caractères de la saisine légale doivent concourir dans la personne de l'héritier putatif pour que les tiers soient juridiquement autorisés à traiter avec lui, nous reconnaissons, avec M. Zachariæ, que l'envoi en possession par justice est la garantie nécessaire qu'ils ont dû exiger ; sinon, ils n'ont point eu affaire à un héritier putatif proprement dit.

Il résulte de ces observations que le titre d'héritier putatif exige le concours de toutes les conditions qui font l'héritier véritable, moins la proximité du degré. Ainsi, ce titre ne convient pas à celui qui possède l'hérédité en vertu de la volonté du défunt, volonté dont l'expression se trouve caduque *ex post facto*. (Contra, Cassation, 16 janvier 1843.)

Tous les arguments qu'on peut invoquer contre la validité des aliénations consenties par l'héritier putatif établissent uniquement que les tiers ont acheté *a non domino*. La question n'est pas là ; il s'agit uniquement de savoir s'ils ont traité avec un représentant légitime de la succession. Tel est le motif des arrêts de Cassation en date du 16 janvier 1843 (Sirey, 1843, I, 97).

L'héritier putatif représente l'hérédité aussi bien que le curateur à la succession vacante, avec cette différence que celui-ci, par sa qualité même, n'agit pas dans son intérêt, mais représente ceux d'autrui dans certaines limites, sous la surveillance de la justice, au lieu que l'héritier ne trouve aucune restriction dans sa qualité de représentant du défunt.

Les partisans de l'opinion contraire supposent que l'héritier non apparent a une saisine qui exclut celle de l'héritier putatif et en empêche rétroactivement les effets. Suivant nous, au contraire, la possession de l'héritier putatif est une vraie saisine de droit à l'égard des tiers, résultant du fait de sa possession appuyé sur sa qualité de parent; elle a les mêmes caractères à l'égard du véritable héritier lui-même, une fois que l'année s'est écoulée; et nous avons déjà établi que deux saisines de droit ne peuvent exister concurremment sur une même chose. (V. Cassat., 16 janvier 1843, 3ᵉ espèce, S.-V., I, 110.)

M. Carette, dans ses Observations (S.-V., XXXVI, ıı, 294), écrit à peu près dans le même sens : « La règle : *Le mort saisit le vif*, n'est faite que pour les héritiers entre eux. A l'égard des tiers, c'est autre chose. L'héritier saisi n'est pour eux que celui qui possède publiquement en vertu d'un juste titre ou d'une qualité que personne ne conteste ; etc. »

Ajoutons que les tiers qui détiennent les biens héréditaires ne pourraient opposer à l'héritier putatif qui les revendique l'existence de successibles plus proches ; car ils ne doivent pas exciper des droits d'autrui (Zachariæ, § 620, n° 20).

De plus, ce que l'héritier putatif fait juger contre les

tiers profite à l'héritier véritable : dès lors ce dernier peut-il être reçu à rejeter les conséquences des actes qui ne lui conviennent pas ?

CIII. Du bénéfice d'inventaire.

Les héritiers une fois saisis activement et passivement, les circonstances qui surviennent ensuite ne modifient plus leurs rapports avec les créanciers ; ainsi l'insolvabilité de l'un d'eux ou bien son acceptation bénéficiaire n'a pas pour effet d'augmenter la portion contributoire dont ses cohéritiers sont tenus personnellement.

De même, cet héritier bénéficiaire a le droit d'invoquer le principe de la division des dettes entre les héritiers proportionnellement à leurs parts ; et il ne saurait être contraint de faire état des biens dont il se trouve nanti, lorsqu'il a offert le paiement de sa part contributoire aux créanciers (Paris, 26 mars 1831).

En conséquence, ou bien l'on considère la division des dettes entre cohéritiers comme un effet de la saisine, ou bien, en étudiant la saisine au point de vue des biens dévolus à l'héritier, on y voit une qualité de la possession personnelle à ce dernier, aussi exclusive de l'idée d'un droit de gage particulier au profit des créanciers héréditaires que le serait la saisine de l'héritier pur et simple ; à ce double point de vue, il faut conclure que le bénéfice d'inventaire ne modifie pas la position de l'héritier, qui jouit de ces deux prérogatives de la saisine.

Si on regarde la saisine comme synonyme du titre

héréditaire, ou comme la pierre d'attente de l'acceptation qui doit fixer définitivement la qualité d'héritier, on dira de même qu'elle est aussi bien confirmée par l'acceptation bénéficiaire; car *semel heres, semper heres.* L'héritier ne peut se soustraire aux obligations que son acceptation lui impose à l'égard de ses cohéritiers ou des créanciers (Zachariæ, § 619, n° 49; Cf. Duvergier, s. Toullier, IV, § 358).

La saisine a, de plus, pour effet de désigner le successible comme légitime contradicteur aux actions des créanciers héréditaires.

Or, c'est contre le bénéficiaire que ces actions doivent être dirigées; et, si l'obligation de rendre aux créanciers et aux légataires le compte des biens qu'il est tenu d'administrer semble lui donner à leur égard la qualité d'un simple économe ou administrateur des biens, elle ne nuit point à la qualité d'héritier. A ce point de vue, les termes d'*héritier* ou d'*administrateur* sont contradictoires (arrêt de Limoges, 15 avril 1831).

M. Duvergier décide en outre que l'héritier bénéficiaire qui fait l'abandon des biens en vertu de l'art. 802, § 2, reste propriétaire, et que ce qui reste libre, *deducto ære alieno*, lui appartient à l'exclusion de tous autres; qu'il peut reprendre les biens avant l'adjudication, en désintéressant les créanciers et les légataires; que la succession ne peut être déclarée vacante. Enfin, la jurisprudence paraît être constante pour soumettre le bénéficiaire, même après cet abandon, aux actions héréditaires (M. Duvergier, §§ 358, 359, n°ˢ *a*).

Comme d'ailleurs, aux termes de l'article 800, le bénéfice d'inventaire peut être demandé un certain temps après l'ouverture de la succession, il est certain que dans l'intervalle le successible a été investi au moins provisoirement de la saisine héréditaire.

Enfin, on peut se reporter aux principes que nous avons exposés d'après l'ancienne jurisprudence : nous avons établi que tout héritier est saisi sous la condition de donner aux créanciers héréditaires l'une ou l'autre de ces garanties, ou de leur offrir pour gage ses biens personnels, par l'acceptation pure et simple, ou de leur présenter un inventaire fidèle des biens de la succession. (V. supra, p. 137.)

Merlin, après avoir exposé ces principes (v° *Bén. d'inv.*, n° XXV), ajoute : « Le Parlement de Paris jugeait constamment que l'héritier bénéficiaire possédait et transmettait, non comme acquêts, mais comme propres, les biens de la succession dont il se rendait adjudicataire, parce que ce n'était pas à l'adjudication qu'il en devait la saisine, parce que l'adjudication n'avait été pour lui qu'un moyen d'empêcher que les créanciers ne le troublassent dans la saisine qu'il tenait de sa qualité d'héritier, parce qu'elle n'avait fait que confirmer et continuer sa propriété. »

En un mot, l'adjudication n'opérait pas un changement de propriétaire.

CIV. Influence de la séparation des patrimoines sur la saisine.

Si le bénéfice d'inventaire n'empêche pas que le successible ne soit réellement héritier et ne jouisse de la saisine; si cette circonstance n'a d'autre effet que de modifier l'étendue de ses obligations et de régler les conditions de cette jouissance, à plus forte raison le régime de la séparation des patrimoines ne modifie pas les effets généraux de la saisine héréditaire.

Cette proposition se prouve par les considérations qui ont fait introduire ce bénéfice de la séparation, et par la comparaison de ses effets avec ceux de la saisine.

A. La séparation des patrimoines n'a pas d'autre but que d'empêcher, au profit des créanciers héréditaires, la confusion de leur gage avec les biens de l'héritier, gage des créanciers personnels de ce dernier.

Il résulte de cette définition :

1° Que ce bénéfice peut être utile tant qu'il ne s'est pas opéré entre le patrimoine héréditaire et celui de l'héritier une confusion telle qu'il soit impossible d'en faire la distinction.

Cette confusion est donc une circonstance toute de fait, qu'il ne faut pas confondre avec les effets purement juridiques de la confusion des patrimoines, résultant de l'acceptaron de la succession faite par l'héritier.

2° Il résulte encore de cette définition que l'héritier n'est pas, pour ainsi dire, partie dans ce régime de la séparation des biens (Zachariæ, 618, n° 12). Le débat s'élève uniquement entre ses créanciers personnels et les créanciers héréditaires. A l'égard de l'héritier, la confusion des patrimoines s'opère immédiatement par l'adition d'hérédité, et entraîne pour conséquence l'obligation de payer les dettes héréditaires. Cette considération est tellement essentielle à la séparation des patrimoines, que le jurisconsulte Merlin réunit ces deux idées dans cette expression indivisible qui sert de rubrique à l'une de ses divisions : *La séparation des patrimoines entre créanciers est-elle admise dans nos mœurs?*

Par conséquent, la circonstance que l'héritier n'a pas fait d'inventaire des effets héréditaires est étrangère, à ce point de vue, aux créanciers héréditaires (Merlin, § III, n° 1; vid. Favre, *De error. pragmat.*, dec. II), et la confusion de certaines choses avec le patrimoine de l'héritier n'empêche pas l'exercice de la séparation sur les autres biens du *de cujus*. Bien au contraire, suivant le président Favre, cité par Merlin, la confusion juridique et idéale des deux patrimoines est nécessaire pour qu'il y ait lieu à la demande de séparation, et cette demande a pour effet d'empêcher qu'à cette confusion de droit ne s'ajoute cette *vera et realis mixtio corporum in hereditate repertorum, cum corporibus bonorum heredis.*

Telle est la doctrine qui résulte des articles 878 et 881 du Code civil, sauf la restriction de l'article 880, quant à la confusion présumée des meubles résultant du laps de trois années.

B. Disons donc, d'après Merlin, § III, n° 3 : Si ce

n'est ni l'adition d'hérédité ni la possession de l'héritier qui donne ouverture à l'action dont il s'agit; si l'intérêt des créanciers héréditaires commence avec l'insolvabilité de l'héritier au moment où les biens sont saisis par les créanciers personnels de ce dernier ; s'il n'est pas nécessaire en général de rechercher à quelle époque a eu lieu l'adition de l'hérédité, et s'il suffit que les biens héréditaires existent encore afin que cette action ait un objet, il faut admettre nécessairement que la saisine héréditaire opère d'abord au profit du successible, avec tous ses effets au moment de l'ouverture de la succession, sans qu'il puisse être question de la séparation des patrimoines tant qu'elle n'est pas demandée. Elle est donc indifférente à l'héritier, obligé par son acceptation seule de tenir compte tant des biens héréditaires que de son propre patrimoine à ses créanciers personnels et à ceux du *de cujus;* cette distinction entre les deux gages n'a d'autre effet, en un mot, que d'établir un droit de préférence au profit de ces derniers; et ce privilége n'a pas plus d'influence sur la saisine héréditaire que n'en a en réalité l'existence de droits réels plus ou moins étendus, qui greveraient soit les biens personnels de l'héritier, soit le patrimoine héréditaire. Le successible ne connaît qu'une seule espèce de créanciers, puisque sa qualité d'héritier pur et simple lui donne pour créanciers personnels les créanciers héréditaires. (V. Zachariæ, § 618, texte n° 5.)

La saisine héréditaire n'a d'autre effet : 1° Que de permettre à l'héritier de se mettre spontanément en possession de l'hérédité en général et de chacun des corps héréditaires, dans l'an et jour de l'ouverture de la succession ;

2° De donner aux créanciers du *de cujus* un représentant légal de l'hérédité, tant que le successible n'a pas renoncé ;

3° D'autoriser le successible délibérant à faire des actes provisionnels et conservatoires sur les biens héréditaires.

C. En quoi la séparation des patrimoines peut-elle préjudicier à ces divers droits ?

Ici se révèle le danger des fausses théories sur la saisine, et M. Zachariæ lui-même n'en est pas exempt.

Si la saisine héréditaire a pour effet spécial de confondre instantanément les patrimoines, il est clair que la séparation des biens paraît avoir un effet directement contraire. Or, cette confusion ne résulte pas de la saisine, mais de la qualité d'héritier en général et spécialement de l'adition d'hérédité. Cette distinction prouve même qu'il ne saurait être jamais question d'une collision entre la saisine héréditaire et le bénéfice de la séparation des patrimoines ; car, pour qu'il y ait lieu à ce bénéfice, il faut qu'il apparaisse des créanciers du successible contre lesquels les créanciers héréditaires aient intérêt de faire proclamer leur droit de préférence ; il est donc absolument nécessaire à la fois que les créanciers du successible aient prouvé qu'il est définitivement héritier, afin d'exercer leur droit de gage sur les biens de la succession, et qu'ils aient effectivement menacé les biens héréditaires. Or, dès que la qualité d'héritier est fixée sur la personne du successible, dès que lui ou ses ayant cause ont fait en outre acte de propriétaires sur les biens de la succession, le titre provisoire a fait place au titre définitif ; ceux qui attaquent le successible l'attaquent non plus comme investi seulement de la saisine, mais comme héritier.

D'ailleurs, nous avons déjà observé que la séparation des patrimoines avait plutôt pour effet de lutter contre la confusion de fait des deux patrimoines que contre la confusion de droit résultant de l'adition d'hérédité. Les autres questions communément soulevées à l'occasion de la saisine ne nous semblent pas y avoir plus de rapport.

Ainsi, quand même il serait vrai que, par l'effet ou par la possibilité de la séparation des patrimoines, les biens héréditaires sont frappés d'indisponibilité, soit après ce régime établi, soit avant les six mois de délai accordés par l'article 2111 aux intéressés, cette indisponibilité modifierait les droits généraux résultant de la qualité d'héritier, mais non pas ceux résultant de la saisine proprement dite.

D. Pareillement, l'idée de saisine prise dans sa plus grande extension est étrangère à la question de savoir si les créanciers héréditaires peuvent concourir sur les biens de l'héritier avec ses créanciers personnels ; car de la décision négative de cette dernière question il ne suivrait pas que la qualité d'héritier et la saisine (suivant l'opinion commune) sont enlevées au successible par l'effet de la séparation des biens, puisqu'on a toujours reconnu, à l'inverse, aux créanciers personnels de l'héritier le droit de se faire payer sur les biens héréditaires une fois que les créanciers du *de cujus* sont désintéressés.

Il faudrait dire seulement que les créanciers du défunt ont formé par cette demande un quasi-contrat avec les créanciers du successible, et se sont obligés à limiter leurs prétentions aux biens héréditaires. « Separatio enim quam ipsi petierunt eos ab istis bonis separavit. » (L. I, § penult., D., *De separ.*)

CV. De l'influence véritable de la saisine en cette matière.

La saisine héréditaire doit-elle au moins avoir pour effet de fixer à l'ouverture de la succession le point de départ du délai fatal de trois ans marqué par l'art. 880 ?

L'affirmative, décidée par un arrêt de la Cour de cassation du 9 avril 1810 (S., XI, 1, 18), me paraît conforme aux vrais principes sur la saisine, non pas par cette raison, réfutée par MM. Aubry et Rau, que la saisine opère confusion des deux patrimoines instantanément; mais parce que, même avant l'adition d'hérédité, le successible peut, en vertu de la saisine, se mettre en possession du mobilier héréditaire, et que, son administration provisoire pouvant se convertir en *pro herede gestio* par suite soit de son acceptation, soit de ses actes mêmes excédant les pouvoirs de l'héritier délibérant, c'est à partir de l'ouverture de la succession que la confusion de fait peut s'opérer.

Mais si l'on suppose, avec les mêmes auteurs, que l'héritier bénéficiaire à l'égard duquel la séparation a lieu de plein droit a été évincé par un ayant droit plus proche, le délai de l'art. 880 courrait contre les créanciers héréditaires pour former la demande en séparation, à compter de l'éviction.

De même, ces délais ne courent que du jour où l'héritier du défunt a fait reconnaître ses droits contre le curateur à la succession vacante, car la nomination d'un curateur opère une sorte de séquestre au profit des créanciers héréditaires, et ce n'est qu'au moment où cette garantie cesse au profit du successible que paraît le danger de la confusion.

CVI. Influence de la saisine sur la détermination de la réserve.

Nous avons vu (supra, § XC, p. 261) quelle influence la réserve a exercée sur la saisine dans l'opinion des rédacteurs du Code. La faveur de l'hérédité testamentaire ne le cède qu'à la réserve; le droit du réservataire lui donne la prérogative de la saisine, qui, en sa personne, porte sur toute l'hérédité. La saisine, à son tour, a réagi sur la fixation de la réserve.

Il résulte en effet des diverses dispositions du Code civil et de l'esprit de la jurisprudence : 1° Que la quotité disponible d'une part, et la quotité indisponible de l'autre, se déterminent instantanément au moment de l'ouverture de la succession, sur le nombre des réservataires saisis par la loi. Leur renonciation ou leur exclusion n'a pas pour effet de faire varier ces deux quotités, bien qu'elle puisse en modifier la répartition;

2° Le calcul de ces deux quotités se fait sur tous les biens sans distinction : sur les donations entre vifs ou testamentaires faites soit au réservataire, soit à des étrangers. Tel est le point de départ de l'arrêt Laroque-Dumons (Sirey, XVIII, 1, 3).

Ces propositions supposent un conflit entre des légataires ou donataires et les réservataires qui ont intérêt : ceux-ci à faire imputer les donations sur la quotité disponible, afin de la diminuer d'autant ; et ceux-là à les faire imputer sur la réserve, afin d'augmenter d'autant la quotité disponible.

De ces principes posés résulte la solution de nombreuses questions.

A. Un réservataire a reçu un don entre vifs ou testamentaire en avancement d'hoirie ; il accepte la succession. Les autres réservataires prétendront que ce don doit s'imputer sur la quotité disponible et la diminuer d'autant ; qu'en effet ce don, fait en faveur d'un étranger, serait imputable sur cette quotité ; qu'il en doit être de même du don fait à un successible ; par conséquent, que le réservataire avantagé fait part d'abord dans la réserve contre ses coréservataires, et en outre fait part dans la quotité disponible contre les étrangers. Enfin, ils opposeront à ces derniers qu'ils n'ont aucun droit de contraindre un successible d'imputer sur sa part héréditaire, qui est la réserve, le don qu'il a reçu du défunt ; que cette faculté constituerait en réalité un droit au rapport dont jamais les étrangers ne peuvent se prévaloir.

Mais les donataires répondront d'abord que le don fait à un successible doit toujours diminuer sa part héréditaire ; qu'il s'agit uniquement de déterminer deux quotités qui se fixent *die obitus*, comme si le défunt n'eût fait aucune disposition : l'une de ces quotités saisissant les réservataires, l'autre demeurant affectée aux légataires et donataires.

B. Si l'on suppose que ce réservataire renonce à la succession pour s'en tenir à son don : Avant de renoncer, dirons-nous, il a été saisi de sa part dans la réserve; c'est sur sa qualité présumée de réservataire que s'est fait le calcul idéal des deux quotités, instantanément, *die obitus;* c'est pourquoi la quotité disponible, ainsi déterminée au moment de l'ouverture de la succession, ne peut souffrir de diminution par l'effet de cette renonciation, qui, d'ailleurs, n'a pas fait perdre à la donation du réservataire son caractère primitif d'avancement d'hoirie ; elle s'impute donc sur la part dans la réserve dont le renonçant a été saisi. Vainement ses coréservataires ou ceux qui sont appelés à son défaut voudront prétendre diminuer ainsi la quotité disponible : c'est seulement au cas où la donation en avancement d'hoirie dépasserait la part du renonçant dans la réserve, que l'excédant serait imputable sur la quotité disponible (art. 919).

Ainsi, la renonciation de tous les descendants au premier degré qui ont reçu un avancement d'hoirie, en même temps qu'elle appelle à la succession les petits-enfants du défunt, ne leur donne pas droit à une réserve intégrale. Ils devront imputer sur la réserve tout ce que les renonçants ont reçu (Zachariæ, 680, texte et n° 8).

C. Reprenons le cas où le don en avancement d'hoirie dépasserait la part du successible dans la réserve.

Dans cette hypothèse encore, ce successible renonce ou accepte.

Au premier cas, la saisine a fixé sur chacun sa part dans la réserve, et par conséquent le successible a fait part; une partie de la donation qu'il a reçue doit donc s'imputer sur cette réserve, et l'excédant seul sur la quotité disponible.

S'il accepte la succession, la solution, pour être claire, doit s'appuyer sur un exemple :

Sur un patrimoine de 60,000 fr. sont en concours un descendant du défunt donataire en avancement d'hoirie d'une somme de 30,000 fr., un légataire étranger pour 30,000 fr., et un autre descendant passé sous silence. Les deux réservataires acceptent : la quotité disponible est de 20,000 fr.

Le légataire étranger peut-il réclamer ces 20,000 fr., en prétendant, contre le réservataire passé sous silence, que les 10,000 fr. reçus par son coréservataire, excédant sa part dans la réserve, doivent être précomptés sur la réserve à fournir, de sorte que le legs ne soit diminué que de 10,000 fr. ?

Il faut décider que la saisine a sans doute eu pour effet de saisir le réservataire omis de sa part dans la réserve contre l'étranger, et du droit de demander à son cohéritier le rapport de sa donation; mais que ce rapport ne peut profiter à cet étranger, et qu'en définitive ce dernier doit subir une réduction de 20,000 fr. C'est ainsi que les 10,000 fr. qui excèdent la part dans la réserve du donataire en avancement d'hoirie s'imputent sur la quotité disponible (Zachariæ, 684 *ter*, n° 13).

Ce principe, que la saisine fixe la quotité dans la réserve pour chacun *à die obitus,* s'applique entre deux réservataires dont l'un a été avantagé par une donation égale à toute la quotité disponible augmentée de sa part afférente dans la réserve, et qui prétendrait la garder en totalité, tout en renonçant à la succession. La division s'est opérée entre les deux quotités : il y a donc une réserve à laquelle le renonçant ne peut avoir droit; sa part accroît donc à son coréservataire, seul véritable héritier; il ne peut prétendre conserver plus que la portion disponible; la réserve, après s'être fixée *die obitus*, eu égard au nombre des réservataires, n'est acquise qu'à l'acceptant seul.

Tel est le développement que comportent les doctrines si nettement résumées dans l'arrêt Laroque-Dumons : 1° sur la détermination de la réserve concomittante à la saisine, suivant le nombre des réservataires saisis; 2° sur son objet, qui enveloppe toutes les libéralités quelconques faites par le défunt à des successibles ou à des étrangers; 3° sur la qualité de la réserve, qui doit faire partie pour le tout de la succession *ab intestat;* 4° sur l'accroissement et la réunion des portions des renonçants à celles des réservataires acceptants.

CVII. La détermination des deux quotités est concomittante à la saisine et n'opère qu'une fois.

Il résulte en outre de ces principes sur la coïncidence de la saisine avec la fixation des deux quotités disponible et indisponible :

Que la réserve ne se détermine qu'une fois, sur la qualité et le nombre des réservataires saisis *à die obitus*.

Ainsi : 1° Le défunt laisse un enfant qui renonce à sa succession, pour s'en tenir à un don qui le gratifie avantageusement de sa réserve : l'ascendant appelé à son défaut ne peut demander une seconde fois une réserve, à l'encontre du légataire universel ;

2° Le défunt laisse des frères et sœurs dont la renonciation a ouvert le droit de l'aïeul : celui-ci ne peut demander une réserve, parce qu'il n'était pas appelé à la succession au jour du décès ; la quotité disponible qui était de la totalité de la succession à ce moment ne peut souffrir de diminution *ex post facto*. En un mot, il n'y a de réserve que celle qui est déterminée par la saisine du réservataire. (V. Zachariæ, 680, n° 10 ; contra, rej. 11 mai 1840 ; S.-V., XL, 1, 680.)

Cette question suppose que les frères et sœurs ont renoncé parce qu'ils sont exclus de la succession par un légataire universel qui, dans cette hypothèse, se trouve en lutte avec l'aïeul ; mais il est toujours vrai de dire que l'ascendant n'était point appelé par la loi à la succession *ab intestat*, puisque, si le legs universel était annulable, ce ne serait pas à son profit. Ainsi, à ce point de vue, la fiction de l'article 785, qui fait rétroagir la renonciation au jour du décès, n'a point de portée. D'ailleurs, l'article 777 ne saurait avoir pour effet de faire considérer l'ascendant comme saisi de plein droit *die obitus*, puisque nous avons reconnu que le successible n'a ce privilége qu'une seule fois.

CVIII. Le calcul de ces quotités est indépendant de l'origine des biens.

Lorsqu'il existe dans le patrimoine du *de cujus* des biens à lui donnés par un ascendant appelé à la succession *ab intestat* ou exclu par des ascendants plus proches, la réserve et la quotité disponible se calculent sur l'ensemble des biens, sans distinction quant à leur origine.

Il importe peu que l'existence de l'ascendant donateur diminue la part de ceux qui sont appelés, soit en concours avec lui, soit à son défaut.

Il suffira que les biens donnés contribuent à fournir la quotité disponible proportionnellement avec les autres ; et l'ascendant les recueillera déduction faite de la portion contributoire. Cette solution, qui nous semble juridique, peut servir à décider si le droit de retour successoral est attributif de la saisine.

Dans tous les cas qui précèdent, s'il n'est pas juste de dire indistinctement que cette imputation de la réserve et de la quotité disponible est une conséquence de la saisine, on peut observer du moins que ces deux effets de l'ouverture de la succession sont simultanés. Mais il est permis de considérer comme un effet de la saisine appliquée à la réserve, la manière dont celle-ci frappe les tiers soumis à la réduction. L'obligation de subir la réduction prend naissance contre le donataire ou contre le tiers détenteur actionné au cas de l'art. 930, au moment de l'ouverture de la succession, et dès lors il doit les fruits, pourvu toutefois que la demande ait été formée dans l'année (art. 928).

CIX. Influence de la saisine sur la théorie du partage.

La saisine offre souvent cette particularité, qu'elle attribue aux personnes, dans la sphère du droit, des qualités que, dans l'ordre des temps et des faits, elles n'acquièrent que plus tard et par des actes de leur volonté; elle suppose, en un mot, provisoirement l'accomplissement de certains faits.

Ainsi, quand le défunt laisse trois enfants par exemple, elle les investit provisoirement de la qualité d'héritiers réservataires, et leur donne l'exercice de certains droits attachés à ce titre; elle les suppose activement et passivement héritiers du défunt, et cependant il est incertain, en fait, s'ils accepteront ou s'ils renonceront, et si la dévolution provisoire de l'actif et du passif ne sera pas modifiée par la renonciation de l'un des successibles ou par l'indignité qu'il viendrait à encourir. De plus, non-seulement la saisine règle provisoirement la dévolution des biens, mais, par anticipation sur l'avenir, elle opère comme si le patrimoine était divisé entre les successibles par un partage effectif au moment de l'ouverture de la succession; elle influe donc notablement sur les effets du partage. Elle investit à l'avance la portion de biens qui doivent tomber dans le lot de chaque héritier, de manière qu'il est censé avoir seul succédé immédiatement au défunt pour la portion qui lui est échue, et n'avoir jamais eu de part dans les biens dévolus à ses cohéritiers. Tel est l'esprit de l'art. 883 du Code civil.

Il résulte de ce principe que les aliénations et hypothèques consenties par un des cohéritiers sont nulles si les biens qui en ont été l'objet ne tombent pas dans son lot; car, à l'égard de l'héritier au lot duquel ils sont échus, la même saisine qu'il avait sur sa portion indivise s'est fixée sur lesdits biens à l'exclusion de tous autres droits, et par conséquent est incompatible avec les aliénations consenties par son cohéritier.

Nous nous demanderons d'abord si ces effets du partage peuvent être invoqués, soit par un enfant naturel à l'égard des biens qu'il recueille dans la succession, en concours avec un parent légitime, soit par le légataire universel en concours avec un réservataire.

Cette question se résout affirmativement en leur faveur, si l'on décide d'abord qu'ils ont droit au partage proprement dit contre leurs cosuccessibles.

A. On reconnaît que l'enfant naturel a droit à une portion des biens héréditaires, calculée sur celle que lui aurait attribuée la légitimité, et que cette part lui doit être fournie en biens héréditaires (Toullier, § 249).

On admet en effet ce principe que, du jour de l'ouverture de la succession, l'enfant naturel a un droit de propriété sur ces biens, avant d'avoir formé sa demande en délivrance.

M. Toullier accorde à l'enfant naturel (§ 281) le droit d'assister aux opérations préliminaires du partage, à l'inventaire et à l'estimation des biens, à la formation des lots. Mais, les lots étant faits, l'héritier aurait le droit de désigner celui de l'enfant naturel, et celui-ci ne saurait être admis au tirage au sort. En un mot, l'obligation de former une demande en délivrance serait inconciliable avec l'action *familiæ erciscundæ*.

Enfin, de ce que l'enfant naturel n'est pas saisi de plein droit, on conclurait que l'héritier légitime pourrait vendre les biens héréditaires, même depuis la demande en délivrance, sans que l'enfant naturel pût s'y opposer, pourvu qu'il trouvât dans le patrimoine de l'héritier légitime des biens en suffisante quantité pour constituer sa part en nature. Mais ces aliénations seraient nulles dès qu'elles entameraient la part afférente à l'enfant naturel. Toutefois, la circonstance qu'elles auraient eu lieu de bonne foi et dans un temps où le successeur irrégulier n'aurait pas encore fait connaître ses droits, rendrait inattaquables ces aliénations à l'égard des tiers; l'enfant naturel n'aurait qu'un recours à exercer contre l'héritier. En cas d'insolvabilité seulement de ce dernier, il pourrait attaquer les tiers. (V. Toullier, §§ 284, 286.)

M. Blondeau voit encore dans cette doctrine des traces d'hérésie, en ce qu'elle reconnaît à l'enfant naturel un droit de copropriété et lui en accorde quelques prérogatives. Ce savant auteur n'impose à l'héritier d'autre obligation que celle de fournir à l'enfant naturel une certaine quotité, composée de biens de même qualité que le patrimoine héréditaire. C'est la conséquence logique de la doctrine qui considère ce successeur irrégulier comme un simple créancier. Mais il ne faut pas perdre de vue que les rédacteurs du Code civil n'ont pas rigoureusement suivi cette donnée.

Cela est si vrai, suivant M. Grenier, que, dans l'exposé des motifs du titre *Des Donations*, au Corps législatif, l'orateur du gouvernement disait que le droit des enfants naturels sur les biens de leur père est un droit de participation à la succession. Enfin, la jurisprudence et les interprètes sont à peu près unanimes pour leur reconnaître un véritable droit de réserve réglé sur celui des enfants légitimes. Ils ne sont pas héritiers de nom ; ils le sont par la force des choses.

Dès que l'on reconnaît un droit de propriété dans cette vocation, il ne faut pas trop ravaler leur position à raison de la privation de la saisine. Leurs droits sont analogues à ceux du légataire universel obligé de demander la délivrance au réservataire.

Or, le privilége de la saisine n'a d'autre effet en faveur de ce dernier que de lui permettre de discuter, dans une position favorable, le titre du légataire. Mais, ce titre une fois reconnu, la saisine de droit est certainement acquise à ce dernier. Or, l'enfant naturel est soumis aux mêmes conditions ; et si, pour éviter des conflits, il n'est pas saisi au possessoire, son droit de copropriété n'a pas moins pris naissance au fond, sous la condition qu'il le ferait reconnaître au moyen de la demande en délivrance. Celle-ci a la même efficacité à son égard que la saisine de plein droit des héritiers légitimes.

D'ailleurs, par le partage proprement dit, on ne se propose d'autre but que d'assurer le mieux possible l'égalité entre cohéritiers, et il n'y a pas de raison pour accorder moins de garantie à l'enfant naturel contre toute lésion; il nous paraît donc d'abord qu'il a droit au tirage au sort, en cas de partage judiciaire. Il est censé, en outre, avoir succédé seul aux effets qui tombent dans son lot; de sorte que les aliénations consenties par l'héritier légitime, depuis le jour de l'ouverture de la succession, sont annulables, en thèse générale, contre les tiers acquéreurs. (V. Merlin, v° *Bâtard*, sect. II, § 4.)

B. La question se trouve également résolue en faveur du légataire universel, dont le droit de copropriété prend naissance en même temps que le droit du réservataire; il en résulte qu'il peut invoquer tous les avantages attachés à l'action en partage.

Cette théorie de la saisine, appliquée aux effets du partage, se complète par quelques observations touchant l'obligation au rapport. Ce que nous avons dit de l'influence de la saisine sur cette matière est également vrai sous l'empire du Code civil, artt. 843, 855, 856, 859, 860, etc. (V. supra, p. 119, § XLV.)

L'obligation au rapport prenant naissance en même temps que la qualité d'héritier, et résultant de l'acceptation, la saisine qui préjuge et devance celle-ci rattache également l'obligation concomittante au jour de l'ouverture de la succession.

CHAPITRE II.

De l'hérédité vacante au point de vue de la saisine.

CX. Théorie de la vacance.

Lorsque les délais des articles 795 et 798 sont expirés, tout créancier héréditaire ou légataire peut contraindre l'héritier à prendre qualité ; quelle que soit sa décision, le provisoire cessera en ce qui le concerne. S'il renonce, peut-on dire que l'hérédité soit vacante, en présence d'autres successibles en degrés subséquents et contre le texte de l'art. 811? Aux termes des articles 785 et 724, on alléguera que ceux-ci sont saisis rétroactivement au jour du décès : ne pourrait-on même pas dire qu'à leur égard le défunt est censé décédé à l'instant de la renonciation du premier degré, de sorte que leur présence est aussi exclusive de l'idée de vacance que l'était en réalité la saisine du premier degré au moment de l'ouverture de la succession? Suivant quelques auteurs, cette situation se reproduira entre les créanciers héréditaires d'une part, et chaque successible de degré en degré, d'autre part, au fur à mesure que celui qui le précède renoncera ; et chaque renonciation ouvrira en faveur du saisi un nouveau délai de trois mois et quarante jours pour délibérer.

De simples considérations d'équité ont suffi pour engager d'autres auteurs, nonobstant le texte de l'art. 811, à couper court aux effets de la saisine après la première épreuve. La renonciation du premier degré une fois intervenue, les créanciers pourraient provoquer la nomination d'un curateur à la succession réputée vacante. Cependant, l'héritier du degré subséquent ne peut-il pas objecter que la succession lui est déférée, et qu'avant de le mettre en demeure de prendre un parti, nul n'a le droit de représenter la succession ?

Une objection tirée de la pratique s'élève, en outre, au sujet des jugements obtenus contre le curateur : pourra-t-on en invoquer les effets contre le successible, quand sa qualité notoire, au moment de la nomination du curateur, semble une protestation permanente contre tous actes passés par ce dernier, et contre la bonne foi des créanciers? (Arg. des artt. 1165, 1351 ; v. Zachariæ, p. 566, t. IV; Blondeau, p. 719.)

En présence de ces difficultés, l'honorable auteur du *Traité de la séparation des patrimoines* autorise le créancier héréditaire à poursuivre en forclusion tout individu qu'il soupçonne être successible du *de cujus* : il accorde, en général, à ce successible un délai composé de tous ceux auxquels les successibles qui le précèdent ont successivement droit pour faire inventaire et délibérer; et d'un délai semblable qui lui est accordé personnellement (1).

Mais, outre que cette doctrine n'était sans doute ni dans l'esprit ni dans les prévisions des rédacteurs du Code, elle n'améliore pas beaucoup la position des créanciers, et laisse subsister l'incertitude pendant quatre ans et quatre mois peut-être, ce qui est encore bien long.

CXI. Solution pratique.

Cette difficulté ainsi posée, il faut observer d'abord qu'en pratique ces embarras ne se présenteront presque jamais avec toute la rigueur d'une supposition théorique. La renonciation du premier degré donne à présumer que l'hérédité est mauvaise, et que la nomination du curateur ne rencontrera guère d'opposition; si la théorie appelle notre attention sur les dangers qu'il y aurait à voir contester les jugements obtenus contre le curateur par le successible connu qui n'a pas été mis en demeure, cette crainte se réalisera bien rarement. Le successible

---

(1) En effet, suivant le même auteur, le successible ainsi actionné pourra provoquer la renonciation de ceux qui le précèdent, et ceux-ci jouissent respectivement des délais de l'art. 795 pour faire inventaire et pour délibérer; d'où la nécessité de faire la somme de tous les délais qui pourraient être réclamés. En outre, l'inertie du successible actionné en forclusion fait présumer la renonciation des successibles antérieurs, présomption qui suffira, non pas sans doute pour exclure leur action en pétition d'hérédité, mais pour permettre de fixer le régime héréditaire par la nomination d'un curateur, dès que la renonciation du successible dont il s'agit sera intervenue. (V. l'ouv. cité, pp. 716, 775, 777.)

ne serait recevable dans cette contestation que sous la condition d'accepter la qualité d'héritier, ce qu'il ne sera pas tenté de faire en présence d'une succession mauvaise. Si le besoin de faire honneur aux engagements du défunt devait le pousser à en subir les charges, il y mettrait quelque empressement, et ce désir se réaliserait avant la nomination du curateur, par une démarche équivalente à l'acceptation de l'hérédité.

Il est en outre une dernière concession que l'on peut faire à l'intérêt des successibles ; c'est d'obliger les créanciers, après qu'ils ont subi les délais accordés au premier degré, à mettre tous les successibles des degrés subséquents en demeure de faire inventaire et de délibérer dans le délai de trois mois et quarante jours ; passé lequel délai ils seront tenus de prendre une décision. On arrive ainsi à obtenir soit une renonciation collective, soit une acceptation individuelle, et à faire place nette.

Pour que la question théorique soit posée en toute rigueur, il faut faire une supposition inadmissible : c'est que chaque successible, au fur à mesure qu'il arrive au premier degré, ait quelque envie de contrarier les créanciers, et consente, dans une intention stérile, à engager sa qualité d'héritier saisi dans des difficultés compromettantes. Il opposera à toute ouverture de délibération en commun, qu'il a exclusivement droit à la succession, et qu'il lui répugne de voir des étrangers s'immiscer dans ses affaires personnelles, tant que la loi lui accorde la saisine héréditaire.

CXII. Solution théorique; vacance de la saisine.

A. Les idées que nous avons développées sur la saisine nous serviront à résoudre cette difficulté. Si la saisine héréditaire est un droit très-avantageux pour le successible, on doit reconnaître qu'il peut la perdre par son inaction, et, dans ce cas, il ne saurait se plaindre de ce qu'on l'a confiée à un administrateur comptable qui sera constitué représentant du défunt dans l'intérêt d'autres ayant droit. Suivant la doctrine que nous croyons avoir établie dans cet ouvrage, dès que l'année s'est écoulée sans que le successible ait manifesté sa volonté, ou bien dès que le successible du premier degré a renoncé, la saisine est jacente; et il est loisible alors à un successible quelconque de se constituer en saisine de l'hérédité négligée par ceux qui le précèdent. La terminologie du Code se prête d'ailleurs à cette interprétation ; dans la section IV, relative à cette matière, si on eût regardé comme *vacante* la succession qui n'a aucun héritier connu, on eût employé une expression inexacte. Nonobstant cette prétendue *vacance* et la nomination du curateur, les successibles inconnus n'ont perdu aucun droit, et tout le monde convient que l'apparition duement constatée de ces ayant droit fait cesser les pouvoirs du curateur : leurs droits au fond ne se perdent que par la prescription de l'art. 789. En un mot, si, au lieu de donner un sens spécial aux mots de *vacance* et de *saisine héréditaire*, on leur donnait un sens absolu, on arriverait à une théorie radicalement inconciliable avec cette notion du simple bon sens : Saisine et vacance s'excluent.

Aussi l'article 811 dit seulement que la succession *est réputée* vacante, et les jurisconsultes ont été obligés de distinguer l'état de déshérence définitive de l'état de vacance. Nous pouvons donc dire que la saisine, et non la succession, est, à proprement parler, vacante après un certain temps. Et comme le Code civil est fort pauvre de dispositions relatives à cet état (les auteurs, suivant leurs tendances, ayant été obligés d'y suppléer par des théories plus ou moins conformes à l'esprit juridique), il s'ensuit que notre théorie sera d'autant plus admissible qu'elle créera moins de dissonnances dans cette sphère du droit.

Dès que le laps d'une année est écoulé, nous supposons que les héritiers du premier degré connus ont répudié la succession, sur la mise en demeure indiquée par l'article 811 ; nous supposons que d'autres successibles restent dans l'inaction ; il y a lieu de pourvoir à l'administration de la succession. Si, dans le délai d'une année qui leur est donné pour s'éclairer sur les forces de cette succession, ces successibles n'ont par pris parti, les créanciers héréditaires peuvent provoquer contre eux la nomination d'un curateur, et le faire investir de la saisine que les ayant droit ont perdue.

B. Si, plus tard, les héritiers jusqu'alors inconnus se présentent, l'administration du curateur ne cessera que sur l'acceptation formelle qu'ils auront faite de l'hérédité, acceptation qui dessaisira celui-ci et fixera irrévocablement la qualité des acceptants. Ces successibles qui se présenteront devront actionner le curateur, établir leur qualité contradictoirement avec lui ; ils sont dans la position des successibles qui ne jouissent pas de la saisine. Pendant l'instance, le tribunal peut maintenir le curateur, autoriser l'ayant droit dont la demande paraît fondée à vérifier les forces de la succession, modérer plus ou moins l'administration du curateur, afin de ménager le plus possible l'intégrité de la succession dans l'intérêt du demandeur ; et, dès que celui-ci aura déclaré accepter, alors le curateur sera de plein droit dessaisi (1).

Quant à la preuve à faire par le prétendant droit, il doit simplement justifier de sa vocation à l'hérédité ; les faits qui ont motivé la nomination du curateur suffisent pour établir qu'aucun autre successible ne s'est présenté ; que si plusieurs se présentent à la fois, on peut les autoriser successivement à vérifier les forces de la succession avec les mêmes précautions. Ainsi le successible ne serait pas tenu de prouver qu'il n'en existe aucun autre en ordre préférable, contrairement à l'opinion de M. Toullier (IV, 298).

Cette doctrine sur ce point n'a rien d'exorbitant ; aussi MM. Aubry et Rau, beaucoup moins favorables à la cause des créanciers représentée par le curateur, adoptent l'interprétation la plus rigoureuse de l'art. 811, et, sur la première réclamation des successibles, font cesser

---

(1) MM. Aubry et Rau (§ 639, texte n° 4) font cesser de plein droit la saisine du curateur avant que la demande des prétendants ait été vérifiée ; nous admettons qu'il en serait ainsi dans le cas où la nomination du curateur et la demande des successibles auraient eu lieu avant l'expiration de l'année de saisine.

de plein droit l'administration de ce curateur pour en investir même un tiers ; et cependant ces auteurs n'exigent du successible irrégulier qui réclame une succession (même avant la déclaration de vacance), qu'une double preuve, savoir : la preuve de son titre et la preuve qu'il ne s'est présenté aucun successible préférable. « En effet, l'absence ou l'inaction des personnes qui sont appelées à l'hérédité en première ligne doit être assimilée à leur non-existence. » Seulement, nous invoquons les mêmes motifs en faveur des créanciers intéressés à faire nommer un curateur.

Cette doctrine nous semble conforme aux vrais principes sur la saisine héréditaire ; elle se présente plus favorablement que l'opinion suivant laquelle on pourrait provoquer la nomination du curateur après l'expiration de trois mois et quarante jours, parce que ce délai de rigueur contre le successible qui délibère ne produit cependant pas complètement déchéance complète de la saisine contre ceux dont on ignore l'existence. En effet, si, dans l'année du décès, un successible jouissant encore de la saisine se présente, il peut la relever à son profit, et sa première réclamation fait cesser la vacance ; théoriquement, il est censé avoir été saisi du jour de l'ouverture, et pourrait faire annuler les actes consentis par le curateur.

Pour sauvegarder encore mieux les droits éventuels de ces successibles et appeler leur attention, nous nous rangeons à l'opinion de M. Blondeau (pp. 704, 705), qui applique à la nomination du curateur les dispositions des articles 769, 770, relatives à la publicité préventive qui doit être donnée à la demande d'envoi en possession des successibles irréguliers.

Aux raisons données par ce savant auteur, savoir : la certitude que le curateur administre la chose d'autrui, au lieu que le successible irrégulier gère sa propre chose et que ces deux personnes ont à peu près les mêmes pouvoirs, nous ajouterons que les successibles de tous les degrés ont intérêt à faire cesser le cours du salaire du curateur ; en outre, dans notre système, il est d'autant plus utile d'exiger ces publications, que la nomination du curateur peut avoir lieu quand même il y aurait des successibles connus.

Il résulte de tout ce qui précède que la nomination du curateur aura lieu dès que les successibles auront perdu la saisine par leur inaction pendant une année, et à ce point de vue nous pouvons toujours dire : Saisine et vacance s'excluent. Cette doctrine ne s'oppose en rien au droit commun, suivant lequel les successibles inactifs conservent toujours leur aptitude tant que la prescription n'est pas accomplie, aptitude qu'ils peuvent transmettre à leurs héritiers ; ceux-ci se trouveront dans la même position que leurs auteurs à l'égard de la succession.

CXIII. Effets des jugements obtenus pendant la curatelle.

Il peut arriver qu'un successible jusqu'alors inconnu soit actionné par un seul créancier, et qu'il fasse ostensiblement acte d'héritier. Il est évident d'abord que cette qualité est fixée irrévocablement dans sa personne, à l'égard des tiers et pour l'avenir : il sera tenu de respecter les actes faits par le curateur pendant que son existence était ignorée. Mais s'il a été condamné simplement en qualité d'héritier pur et simple et contre sa volonté, le jugement n'est bon qu'à l'égard du créancier qui l'a obtenu; il ne sera exécutoire sur les biens héréditaires que dans le cas d'acceptation formelle de la part de ce prétendu successible. Et même, cette condition se réalisant, les autres créanciers ne pourraient-ils pas dire que le curateur était pour eux le seul représentant légitime de l'hérédité, représentant dont la nomination a reçu un caractère de notoriété suffisant, et qu'ils n'ont pu être représentés par un successible dessaisi; dès lors ne pourraient-ils pas former tierce opposition? (C. de Pr., 474.)

Il serait dangereux de donner ouverture à des fraudes entre un créancier et un successible qui se réserverait de faire connaître sa qualité après avoir laissé obtenir contre lui des jugements préjudiciables à la masse.

Ce qui est vrai au cas où il s'agit d'un successible inconnu, nous l'admettons également à l'égard des successibles connus, dont l'inaction pendant une année a produit déchéance de la saisine et permis aux créanciers de provoquer la nomination d'un curateur; la question de la validité des jugements obtenus se résoudra de la même manière.

Nous pouvons lire dès lors l'article 811 de la manière suivante (à l'égard des héritiers du sang) : Lorsque les délais pour faire inventaire et pour délibérer sont expirés, qu'il n'y a pas d'héritier connu *jouissant de la saisine*, ou que les héritiers connus ont renoncé, cette succession est réputée vacante.

CXIV. Application.

Il reste à appliquer cette théorie aux successibles qui ne jouissent pas de la saisine de plein droit : l'enfant naturel, le conjoint survivant et l'Etat; puis au légataire universel, qui n'en jouit qu'à défaut d'héritier réservataire.

Dès l'ouverture de la succession, ces successibles sont dans la position des héritiers qui ont laissé passer l'an et jour sans se mettre en possession, et dont l'inaction a laissé la saisine jacente à la merci des créanciers. Ceux-ci peuvent se pourvoir afin de faire déclarer la vacance et nommer un curateur, dès que les délais pour faire inventaire et délibérer sont expirés. La première hypothèse de l'article 811 se rapporte évidemment à cet ordre de successibles; on y suppose d'abord, en effet, qu'il ne se présente personne réclamant la succession. Si, avant la démarche des créanciers, un successible eût obtenu l'envoi en possession, les créanciers supporteraient les frais de la demande, car la saisine n'était pas vacante. Si le successeur irrégulier a demandé l'envoi en possession depuis la démarche des créanciers et avant la décision judiciaire, la première demande doit faire surseoir à la seconde (M. Blondeau, p. 709).

Lorsqu'un légataire universel est appelé à défaut de

réservataire, il a la saisine, comme les héritiers légitimes, et les créanciers doivent suivre dans ce cas la marche que nous avons indiquée sous le § précédent. Bien que le légataire universel institué par un testament olographe ou mystique soit tenu de demander l'envoi en possession au président du tribunal, cette formalité, prescrite par l'art. 1008, est loin de l'assimiler aux successibles irréguliers, dont l'envoi en possession ne peut être prononcé que par un jugement et après l'accomplissement d'autres formalités.

A l'égard des légataires universels et particuliers, ils sont, à proprement parler, créanciers de l'hérédité, et tant s'en faut que leur présence s'oppose à la déclaration de vacance, qu'au contraire ils peuvent provoquer eux-mêmes la nomination d'un curateur, légitime contradicteur à leur demande en délivrance.

CXV. Confirmation de cette théorie par les décisions de l'ancienne jurisprudence.

Il résulte de ces décisions : que la nomination d'un curateur à la vacance n'est point arrêtée par l'existence connue de quelques successibles ;

Que la plus simple démarche des successibles vers la succession ne suffit pas pour paralyser les pouvoirs du curateur, mais que leur acceptation formelle est nécessaire.

Denizart dit en propres termes (v° *Héritier*, n° 7) :
« Le parent, quoique saisi par la loi, au moyen de la re-

nonciation de celui qui est plus proche, a besoin de se faire connaître aux créanciers ou autres ayant droit à la succession, pour empêcher qu'ils ne fassent commettre un curateur à la succession à laquelle l'héritier présomptif a renoncé; autrement la succession est censée vacante, et, si les créanciers du défunt ou ses légataires avaient fait créer un curateur, la procédure de ce curateur et celles faites contre lui seraient valables. »

Un arrêt du 26 avril 1763, entre autres, valida les reprises liquidées par un curateur à la vacance, avec la veuve du *de cujus,* contre les petits-enfants de ce dernier. Cet arrêt jugea que les créanciers n'étaient pas obligés de demander aux parents plus éloignés s'ils voulaient être héritiers ou non, et que c'est au parent plus éloigné à se présenter pour appréhender la successsion.

Merlin (v° *Héritier,* sect. II, § 1) expose une espèce remarquable dont les phases pourraient se reproduire sous l'empire du Code civil.

Il s'agissait de la succession de Jeanne Brias, dame de Peteghem, ouverte le 19 mars 1706.

Le 4 mai 1706, une sentence nomme un curateur à la succession, sur la simple abstention de la sœur de la défunte et nonobstant l'opposition de J.-B. Bake, son neveu.

Le 6 mai, un autre neveu, Basile Bake, se portant héritier, mais sous la réserve expresse qu'il ne voulait pas s'obliger aux dettes au-delà de l'émolument, demande la déchéance de la curatelle et veut provoquer une décision de la part du successible du premier degré; de plus, il se met en possession d'un immeuble de la succession.

Les successibles du premier degré s'opposent à cette prétention. Cependant, la procédure faite par les neveux tombe, ils sont déchus de leur prise de possession ; puis, en cet état de choses, les successibles des premier et deuxième degrés meurent, en laissant des ayant cause. Par plusieurs sentences, intervenues en 1715, 1742, 1770, des curateurs sont successivement nommés, parmi lesquels notamment des enfants et arrière petits-enfants des successibles du premier degré.

En 1776, les héritiers du successible du deuxième degré (Henri et Pierre Barth, petits-neveux de la défunte) demandèrent, en qualité d'héritiers apparents de Jeanne Brias, que le curateur fût tenu de leur rendre compte, en leur dite qualité d'héritiers apparents, pour être ensuite par eux délibéré sur l'acceptation ou sur la renonciation. Le curateur opposa que la qualité d'héritier apparent et délibérant ne suffisait pas pour donner le droit de demander un compte au curateur d'une succession jacente. Et, en effet, une sentence du 2 décembre 1777 déclara les demandeurs non recevables *in modo et in forma*.

Les successibles des divers degrés, trouvant alors la succession bonne, se disputèrent le droit de l'accepter. Enfin, un arrêt de la Cour de Bruxelles, du 11 fructidor an II, déclara :

1° Que rien ne s'opposait à ce que l'héritier délibérant fût curateur ;

2° Que le curateur possédait pour l'héritier futur ;

3° Que le successible du deuxième degré [Barth] ne pouvait dessaisir celui du premier [Vanelstein] que par une possession corporelle et légitime ; que, dès lors, cette dessaisine n'ayant pas eu lieu, la saisine du premier degré avait continué; par conséquent, que le successible du second degré ne pouvait prétendre que la faculté d'accepter fût prescrite contre son adversaire.

Merlin, présentant les arguments de Barth devant la Cour de cassation, admet que l'acceptation du 6 mai 1706, faite par son auteur, l'héritier du second degré, eût été valable si elle n'eût été modifiée par aucune réserve et restriction incompatible avec la qualité d'héritier pur et simple, et qu'elle eût donné un droit éventuel à la succession.

Nous avons (supra, § XCIII, p. 273) également posé ce principe, que l'acceptation du deuxième degré est valable bien qu'elle ait lieu avant la renonciation des successibles précédents.

Mais la prescription du droit d'accepter n'avait pas couru contre le successible du premier degré pendant la gestion du curateur, parce que personne n'avait possédé l'hérédité au préjudice de l'héritier qui s'était abstenu pendant trente ans.

Si, au contraire, l'acceptation éventuelle du 6 mai 1706 n'eût pas été viciée par une clause contradictoire, son effet se serait réalisé au profit du deuxième degré, au moment où la présomption se serait accomplie contre le premier.

L'arrêt du 6 ventôse an XIII confirma ces principes.

Dans l'analyse des différentes phases de cette procédure et dans la discussion doctrinale qui l'accompagne, on voit successivement se produire les véritables principes de la saisine, tels que le Code civil nous paraît les avoir consacrés.

CHAPITRE III.

De la saisine dans certaines successions particulières.

CXVI. De la succession laissée par l'enfant naturel.

A. Ce que nous avons dit des successions légitimes, irrégulières et testamentaires, peut nous servir de point de départ pour étudier, dans leurs rapports avec la saisine, le droit de succession anomale, les institutions contractuelles, certaines successions irrégulières, etc.

Nous trouvons d'abord la succession laissée par l'enfant naturel. Il suffit des principes généraux pour régler sa succession légitime, naturelle ou testamentaire, dans les cas ordinaires; mais il peut avoir, en outre, pour successibles ses père et mère naturels, ses frères et sœurs naturels ou leurs descendants légitimes (neveux du *de cujus*). (Artt. 765, 766.)

Dans ces deux cas il s'agit d'une succession universelle : nous pouvons comparer ces successibles à des héritiers institués, ainsi que nous l'avons fait pour les successeurs irréguliers (V. supra, §§ LXXXVIII, XC, pp. 257, 264) quant à l'étendue des obligations. Il nous semble naturel de les obliger au paiement des dettes indéfiniment ; mais, par cette raison même, ils ne sont pas tenus de demander l'envoi en possession à la justice (Delvincourt, sur l'art. 766). Néanmoins, nous ne leur accordons la saisine que sous la condition qu'ils manifestent leur volonté par une démarche vers l'hérédité ; sinon, ils ne sont pas saisis à l'égard des tiers et ne sont pas de plein droit défendeurs aux actions héréditaires, et la prescription du droit d'accepter court contre eux : ils ne sont donc pas, après trente ans, tenus pour acceptants. (Cf. Zachariæ, § 640, passim.)

B. *Du retour successoral.* — Le Code civil adopta sur le droit de retour successoral la tradition du droit coutumier : il résulte de la discussion sur l'art. 766, que ce droit est considéré comme un droit de succession qui oblige celui qui en profite à contribuer aux dettes, au prorata de son émolument.

L'art. 351 établit au profit de l'adoptant ce droit de succession sur les biens par lui donnés entre vifs à l'adopté, et qui existent soit dans la succession de ce dernier, mort sans postérité, soit dans celle du dernier mourant des descendants de l'adopté qui se trouve dans le même cas (352). Les descendants légitimes ont le même privilége à l'égard des biens que l'adopté a reçus de son père adoptif à titre de donation ou de succession; mais ils ne peuvent l'exercer dans la succession des descendants de l'adopté.

L'art. 747 établit pareil droit de retour au profit de

l'ascendant donateur, sur les biens donnés existants dans la succession de son descendant donataire mort sans postérité.

Enfin, aux termes de l'art. 766, les descendants légitimes du père ou de la mère de l'enfant naturel sont appelés à recueillir, dans la succession de leur frère naturel décédé sans postérité et sans ascendant naturel, les biens qu'il a reçus de l'auteur commun.

Ces diverses personnes jouissent-elles de la saisine de plein droit, ou bien sont-elles obligées de demander la délivrance à ceux qui recueillent la succession ordinaire? Accorder la saisine au successeur anomal, c'est supposer d'abord que les motifs attributifs de la saisine aux successibles ordinaires lui sont applicables.

Or, la loi donne la saisine aux successeurs ordinaires, parce qu'elle suppose leur titre plus notoire que celui des légataires, et antérieur ou supérieur à la vocation de ces derniers. Ce caractère ne peut être attribué au droit du successeur anomal, car son titre n'est pas notoire par excellence, et il cède toujours au droit de disposition du défunt dont les dettes grèvent les biens donnés, et qui, par son testament, peut anéantir le retour successoral.

Ne résulte-t-il pas déjà de cette considération que les légataires s'adresseront d'abord aux successibles ordinaires saisis de la masse du patrimoine, et non au successeur anomal appelé seulement à leur défaut? En second lieu, la saisine n'est que l'effet et l'auxiliaire d'une présomption ; et comme, en outre, la loi moderne consacre l'homogénéité du patrimoine en excluant toute distinction concernant l'origine des biens, ils sont tous présumés faire partie de la succession ordinaire. A ce point de vue, le droit de succession anomale, réglé sur l'origine des biens, est essentiellement hétérogène; dès lors, en vertu de leur vocation à l'universalité du patrimoine, les héritiers ordinaires trouvent provisoirement dans leur saisine de plein droit la totalité des biens, sans distinction de leur origine. C'est au successeur anomal à leur demander la délivrance des biens auxquels il prétend attribuer une origine particulière. La présomption en faveur des héritiers ordinaires doit être d'autant plus forte que l'incertitude sur l'origine des biens est plus grande; or, aux termes des artt. 747, 766, le retour successoral peut avoir pour objet simplement une action en reprise des immeubles donnés, aliénés par le donataire, ou le prix qui en est encore dû; dans tous ces cas, le droit de retour dégénère de plus en plus en droit de créance sur la succession.

De même, dans ses rapports avec les créanciers, celui qui profite du droit de retour successoral est tenu sans doute des dettes *pro modo emolumenti;* mais l'intérêt des héritiers tenus *ultra vires* exige que les biens ne soient pas abandonnés sans contrôle à la merci du successeur anomal.

Il résulte de cette considération que les successeurs du droit commun, spécialement intéressés à ce que le gage des créanciers ne soit pas dissipé, ont exclusivement le droit de se mettre en possession du patrimoine, sans distinction de l'origine des biens; qu'ils peuvent exiger du successeur anomal la déduction de sa portion contributoire dans les dettes ou d'autres garanties ; enfin, que le successeur anomal, qui s'est mis spontanément en possession, peut être contraint de restituer les biens aux successeurs premiers saisis.

La privation de la saisine n'empêche pas que ces successibles n'aient droit aux fruits, en qualité de propriétaires, du jour du décès, et ne puissent réclamer les biens dans l'état où ils se trouvaient alors.

On conçoit que la solution fût différente dans l'ancien droit, où le retour successoral avait spécialement pour objet des immeubles, où il avait pour base l'intérêt de la conservation des biens dans chaque ligne, où, enfin, la recherche de l'origine des biens était le droit commun.

C. *Du retour conventionnel.* — Ce droit, à la différence de celui dont nous venons de parler, n'a aucun des caractères de la succession. Les biens retournent au donateur francs et quittes de toutes charges et aliénations consenties par le donataire. Mais le décès de ce dernier donne-t-il la saisine au donateur ? On ne doit voir ici rien autre chose que l'effet d'une condition résolutoire, en vertu de laquelle le donateur est censé n'avoir jamais été dessaisi. Il a donc la saisine de droit et peut se mettre en possession par ses mains.

CXVII. Succession spéciale de l'ascendant en concours avec des collatéraux.

En vertu de l'art. 754, l'ascendant du premier degré, en concours avec des collatéraux de l'autre ligne du défunt, dans la succession ordinaire, a droit à l'usufruit du tiers des biens dévolus à cette ligne, usufruit à titre universel, qui porte ainsi sur le sixième du patrimoine. L'ascendant peut-il se dire saisi de cette portion ?

La négative ne saurait guère faire de doute ; il faut bien reconnaître que cette quote-part de biens est dévolue en nue-propriété aux collatéraux, à titre héréditaire, et se trouve comprise dans leur vocation pour moitié à la succession. Tenus pour moitié des dettes envers les créanciers, ils ont intérêt à réclamer la saisine de la moitié de la succession ; les dettes diminuent proportionnellement l'usufruit des ascendants. Le titre de ceux-ci est d'ailleurs particulier ; ils ne sont soumis aux dettes que proportionnellement à leur part héréditaire, qui est de moitié, et les créanciers n'auraient point d'action contre eux, à raison de l'usufruit du sixième en sus de leur part héréditaire. Il est bon d'observer en outre que l'ascendant est tenu de donner caution pour sa jouissance, aux termes de l'art. 601, et que l'entrée en jouissance est subordonnée à la condition de certaines garanties (Cf. 600, 602).

CXVIII. De la saisine de l'exécuteur testamentaire.

En principe, les pouvoirs de l'exécuteur testamentaire sont indépendants de la saisine, qu'il est loisible au testateur de lui accorder ; elle ne peut avoir pour objet que du mobilier, ni durer plus d'une année.

L'art. 1027 autorise l'héritier à faire cesser la saisine en offrant de remettre aux exécuteurs testamentaires une somme suffisante pour le paiement des legs mobiliers, ou en justifiant de ce paiement. Cette saisine gêne en effet l'administration des héritiers, en leur enlevant la possession du mobilier, qui leur donnait notamment qualité : pour toucher les capitaux héréditaires, exercer les actions mobilières relatives aux biens de la succession, pour recevoir les actions du légataire et pour administrer le mobilier. Ces pouvoirs passent, avec la saisine, à l'exécuteur testamentaire. Il peut donc, lui aussi, se mettre en possession du mobilier, et le faire vendre jusqu'à concurrence de ce qui est nécessaire pour acquitter les legs, de concert toutefois avec les héritiers ou les légataires universels ; il peut donner quittance du mobilier, contraindre en justice les débiteurs, enfin, faire aux légataires la délivrance de leurs legs mobiliers.

CXIX. Du partage d'oscendant.

Ce partage fait par testament a pour but de remplacer, entre les descendants héritiers *ab intestat*, le partage qu'ils feraient du patrimoine après la mort de leur ascendant. En conséquence, il n'a d'autre effet, à l'égard de la saisine, que de restreindre aux effets individuellement compris dans le lot de chaque copartageant, la saisine collective *pro indiviso* que les héritiers auraient eue sur l'ensemble du patrimoine, en vertu de leur titre *ab intestat*. En droit commun, si chaque copartageant est censé avoir succédé seul, *a die obitus*, aux biens compris dans son lot, c'est en vertu d'une fiction contraire à la pure réalité, suivant laquelle les successibles, depuis le décès jusqu'au partage, jouissaient de la saisine *pro indiviso*. Le partage d'ascendant change cette fiction en réalité.

La fiction conserve son empire sur les biens qui n'auraient pas été compris dans le partage (1077) et qui, au moment de l'ouverture de la succession, se trouveraient soumis au droit commun ; elle reprendrait même son empire sur l'ensemble des biens, si, par l'effet de la rescision du partage pour cause de lésion, l'indivision était rétablie entre cohéritiers.

En effet, bien que ce partage assimile les héritiers à des légataires à titre universel, il ne leur ôte pas toutes les prérogatives de la succession *ab intestat*. Ils sont soumis notamment au paiement des dettes *ultra vires*. Ils peuvent invoquer certainement le droit d'accroissement.

Ils diffèrent cependant en un point important des successibles *ab intestat*. En droit commun, les héritiers saisis collectivement sont éventuellement appelés à recueillir l'hérédité, en cas de renonciation de leurs cohéritiers ; il est de plus incertain, avant le partage, sur quels biens déterminés portera leur saisine ; dès lors, les tiers détenteurs de l'hérédité ne peuvent opposer à la pétition d'hérédité de l'un des héritiers son défaut de qualité pour l'actionner *in totum*. Ils peuvent seulement exiger la mise en cause des cohéritiers, afin que le jugement à intervenir soit valable à l'égard de tous. Cependant, si, au lieu d'avoir pour objet l'hérédité, l'action de l'un des héritiers ne tendait qu'à la revendication d'un immeuble individuel sur lequel il n'avait qu'un droit de copropriété, il devrait la restreindre à sa portion héréditaire. (V. Zachariæ, § 620, n°ˢ 2, 3.)

Le partage d'ascendant ayant pour effet, comme tout autre partage, d'assurer à chacun des héritiers une part *in specie,* chacun d'eux a le droit de revendiquer pour le tout les objets compris dans son lot.

CXX. De l'effet des institutions contractuelles sur la saisine.

A. L'institution contractuelle proprement dite, ayant pour objet soit les biens à venir, soit les biens présents et à venir, donne à l'institué sur la succession de l'instituant un droit qui se réalisera au moment du décès.

L'institution contractuelle étant un véritable testament irrévocable, il résulte de ce rapprochement que l'institution de biens à venir *in universum* fait un véritable héritier. Il a les mêmes droits et les mêmes obligations que l'héritier légitime ou testamentaire.

Mais si l'institué est en concours soit avec un réservataire, soit (au cas où il est institué pour une quote-part) avec un parent du *de cujus,* l'héritier est seul saisi, et l'institué est *loco legatarii* (1).

L'institué non saisi n'est soumis à l'action des créanciers héréditaires que par son acceptation; jusqu'à ce

---

(1) Si on admet, en effet, la saisine collective de l'institué et de l'héritier légitime, il faut décider que la renonciation de l'institué fait accroître le bénéfice de l'institution à cet héritier; au contraire, dans notre opinion, cette renonciation doit profiter aux légataires et donataires pour qui la quotité disponible se trouve augmentée. (V. Zachariæ, t. V, p. 132.) L'arrêt de Toulouse, du 15 avril 1842, établit positivement que l'institué n'est pas cohéritier de l'héritier naturel (S.-V., XLII, II, 889).

qu'elle soit intervenue, l'héritier est le seul représentant du défunt.

La prescription de la faculté d'accepter court contre l'institué au profit de l'héritier, et, après trente ans d'inaction, le droit résultant de l'institution est éteint. Ainsi, en général, ce qui est vrai de la saisine des légataires à l'égard des héritiers est vrai de la saisine des institués. Néanmoins, comme ils tiennent leurs droits d'un contrat de mariage et non d'un testament dont la validité peut être contestable, la première démarche de leur part à fin d'acceptation les constitue saisis à l'égard des tiers. Ils peuvent intenter contre les héritiers et contre les étrangers toutes actions, même possessoires, sans être tenus au préalable de demander la délivrance.

Ils ont droit, en général, aux fruits et intérêts des biens à partir du décès.

B. L'institution de biens présents et à venir faite dans les formes prescrites par l'art. 1084 a un effet particulier : c'est que l'institué qui trouve la succession avantageuse peut l'accepter sans distinction; si elle lui paraît mauvaise, il peut, en acceptant exclusivement la donation de biens présents, réclamer les biens meubles et immeubles que l'instituant possédait au moment du contrat de mariage, et abandonner les biens à venir. Cette option a pour effet seulement de l'obliger à payer les dettes existant à cette époque, suivant l'état qui en a été dressé aux termes de l'art. 1084; et, dans ce cas, les biens compris dans la donation lui appartiennent francs et quittes de toutes charges et aliénations, même à titre onéreux, consenties par le donateur depuis la donation.

Mais, jusqu'au moment où il aura fait son option, il paraît conforme à l'idée de la saisine de considérer l'institué en tous biens présents et à venir comme saisi à l'égard des créanciers, comme ayant la faculté de faire inventaire et de délibérer et d'opposer l'exception dilatoire. Son option faite, comme il a eu la première saisine de tout le patrimoine, il fera délivrance à l'héritier des biens à venir et retiendra les biens présents dont il prouvera l'identité. En renonçant aux biens à venir et aux dettes dont ils sont grevés, l'institué se trouvera dessaisi passivement, et les créanciers n'auront d'action que contre les héritiers du droit commun.

C. Les institutions valent de plein droit comme substitutions vulgaires, à l'égard des enfants à naître du mariage. Lorsque leur droit s'ouvre par l'effet du décès ou de la renonciation des institués, ces substitués sont saisis sous les mêmes distinctions que l'auraient été leurs auteurs; ils profitent de l'institution *jure suo*.

Par conséquent, la saisine passe directement du donateur en leur personne, et ils peuvent, après avoir renoncé à la succession du premier institué, accepter le bénéfice de l'institution.

CXXI. Des substitutions.

Les substitutions ont pour effet de frapper d'inaliénabilité, dans le patrimoine du grevé, les biens qui en sont l'objet, dans l'intérêt des appelés. Ces biens composent dans la succession du grevé un patrimoine distinct de l'hérédité *ab intestat*, sauvegardé par les formalités prescrites aux artt. 1055 et suiv. Le droit des appelés s'ouvre concurremment avec celui des héritiers ordinaires du grevé; doit-on attribuer à ces diverses personnes la saisine respective des biens dont le décès les rend propriétaires de plein droit? Les biens substitués sont reconnaissables, ils doivent être délivrés francs de toutes charges; on dit même communément que l'appelé tient son droit *non a gravato, sed a gravante* : en résulte-t-il que le grevé soit présumé n'en avoir jamais été propriétaire ni possesseur, et que les appelés en doivent être saisis à l'exclusion des héritiers légitimes du grevé? Ne peut-on pas les assimiler au nu-propriétaire dont le bien, par la mort de l'usufruitier, est affranchi de la charge d'usufruit qui le grevait, et qui est présumé n'avoir jamais cessé de posséder durant la jouissance de l'usufruitier?

L'intérêt de cette question peut se présenter fréquemment, si l'on suppose d'abord que, parmi les enfants du grevé qui sont à la fois héritiers *ab intestat*, quelques-uns renoncent à la succession ordinaire; ou bien que, tous ayant renoncé à la succession *ab intestat*, pour s'en tenir au bénéfice de l'institution, ils se trouvent en lutte avec les héritiers subséquents; on peut supposer enfin que, conformément à la loi du 26 mai 1826, quelques-uns seulement des enfants du grevé soient substitués, auquel cas ils sont à l'égard de leurs cohéritiers de véritables prélégataires.

Dans cette dernière hypothèse, ne peut-on pas dire avec Merlin (*Quest.*, v° *Substit. fid.*, § VIII) :

« Qu'importe dans notre espèce que le substitué fût héritier *ab intestat*, et qu'en cette qualité il eût été saisi de plein droit, par la mort du grevé, des biens que la loi des successions lui déférait?.... C'est évidemment déplacer la règle : ***Le mort saisit le vif***, que d'en faire l'application aux biens dont il a été disposé [par voie de substitution] même en faveur d'un héritier *ab intestat*. [En principe] l'héritier à qui on a fait un prélegs n'est pas, en vertu du testament, saisi de ce qui lui a été légué : il faut donc qu'il en demande la délivrance à ses cohéritiers.... »

On peut, d'ailleurs, supposer que le substitué, devenu propriétaire *ipso jure* par la mort du grevé, veut évincer un tiers possesseur, acquéreur du grevé. Que portait sur cette matière l'article 40 du titre Ier de l'Ord. de 1747 ? « Le fidéicommissaire, même à titre universel, ne sera point saisi de plein droit; mais il sera tenu d'obtenir la délivrance ou la remise du fidéicommis....., sans qu'il puisse évincer les tiers possesseurs des biens compris dans la substitution, qu'après avoir obtenu ladite délivrance ou remise....»

Un arrêt de la Cour de cassation, du 3 janvier 1810, ne laisse aucun doute sur les principes de l'ancienne jurisprudence.

Les mêmes motifs militent sous l'empire du Code civil pour astreindre les appelés aux formalités de la demande en délivrance quand ils veulent évincer les tiers détenteurs. Ceux-ci doivent être assurés, par le fait de la délivrance, de la qualité des substitués. (V. Merlin, v° cit., sect. XV, §§ IV, V.)

Quant aux fruits, le même article de l'Ordonnance de 1747 ne les faisait courir que du jour de l'acte de délivrance amiablement consentie, ou de la demande régulièrement formée. C'est aux dispositions du Code civil sur le droit des légataires qu'il faut recourir en cette matière; et, en assimilant la substitution à un legs, au regard de l'hérédité *ab intestat* du grevé, on décidera que les fruits, aux termes de l'article 1015, ne courront qu'à compter de la demande en délivrance.

CHAPITRE IV.

*De la saisine des biens dans les transmissions résultant
de la dissolution du mariage.*

**CXXII. Examen des modes particuliers de dévolution des biens,
suivant les divers régimes matrimoniaux.**

A. La mort de l'un des conjoints dissout la société conjugale, en même temps qu'elle donne ouverture à la succession. Indépendamment de leurs rapports avec le conjoint survivant, les héritiers du défunt sont d'abord saisis au possessoire et au pétitoire de tous ses biens personnels dont le régime du mariage n'a pas modifié la dévolution. Mais le régime du mariage, en attribuant à certains biens une destination particulière, constituant en principe le mari *baillistre* de sa femme, il arrive que celle-ci n'est appelée à exercer ses droits que sous des conditions déterminées.

Sous le régime de la communauté, les pouvoirs du mari l'ont constitué activement et passivement seigneur et maître de la communauté. L'émolument et les charges ne se partagent que par l'effet de l'acceptation de la femme; et, quel que soit le parti à prendre par celle-ci ou par ses héritiers, il est certain que le mari ou ses héritiers sont saisis passivement du jour du décès, à l'égard des créanciers de la communauté, et tenus de toutes ses dettes.

Mais si on prend la saisine dans son sens propre, comme attributive de la détention provisoire de la communauté, pendant les délais de l'art. 1457 accordés à la femme ou à ses héritiers pour faire inventaire et délibérer, il faut distinguer si le mariage se dissout par la mort du mari ou par celle de la femme.

S'il se dissout par la mort du mari, il résulte des articles 1453 et suivants que la veuve est saisie de tous les biens communs; qu'elle est spécialement chargée de faire l'inventaire et d'y appeler les héritiers du mari; elle a droit, aux termes de l'article 1454, de faire tous les actes d'administration; de plus, pendant les délais de trois mois et quarante jours, elle a un droit d'habitation et d'entretien légal sur les biens communs (art. 1465). Enfin, si, dans les délais prescrits, elle n'a point fait d'inventaire, elle est présumée acceptante. Aux termes de l'article 5, titre I*er* de l'Ordonnance de 1667, la même présomption résultait de son seul défaut de renonciation dans les délais, présomption que l'article 1465 abolit dans le cas où il y a inventaire (arrêt du 2 avril 1816, S., XVII, II, 367).

Mais l'article 1463 établit une présomption contraire à l'égard de la femme séparée de biens qui n'a point accepté dans les trois mois et quarante jours écoulés depuis la séparation définitivement prononcée : elle est présumée renonçante.

Par induction de cet article on peut décider, au cas où le mariage se dissout par le décès de la femme, que ses héritiers qui n'ont pas accepté dans les mêmes délais sont présumés renonçants, du moins à l'égard des créanciers. Car les héritiers sont, comme la femme séparée de biens, étrangers au maniement des effets communs tant qu'ils ne font pas une démarche active indiquant une intention présumable d'acceptation. Il nous paraît en conséquence raisonnable de conclure de la différence des positions, que les héritiers de la femme ne sont pas saisis de plein droit de la part afférente à leur auteur dans la communauté.

Cette décision n'empêche pas de reconnaître que la dissolution du mariage par la mort de la femme rend ses héritiers copropriétaires de plein droit de la communauté, mais c'est sous la condition qu'ils accepteront; la loi leur donnant tous les droits de leur auteur, ils peuvent également provoquer la confection d'un inventaire et profiter des délais pour délibérer.

En tout cas, à l'égard du mari, les héritiers auraient toujours trente ans pour former leur demande en partage.

B. La saisine est dévolue de la même manière dans les cas suivants, où le régime matrimonial repose toujours sur une communauté restreinte aux acquêts, — exclusive d'une partie du mobilier — ou des dettes antérieures au mariage — ou stipulée à titre universel.

La dissolution de la communauté saisit l'époux survivant de la masse partageable. Quant aux meubles exclus de la communauté, l'époux ou ses ayant cause non saisis doivent justifier de leur consistance à l'égard du conjoint saisi de la masse à répartir : ils sont donc soumis à la demande en délivrance.

La clause du préciput au profit du survivant ne modifie en rien la dévolution de la saisine.

La clause qui donne aux époux une part inégale dans la communauté, étant en général stipulée au profit de l'époux survivant saisi, ce droit a seulement pour effet de restreindre celui des héritiers du prédécédé. Mais si cette clause avait spécialement pour objet de restreindre les droits du survivant, la saisine passerait aux héritiers du prédécédé, chargés de la délivrance d'une part moindre que la moitié, ou d'une somme fixe.

Au cas de *forfait de communauté* notamment, il ne peut pas y avoir de doute sur la dévolution de la saisine ; l'époux ou ses héritiers grevés du forfait de communauté étant saisis, ont droit de retenir sur la somme à payer à l'autre conjoint ou à ses ayant cause ses dettes personnelles payées par la communauté (Malleville, sur l'art. 1524).

La femme ou ses héritiers qui réclament ses apports, en vertu de l'article 1514, doivent demander la délivrance au mari ou à ses héritiers.

C. *Du régime dotal.* — Lorsque les époux sont mariés sous le régime dotal, la dissolution du mariage ouvre au profit de la femme ou de ses héritiers le droit de reprendre les immeubles dotaux et les meubles dont la propriété n'a pas été transmise au mari (art. 1464).

« Dans nos mœurs, dit Merlin (v° *Dot*, § XII), la femme en est saisie de plein droit : elle peut intenter la complainte, si elle est troublée dans sa possession. L'espèce de propriété qu'avait le mari s'est éteinte à sa mort : ce n'était qu'un domaine civil et une charge imposée sur les biens de la femme, en qui résidait toujours la vraie et naturelle propriété. »

Les héritiers de la femme en sont également saisis en vertu de la règle : *Le mort saisit le vif*, et les fruits leur appartiennent du jour de la dissolution du mariage (art. 1570, § 1). Mais cette saisine n'a pas pour objet le mobilier, qui est devenu la propriété du mari en ce sens qu'il n'est exigible qu'un an après la dissolution de la société conjugale (1565).

CHAPITRE V.

Des caractères et des effets de la possession dans le patrimoine des ayant cause.

Il ne nous reste plus à déterminer que la nature de la possession de ces diverses personnes qui succèdent aux droits de leur auteur, et les voies de droit qui leur sont ouvertes soit pour l'acquérir, soit pour la conserver.

CXXIII. De la nature de la possession transmise.

Au point de vue de la possession transmise par décès, il n'y a aucune distinction à faire entre les personnes qui, à tant de titres divers, peuvent succéder à la possession du *de cujus* à titre universel ou particulier (1).

La *qualité* de la possession est indépendante ici de la

---

(1) Par *successeurs universels* on doit entendre ici les personnes qui sont tenues des obligations du défunt pour le tout ou pour partie : il

manière dont elle a été acquise. Il n'appartenait qu'à une époque peu scientifique de trouver le principe de la saisine de plein droit dans un texte du *Digeste* qui traite de la jonction de la possession entre la personne de l'héritier et son auteur.

Le principe que Dumoulin formulait avec beaucoup de précision, quoique prématurément, est que le successeur n'acquiert pas comme tel des droits plus solides ou plus étendus que ceux dont jouissait son auteur, peu importe d'ailleurs que son titre soit fondé sur la volonté de ce dernier ou sur une disposition légale. (V. Zachariæ, § 181.)

Cependant il faut remarquer une différence notable entre la possession du successeur universel tenu des obligations de son auteur et le successeur particulier.

Sans doute l'un et l'autre succèdent aux vices de la possession du *de cujus*, si l'on envisage cette possession en elle-même et en dehors des circonstances subséquentes qui peuvent rendre la position du successeur particulier meilleure que celle du successeur universel.

Mais, en droit, le successeur universel ne peut prescrire la chose que son auteur possédait à titre précaire (2237), au lieu que le successeur particulier peut la prescrire (art. 2239). (Cf. Pothier, n° 122, *De la Prescription*.) (1).

---

n'est plus question dès lors de distinguer ceux qui jouissent de la saisine de plein droit des successeurs soumis à l'obligation de prendre délivrance (Zachariæ, § 179).

(1) Ainsi, l'héritier d'un usufruitier ne peut prescrire la chose sujette à usufruit par un laps de temps quelconque, au lieu que le lé-

Ce même successeur particulier peut invoquer la prescription de dix ou vingt ans, s'il est de bonne foi, à la différence du successeur universel dont l'auteur n'avait ni juste titre ni bonne foi, et qui ne peut prescrire que par trente ans.

Néanmoins, quels que soient les vices de la possession de son auteur, le successeur universel gagne les fruits de la chose qu'il possède de bonne foi. Car, comme le font remarquer M. Zachariæ et ses annotateurs, il ne peut être question ici, comme en matière d'usucapion, de continuation ni d'accession de possession (1).

---

gataire acquéreur à titre particulier pourra usucaper soit par dix et vingt ans s'il est de bonne foi, soit par trente ans s'il est de mauvaise foi (Zachariæ, § 126, n°⁸ 9-10).

(1) Le successeur universel ne peut invoquer pour juste titre à fin d'usucapion par dix et vingt ans sa qualité même de successeur. La croyance de celui qui s'imaginerait, par exemple, posséder à titre d'héritier et comme dépendant de la succession un immeuble qui n'en ferait réellement pas partie, pourrait bien permettre au possesseur de faire les fruits siens; mais cette circonstance ne suffirait jamais pour servir de point de départ à l'usucapion de dix et vingt ans, quelque plausibles que fussent les raisons sur lesquelles se fonderait sa conviction (Zachariæ, § 217, n° 4).

En effet, dit Pothier, le titre *pro hærede* ne peut seul faire acquérir par prescription les choses que le défunt possédait sans en être propriétaire, s'il n'est joint à un autre titre d'où ait procédé la possession du défunt (*Prescription*, n° 63). Mais déciderons-nous, à la différence du droit romain et conformément à la tradition du droit français, que la bonne foi doit être exigée du successeur universel dont l'auteur a possédé avec juste titre et bonne foi ? Il nous paraît que les rédacteurs du Code civil ont adopté le système du droit romain en acceptant, dans les art. 2236 et 2237, les conséquences rigoureuses pour l'héritier, de la succession aux vices de la précarité.

Si les vices de la possession du *de cujus* nuisent au successeur, il faut dire qu'il succède à ses bonnes qualités. Scævola disait déjà : « De accessionibus possessionum nihil in perpetuum neque generaliter dicere possumus, consistunt enim in sola æquitate. » (Fr., XIV, *De div.*

CXXIV. De l'accession de la possession.

Abstraction faite de bonne ou de mauvaise foi, le principe général est que le successeur universel ou particulier peut compléter le temps nécessaire à l'usucapion en réunissant à sa possession celle de son auteur (art. 2235). Mais on comprend qu'il est impossible absolument que le successeur, même à titre particulier, puisse rattacher à sa possession celle d'un auteur qui possédait à titre précaire; dans ce cas, une nouvelle possession commence pour lui. En un mot, la jonction des deux possessions n'est possible que dans le cas où le *de cujus* était *in conditione usucapiendi*.

Dès lors, il est toujours vrai de dire que le vice de la possession du *de cujus* nuit au successeur soit universel, soit particulier, puisque, dans aucun cas, ni l'un ni l'autre ne peuvent se prévaloir de la possession entachée de précarité; et, de plus, le successeur universel, succédant aux obligations, ne peut commencer une nouvelle possession.

Cette jonction des deux possessions, quand elle peut avoir lieu, sera invoquée, en cas de transmission de biens par décès, par tout ayant droit appelé par la loi

temp.) En se décidant pour l'opinion contraire, Pothier semble s'appuyer sur un principe admissible en général, à savoir que la bonne foi du possesseur doit durer pendant tout le temps de la possession nécessaire pour l'usucapion.

ou par la volonté du *de cujus* à recueillir soit des choses individuellement considérées, soit tout ou partie du patrimoine, sans qu'on ait à distinguer si la saisine lui est acquise de plein droit ou par une demande en délivrance ; par conséquent, la première saisine déférée à l'héritier à l'égard du légataire, *litis ordinandæ causa*, plutôt qu'à titre définitif, n'empêche pas que ce légataire ne puisse rattacher directement sa possession à celle du défunt.

L'idée de saisine en effet est tellement étrangère au principe de la jonction des possessions, que l'héritier du droit romain pouvait profiter, à fin d'usucapion, du temps pendant lequel avait possédé son auteur.

Du reste, il y aurait lacune irréparable entre ces deux possessions, si, avant l'entrée en jouissance du successeur, un tiers avait interrompu efficacement la possession (Zachariæ, § 213, n° 2).

CXXV. Des voies de droit ouvertes au successeur pour défendre sa possession.

Il résulte de ces considérations que la possession, dans la personne de l'héritier, n'a rien qui la distingue de la possession du défunt ; et par conséquent, pour la protéger, le successeur a les mêmes ressources juridiques que son auteur. Il peut donc intenter les actions possessoires et y défendre au même titre que le *de cujus* s'il eût survécu. Ainsi, soit que le trouble qui donne naissance à l'action possessoire ait eu lieu avant le décès du *de cujus* et que l'action se soit ouverte en sa personne, soit que le trouble ait eu lieu depuis le décès et avant que l'héritier ait accepté la succession, l'action possessoire s'est ouverte, et il peut l'intenter sous la seule condition de le faire dans le délai de rigueur d'une année à compter du trouble. Réciproquement, l'action possessoire ouverte contre le défunt, auteur d'un trouble, peut être donnée contre son successeur.

L'*action en réintégrande*, dont s'occupe implicitement l'article 23 du Code de procédure, qui traite de l'action possessoire en général, peut également être intentée par l'héritier, soit comme ayant succédé à cette action ouverte en la personne de son auteur, soit de son chef si l'on suppose que la dépossession violente a eu lieu depuis le décès et avant l'acceptation de la succession.

En effet, « suivant la règle de notre droit français : *Le mort saisit le vif*, l'héritier est censé avoir succédé à la possession que le défunt avait de cet héritage; il est censé en avoir été mis en possession par le défunt dès l'instant de sa mort, de laquelle possession il est dépossédé par la violence exercée pour l'empêcher d'y entrer. » (Pothier, *De la Possession*, n° 111.)

Nous ne suivrons donc pas la doctrine d'Ulpien, qui reproduisait celle qui fait l'objet de la discussion du procès *pro Cœcina*.

« Interdictum hoc (*unde vi*) nulli competit, nisi ei qui tunc, quum dejiceretur, possidebat; nec alius dejici visus est, quam qui possidet. »

« Eum qui neque animo, neque corpore possidebat, ingredi autem et incipere possidere prohibitur, non videri dejectum verius est, dejicitur enim qui amittit possessionem, non qui non accepit. » (L. 1, D., *Unde vi*, §§ 23, 26.)

Mais tous ces effets de la transmission de la possession du défunt caractérisent-ils spécialement la saisine de plein droit dont jouit l'héritier proprement dit? Ces priviléges n'appartiennent-ils qu'à lui ; et, s'il est vrai que d'autres successibles y participent, que devient cette prérogative de la saisine qui semblait uniquement réservée au successeur universel? L'auteur du trouble, de la dépossession violente, aura-t-il meilleur marché du successeur irrégulier ou anomal, du légataire à titre universel que de l'héritier lui-même? Ces successeurs, une fois qu'ils ont obtenu l'envoi en possession, succèdent à la possession du défunt. Il n'y aurait donc entre eux et l'héritier d'autre différence que dans le mode d'acquisition de la saisine, mais nullement dans l'aptitude même à invoquer la saisine successorale. La saisine de plein droit ne serait en définitive qu'une prérogative intéressante pour l'héritier à l'encontre des autres successibles, insignifiante à l'égard des tiers.

Il faut cependant reconnaître qu'indépendamment de la dévolution de la possession en la personne du successeur, la saisine a un caractère spécial, au profit de l'héritier proprement dit, *quant à son étendue*.

Le titre même d'héritier étant universel, la saisine a la même étendue ; à son égard, elle embrasse à la fois l'universalité du patrimoine et chacun des objets qui en font partie. C'est pourquoi l'héritier peut former contre toute personne étrangère ou habile à succéder dans un degré inférieur une action universelle ou possessoire qui aura pour objet l'hérédité elle-même.

Cette action universelle, tendant le plus souvent à faire reconnaître au possessoire le droit de l'héritier contre un contradicteur quelconque, soulèvera une question préjudicielle des plus importantes touchant la qualité des parties.

Elle se prescrit par le délai d'une année, passé lequel elle fait place à l'action en pétition d'hérédité. Il peut arriver, en effet, que le successible véritable ait laissé usurper, soit par un successible plus éloigné, soit par une personne étrangère au défunt, tout ou partie du patrimoine, et que le possesseur soit en mesure de triompher au possessoire, une fois que le laps d'une année s'est écoulé. Pothier reconnaît formellement ce résultat (*De la Possession*, n° 94).

« Je me suis mis en possession de la succession mobilière d'un défunt; j'en ai joui pendant an et jour; au bout de ce temps, il vient un tiers qui se prétend héritier à mon exclusion, et qui apporte quelque trouble à ma possession, *puta* en faisant des poursuites contre les débiteurs de la succession. Je puis intenter contre lui la complainte, aux fins que je sois maintenu et gardé en la possession de cette succession, et qu'il lui soit fait défense de m'y troubler, sauf à lui à se pourvoir au pétitoire. »

Ces principes doivent être admis sous l'empire du Code civil. Cependant M. Zachariæ et ses annotateurs, tout en reconnaissant que le successeur universel peut former complainte possessoire pour l'universalité du patrimoine, déclarent que l'hérédité envisagée comme universalité juridique est incompatible avec l'idée d'une véritable possession (Cf. § 187, n° 4; § 615, n°˙ 24 et 28); la possession fictive qui s'applique à l'hérédité ne serait qu'un attribut de la saisine exclusivement réservé à l'héritier. A ce point de vue, la doctrine de Pothier serait ruinée par la base. Vainement l'héritier apparent voudrait se prévaloir du temps pendant lequel il a conservé cette qualité et s'est immiscé dans la gestion du patrimoine héréditaire; ces faits n'auraient aucune valeur juridique contre l'héritier qui, en vertu de la saisine, serait censé n'avoir jamais perdu la vraie possession. En conséquence, son action possessoire serait toujours recevable contre tout usurpateur, tant que celui-ci n'aurait pas prescrit contre l'action en pétition d'hérédité elle-même.

Ce résultat serait exorbitant. Pour nous, tout en admettant que la qualité d'héritier est imprescriptible, nous pensons qu'il en est différemment de la saisine, dont le vrai caractère est de reposer sur une présomption, présomption qui cesse d'exister dans la personne de l'héritier véritable dès qu'il a laissé s'écouler l'année de saisine pendant laquelle un usurpateur s'est mis en son lieu et place.

En un mot, la recevabilité de cette action s'apprécie moins d'après les véritables qualités des parties que d'après leurs prétentions respectives sur l'hérédité envisagée comme universalité juridique.

CHAPITRE VI.

Influence de la saisine sur les principes des lois fiscales.

CXXVI. De l'origine des droits de mutation, et de leur exigibilité.

A. Le droit de mutation prend son origine dans les droits que les seigneurs percevaient sur chaque transmission qui s'opérait dans leurs fiefs; ces droits étaient plus ou moins considérables, suivant la nature de la mutation (1).

---

(1) L'origine de ces droits se rattache elle-même à ceux que le propriétaire, à raison de son droit réel [*domaine éminent*], percevait à chaque aliénation que l'emphytéote voulait faire de son *domaine utile*, en faveur d'un tiers *autre que son héritier présomptif.*

« En effet, l'emphytéose, concession à perpétuité de la jouissance d'un fonds, est faite tant au concessionnaire primitif qu'à ses héritiers. Il serait donc vrai de dire qu'il y aurait eu violation du contrat, par l'aggravation arbitraire de la condition d'une des parties, si le propriétaire avait pu exiger une certaine somme, à l'occasion de la mutation dans la personne de l'emphytéote, lorsque l'héritier prend la place du défunt. Dans ce cas, il y a continuation de la personne plutôt que substitution d'une personne à une autre. » (V. Pepin-Lehalleur, *De l'Emphytéose*, § XXIX.)

Les autres transmissions immobilières donnaient ouverture au profit des seigneurs à divers droits connus sous les noms de relief, de *lods et ventes*.

Comme il est reconnu que les lois modernes ont consacré les anciens principes sur l'exigibilité des droits, il est important de les rappeler ici.

C'est la mutation seule qu'ils avaient pour objet de frapper; dès lors, le dessaisissement du dernier possesseur et l'ensaisinement du nouveau étaient les deux conditions nécessaires de leur exigibilité.

En conséquence, tant que l'investiture fut jugée nécessaire dans les successions collatérales, le droit de mutation ne s'ouvrait qu'à l'époque où la mise en possession avait lieu.

Cependant, la maxime : *Le mort saisit le vif*, expression du droit commun, qui avait déjà triomphé de la nécessité de l'investiture dans les successions directes, devint également la règle des transmissions par décès en ligne collatérale. La mutation et l'exigibilité du droit qui y était attaché furent ainsi déterminées par le fait même de l'ouverture de la succession.

Le législateur moderne a accepté cette donnée, et l'article 24 de la loi du 22 frimaire an VII a fait courir les délais de la déclaration obligatoire pour les successibles, du jour du décès du *de cujus*.

B. *De l'exigibilité des droits contre le légataire.* — Cependant, si l'on eût donné au principe de la saisine toutes les conséquences rigoureuses qu'il comportait, ou plutôt si on ne l'eût pas distinguée elle-même de la transmission de la propriété proprement dite, on serait arrivé à considérer le passage de la saisine en la personne de l'héritier et de celui-ci au légataire comme deux mutations distinctes, et à exiger de chacun d'eux un droit particulier pour le même objet.

Mais Dumoulin fit ressortir le caractère provisionnel de la saisine, qui ne rend pas l'héritier propriétaire, et n'empêche pas que la mutation effective ne s'opère au profit du légataire au moment de l'ouverture de la succession.

La détention du fief par l'héritier et sa délivrance au légataire pouvaient être des effets de la saisine, mais la propriété avait passé directement du *de cujus* de ce dernier.

De plus, l'acceptation du légataire était présumée, et les droits étaient dus à compter du décès, quelle que fût la date de la délivrance. « Ex die mortis censetur fundum plene mutasse manum, translatum et acquisitum legatario, etiam ignoranti. » (Dum.)

Cette doctrine a été confirmée par la jurisprudence, qui décide :

1° Que la déclaration doit être faite dans les six mois du décès, même pour le legs dont la délivrance n'a pas eu lieu ;

2° Que l'obligation de déclarer le legs échu par testament est absolue, et n'est point subordonnée à la preuve que le légataire a eu connaissance du testament.

Ainsi une renonciation formelle est nécessaire pour faire cesser cette présomption, dont les effets sont, dans ce cas, rétroactivement annulés, même à l'égard de la régie. Si elle n'est pas intervenue dans les délais de six mois, la régie est fondée, comme tout créancier, à l'expiration du délai fixé par l'article 795 du Code civil, à poursuivre le successible, et peut obtenir contre lui condamnation.

On peut remarquer que l'influence de la saisine à ce point de vue a reçu plus d'extension que ne paraissaient en comporter les principes purs du Code civil. Dès lors, on ne saurait guère hésiter à regarder les successeurs irréguliers comme saisis en quelque sorte au jour de l'ouverture de la succession, comme le sont les légataires, dès qu'il s'agit de leur imposer des obligations à l'égard de la régie.

C. *Du legs conditionnel.* — C'est dans l'application, que les feudistes faisaient au légataire sous condition de leurs principes sur la saisine, que l'on peut juger de ses effets.

La condition suspensive pour le légataire constituant en réalité une condition résolutoire pour l'héritier, celui-ci était, rigoureusement parlant, saisi et propriétaire de l'objet légué, à compter du jour de l'ouverture de la succession.

Il avait pu vendre, il faisait irrévocablement les fruits siens. L'accomplissement de la condition ne produisait pas dans l'opinion des feudistes d'effet rétroactif, en sorte que la possession utile qui avait appartenu à l'héritier ne pouvait cesser, au profit du légataire, qu'au moyen d'un dessaisissement constituant une véritable mutation, passible à ce titre, du droit de relief.

La loi moderne n'a pas été jusque là, et elle admet que l'accomplissement de la condition a un effet rétroactif. Toutefois, la jouissance de la chose léguée demeure à l'héritier en vertu de la saisine, dont elle est un attribut. Comme elle, elle échappe à l'impôt, parce qu'elle ne constitue ni un droit de propriété, ni un droit d'usufruit.

Remarquons toutefois que cette interprétation ne change rien au principe que le paiement du droit peut être demandé au *saisi*. C'est en effet à l'héritier qu'il doit être réclamé, parce que si la personne de celui qui profitera en définitive du bien légué est incertaine tant que la condition n'est pas accomplie, il est du moins certain qu'une succession est ouverte, que la chose léguée en fait partie, et qu'un droit de mutation est dû.

D. *Des substitutions.*—Les principes que nous avons posés (supra, § CXXI, p. 352) en matière de substitutions reçoivent ici leur confirmation.

En effet, à l'ouverture de la succession du grevé, le substitué ne peut prétendre à la saisine de plein droit sur les biens qui font l'objet spécial de sa vocation ; la maxime : *Substitutus capit a gravante, non a gravato*, a son application déterminée ; mais elle ne saurait prévaloir contre la nature des choses, contre ce fait que le grevé a recueilli un avantage dans le patrimoine du disposant. Dès lors, en matière de droit d'enregistrement, on fait abstraction de la *nature* de la disposition, on ne s'occupe que de la mutation, et, suivant l'expression de MM. Championnière et Rigaut (2456), on peut dire que le substitué recueille dans la volonté du disposant et dans la succession du grevé. Il doit donc l'impôt pour son propre compte.

A l'égard des autres applications de la saisine héréditaire aux lois fiscales, c'est dans les décisions nombreuses de la jurisprudence qu'il faut les chercher : leur examen détaillé nous entraînerait au-delà des bornes naturelles de cet essai. Qu'il nous suffise d'avoir énoncé les principes les plus saillants.

FIN.

TABLE DES MATIÈRES.

Introduction. — Coup-d'œil général sur l'ensemble du Mémoire.   vii
Chapitre préliminaire. — Notion de la saisine en général et de la saisine héréditaire.   1
  I. De l'idée de succession.   1
    A. Conditions de toute succession.   2
    B. Difficultés de la matière.   3
    C. Rétroactivité de l'acceptation, acquisition de plein droit.   3
  II. De la saisine en général.   4
  III. A. Transmissions de la saisine par les voies légales.   6
    B. Possession annale.   7
    C. De la saisine héréditaire.   7
  IV. Utilité de la règle coutumière.   7
  V. Objet de la saisine.   9
Chapitre Ier. — Esprit du droit romain sur cette matière   12
  VI. Caractère de la succession romaine.   12
    A. Homogénéité du patrimoine.   12
    B. Unité, indivisibilité du titre.   13
    C. Unité, permanence du titre.   13
    D. Du testament militaire.   13
  VII. Délation, acquisition de l'hérédité.   14
    A. *Cretio, aditio*.   15
    B. Du *suus heres*.   15
  VIII. A. De la *jacens hereditas*.   16
    B. Rétroactivité de l'adition.   17
    C. Jonction des possessions.   18
  IX. Suite.   19
  X. Du vrai caractère de la possession.   20
  XI. A. Inflexibilité des conditions de l'acquisition de la possession.   21
    B. Elle n'est pas acquise valablement par le fait des esclaves héréditaires.   22
  XII. A. De la *bonorum possessio*.   24
    B. De l'interdit *quorum bonorum*.   26
    C. Son objet.   27
  XIII. De l'édit d'Adrien.   28

XIV. Danger de l'abstention du successible. 28
    A. Défaut de *cretio* 29
    B. Délais accordés au successeur prétorien. 29
    C. De la *lucrativa usucapio*. 30

CHAPITRE II. — Origine de la saisine héréditaire. 31
XV. Opinion d'Heineccius. 32
XVI. De la copropriété de la famille. 33
XVII. Origine commune de la saisine et de la copropriété familiale. 34
XVIII. De la solidarité familiale. 35
XIX. Du *mundium*. 38
XX. Permanence de la solidarité 40
XXI. Du *mundium* sur le patrimoine. 42
XXII. A. De la propriété germanique. 43
    B. Limitation des droits du propriétaire. 44
XXIII. A. Effets sensibles de la copropriété de famille. 45
    B. Des partages anticipés. 46
    C. Effets de la mort du *de cujus* 47
XXIV. La possession appartient de plein droit au successeur. . . 48
XXV. Celui qui n'est ni *mundoald* ni *selb-mundoald* n'a pas la saisine. 50
    A. Des mineurs. 51
    B. Des femmes. 52
XXVI. Application des principes précédents à la saisine héréditaire; de la saisine par an et jour. 57
XXVII. Suite. 59

CHAPITRE III. — De la saisine héréditaire dans le droit féodal proprement dit. 62
XXVIII. A. Du droit féodal. 62
    B. Influence de ces principes sur la saisine héréditaire. . . . 63
    C. Extension du principe féodal. 65
XXIX. A. Opinion générale sur l'introduction de la maxime coutumière 67
    B. Discussion. 68
    C. Sens de la maxime : *Nulle terre sans seigneur* 70
    D. Condition des colons et des serfs. 71
XXX. A. Véritable origine de la maxime coutumière 73
    B. C. Le droit romain y est étranger. 75

CHAPITRE IV. — De la saisine héréditaire dans le droit féodal d'Orient, d'après les Assises du royaume de Jérusalem 77
XXXI. A. Examen du principe de la saisine héréditaire en général. 77
    B. Son incompatibilité avec les principes du droit romain. . . 78
    C. Caractère de la fiction 79

XXXII. A. A qui appartient et comment se perd la saisine héréditaire 80
    B. L'aîné seul est saisi. 80
    C. Du délai de quarante jours et de celui d'an et jour. . . . 82
XXXIII. De l'hérédité vacante. 83
    A. Première hypothèse. 85
    B. Seconde hypothèse 87
XXXIV. Etendue de la saisine héréditaire. 90
XXXV. De la prescription de la saisine. 92
XXXVI. Effets de la saisine héréditaire 95
XXXVII. Influence des obligations féodales. 97
XXXVIII. A. De la capacité des héritiers saisis. 99
    B. Du bail 100
    C. Du douaire. 101
XXXIX. De la saisine au point de vue du douaire et du bail. . . 102
    A. Droit de la douairière. 102
    B. Droit du baillitre. 103
XL. Du droit de communauté. 104

Chapitre V. — De la saisine héréditaire dans le droit coutumier. . 107
XLI. A. Division de la matière. 107
    B. Notions générales. 108
    C. Naissance du droit au douaire. 108
    D. Titre du lignager. 109
XLII. Examen de la doctrine de M. Renaud sur la saisine collective de tous les successibles. 110
XLIII. A. B. De la saisine dans les transmissions de biens par succession, à titre universel ou particulier. 114
XLIV. Objet de la saisine et son étendue 115
    A. Dans les différentes coutumes. 116
    B. Dans chaque ligne 116
    C. Rapports de l'héritier, de l'usufruitier et du nu-propriétaire 117
XLV. Extension de la saisine aux biens sujets au rapport 119
XLVI. Saisine de la légitime et de la réserve des quatre-quints. 121
XLVII. Capacité de l'ayant droit. 122
XLVIII. Influence de l'aînesse sur la saisine 124
    A. Exclusion des puînés. 124
    B. De quelques successibles du sexe féminin 126
XLIX. De la légitime des enfants 127
L. Des réserves coutumières 129
LI. Du douaire considéré comme réserve des enfants, et des réserves résultant de l'édit des secondes noces. 132
    A. Effet du prédécès de la douairière. 132
    B. Suite. 133
    C. Du droit des enfants sur les biens de leurs parents remariés. 134

LII. Saisine de l'exécuteur testamentaire. 135
   A. Du paiement des dettes. 135
   B. Rapports de l'héritier et de l'exécuteur. 135
   C. Formules des anciens testaments. 136
   D. De l'obligation de faire inventaire. 137
LIII. De divers modes suivant lesquels le testateur pouvait détourner la saisine héréditaire. 139
   A. De la clause privative. 140
   B. De la déshéritance. 140
   C. Des rapports à loi. 141
   D. De la condition de manbournie. 141
LIV. Corrélation de la saisine et de l'obligation de payer les dettes. 142
LV. Saisine de l'héritier testamentaire du droit écrit. 145
LVI. A. Connexion des qualités d'héritier saisi et d'héritier légitimaire. 146
   B. Saisine de la légitime. 148
LVII. Des substitutions au point de vue de la saisine. 149
LVIII. A. De l'inventaire et du droit de délibérer. 151
   B. Du droit de l'héritier bénéficiaire. 152
   C. Suite. 152
LIX. Conflit entre l'héritier bénéficiaire et ses cosuccessibles. . 153
LX. Rapport de la saisine avec le droit d'acceptation et de renonciation. 156
   A. De la maxime : *N'est héritier qui ne veut*. 157
   B. Ses effets. 159
   C. De la suite romaine. 160
LXI. A. De la saisine résultant des démissions de biens. 161
   B. Des effets de l'affiliation. 162
LXII. A. De la saisine résultant des droits successifs attribués aux ascendants. 163
   B. Succession anomale de l'ascendant. 164
   C. Du droit de retour conventionnel. 164
LXIII. De la saisine du baillitre ou gardien. 165
   A. Rigueur du droit de bail. 165
   B. Son étendue. 166
   C. Résumé sur la saisine. 168
LXIV. A. Effets généraux de la dissolution du mariage sur la dévolution de la saisine. 169
   B. Du droit de la femme sur ses reprises et sur sa dot. . . . 171
   C. Sur ses autres avantages. 172
LXV. A. Saisine de la communauté en particulier. 173
   B. De la communauté continuée. 175
LXVI. A. De la saisine résultant des substitutions. 177
   B. Effets du rappel. 178

Chapitre VI. — De la saisine dans les successions irrégulières . . . 180
LXVII. A. Principes généraux de la matière 180
B. Suite 181
LXVIII. A. De la succession des main-mortables 182
B. Du droit primitif de *mortaille* 183
C. Du droit de main-morte en France 184
LXIX. A. De la succession entre serfs communs en biens 185
B. Effets du partage 186
C. Des conditions de parenté 187
D. Caractère de la communauté 188
E. Des cas d'échûte au profit du seigneur 190

Chapitre VII. — Effets de la saisine 192
LXX. A. Spécialité des effets de la saisine 192
B. Son caractère provisoire 194
C. De la qualité d'héritier apparent 195
D. De la qualité d'héritier putatif 196
LXXI. A. De la saisine de fait de l'héritier apparent 197
B. Du délai d'an et jour 199
C. La saisine est exclusivement attribuée à une seule personne. 203
LXXII. A. Conflit entre l'héritier saisi, le légataire et la douairière 205
B. De la saisine de la douairière 207
C. Saisine de l'aîné 208

Chapitre VIII. — Des voies de droit ouvertes à l'héritier contre les tiers 210
LXXIII. Diverses qualités de la saisine en général 210
LXXIV. Effets de la saisine par an et jour 213
LXXV. A. Effets de la saisine en droit germanique 217
B. De la production d'un titre 218
C. Faveur du titre héréditaire 221
LXXVI. A. Opinion de M. Renaud sur les effets de la vraie saisine 222
B. Ils sont restreints dans le droit coutumier 223
LXXVII. Procédure française sur les instances possessoires . . . 224
LXXVIII. De la réintégrande 225
A. Examen des anciens textes 226
B. Du cas de nouvelle *dessaisine* 227
C. Du cas de *force* 229
LXXIX. De la réintégrande à partir du xive siècle 232
LXXX. A. De la procédure par voie d'applègements appropriée à la saisine héréditaire 234
B. Exceptions opposables à l'action du demandeur 235
LXXXI. Introduction de la complainte en cas de saisine et de nouvelleté 236

LXXXII. Avantages de la complainte 238
LXXXIII. De la recréance 240
LXXXIV. A. De la recréance et de la pleine maintenue. 245
 B. Ordonnance de Villers-Cotterets. 247
 C. De la pleine maintenue. 247
LXXXV. A. Du cas de simple saisine. 248
 B. Différence de cette action et de la précédente. 249
LXXXVI. De la réintégrande 250

DROIT CIVIL FRANÇAIS MODERNE.

Chapitre Ier. — De la saisine dans les divers ordres de succession. 253
LXXXVII. A. Esprit du Code civil sur cette matière. 253
 B. Suite 255
LXXXVIII. A. Distinction entre les héritiers et les successeurs ir-
 réguliers 257
 B. De l'institution testamentaire. 258
 C. Des avantages attachés à la saisine de plein droit. . . . 258
LXXXIX. A. De la saisine héréditaire à l'égard des successeurs
 irréguliers et du légataire universel. 259
 B. C. Suite. 260
XC. A. Saisine de la réserve. 261
 B. Elle se distingue du droit de transmission 263
XCI. Saisine de l'héritier délibérant. 265
XCII. A. De la saisine dans ses rapports avec le droit d'accepter
 et de renoncer. 269
 B. Effets de la renonciation 270
 C. Interprétation de l'article 790 271
XCIII. A. Effet de l'acceptation d'un successible à qui l'hérédité
 n'est pas déférée. 273
 B. Conséquences théoriques des principes précédents. . . . 274
XCIV. A. Interprétation de l'article 789 274
 B. Il établit une prescription alternative 275
 C. Cette prescription est la confirmation d'une présomption. 277
XCV. A. De la perte de la saisine et de ses conséquences . . . 278
 B. Résumé. 280
 C. Suite. 281
 D. La saisine ne passe de plein droit qu'une fois. 282
XCVI. A. De la pétition d'hérédité. 282
 B. Effets de la possession de l'hérédité par un successible ou
 par un étranger 283
 C. De la possession du curateur. 284
XCVII. Nature de cette prescription. 285

XCVIII. A. Contre qui court cette déchéance?........... 287
B. Limitation des effets de la saisine............. 289
XCIX. Effets généraux de la possession de l'hérédité....... 290
C. A. De la saisine à l'égard des créanciers............ 292
   B. Objections............................. 293
   C. La prescription du droit de renoncer ne court que contre le successible saisi........................ 293
CI. Conséquence de cette théorie................. 300
CII. De l'héritier putatif....................... 303
CIII. Du bénéfice d'inventaire.................... 306
CIV. A. Influence de la séparation des patrimoines sur la saisine. 309
   B. Elle n'a d'effet qu'entre les créanciers........... 310
   C. Elle est indifférente à la saisine............... 312
   D. Suite............................... 313
CV. De l'influence véritable de la saisine en cette matière.... 314
CVI. Influence de la saisine sur la détermination de la réserve. 315
   A. B. C. Examen de plusieurs hypothèses........... 316
CVII. La détermination des deux quotités est concomittante à la saisine et n'opère qu'une fois................. 319
CVIII. Le calcul de ces deux quotités est indépendant de l'origine des biens............................ 321
CIX. Influence de la saisine sur la théorie du partage...... 322

CHAPITRE II. — De l'hérédité vacante, au point de vue de la saisine. 327
CX. Théorie de la vacance.................... 327
CXI. Solution pratique....................... 329
CXII. A. Solution théorique; vacance de la saisine........ 331
   B. Rapports des successibles avec le curateur......... 332
CXIII. Effets des jugements obtenus pendant la curatelle..... 335
CXIV. Application........................... 337
CXV. Confirmation de cette théorie par les décisions de l'ancienne jurisprudence........................ 338

CHAPITRE III. — De la saisine dans certaines successions particulières............................. 342
CXVI. A. De la succession laissée par l'enfant naturel...... 342
   B. Du retour successoral.................... 343
   C. Du retour conventionnel.................. 346
CXVII. Succession spéciale de l'ascendant en concours avec des collatéraux......................... 346
CXVIII. De la saisine de l'exécuteur testamentaire......... 347
CXIX. Du partage d'ascendant................... 348
CXX. A. De l'effet des institutions contractuelles sur la saisine. 350
   B. Des institutions de biens présents et à venir........ 351
   C. De leur effet comme substitutions............. 352
CXXI. Des substitutions....................... 352

Chapitre IV. — De la saisine des biens dans les transmissions résultant de la dissolution du mariage. 356
CXXII. Examen des modes particuliers de dévolution des biens, suivant les divers régimes matrimoniaux. 356
  A. Effets de la dissolution de la communauté, soit simple. . . 356
  B. Soit réduite aux acquêts. 358
  C. Du régime dotal. 359

Chapitre V. — Des caractères et des effets de la possession dans le patrimoine des ayant cause 361
CXXIII. De la nature de la possession transmise 361
CXXIV. De l'accession de la possession. 361
CXXV. Des voies de droit ouvertes au successeur pour défendre sa possession. 365

Chapitre VI. — Influence de la saisine sur les principes des lois fiscales. 370
CXXVI. A. De l'origine des droits de mutation, et de leur exigibilité. 370
  B. De l'exigibilité des droits contre le légataire. 371
  C. Du legs conditionnel 373
  D. Des substitutions 374

FIN DE LA TABLE.

www.ingramcontent.com/pod-product-compliance
Lightning Source LLC
Chambersburg PA
CBHW071907230426
43671CB00010B/1507